U0948933

青少年优先发展丛书
上海青年管理干部学院组编

赵凌云　主　　编

传承与担当

——青少年公民素养研究

上海交通大学出版社

内 容 提 要

“青少年公民素养研究”是具有深厚理论意蕴与重要现实意义的课题。本书在梳理公民素养相关理论的基础上，澄清公民与公民素养的应有之义，分析公民素养的基本结构，突出公民素养的公共性特征。研究者立足于社会事实，通过大样本问卷调查与深度个案访谈，从道德素养、法律素养、政治素养等维度，较为全面地展示了上海青少年公民素养的基本情况，分析了上海青少年在理念传承与责任担当诸方面的发展状况。笔者进而洞察当前制度与文化背景下青少年公民素养培育中不同行动主体的地位与特征，分析各教育主体对公民素养培育的理解、阐释与行动策略，对公民素养的养成过程进行动态分析。在此基础上，剖析青少年公民素养存在的结构性缺陷，探讨公民素养培育过程中存在的问题，并借鉴国外经验，提出青少年公民素养建构的对策与建议。

本书既有丰富的统计数据，也有一定的理论内涵，可供青少年思想政治教育者、青少年问题研究者、青少年实务工作者，以及其他关注青少年公民素养的读者阅读。

图书在版编目(CIP)数据

传承与担当：青少年公民素养研究/赵凌云主编.
—上海：上海交通大学出版社，2011
(青少年优先发展丛书)
ISBN 978-7-313-07754-7

Ⅰ.①传… Ⅱ.①赵… Ⅲ.①青少年—素质教育—研究 Ⅳ.①D432.6

中国版本图书馆 CIP 数据核字(2011)第 195608 号

传承与担当
——青少年公民素养研究
赵凌云 主编
上海交通大学出版社出版发行
(上海市番禺路 951 号 邮政编码 200030)
电话：64071208 出版人：韩建民
常熟市文化印刷有限公司印刷 全国新华书店经销
开本：710 mm×1000 mm 1/16 印张：15.25 字数：258 千字
2011 年 10 月第 1 版 2011 年 10 月第 1 次印刷
ISBN 978-7-313-07754-7/D 定价：35.00 元

青少年优先发展丛书
编委会名单

总　序 Preface

胡锦涛总书记在庆祝中国共产党成立 90 周年大会上特别指出“青年是祖国的未来、民族的希望，也是我们党的未来和希望。全党都要关注青年、关心青年、关爱青年，倾听青年心声，鼓励青年成长，支持青年创业”。青少年是全面建设小康社会的重要人才资源，也是社会主义经济建设、政治建设、文化建设、社会建设和生态建设的积极参与者和重要力量。青少年的发展直接影响着社会的整体走向、直接决定着国家的前途命运。从一定意义上说，青少年发展既是其自身成长的需求，更是家庭幸福、社会和谐、民族进步和国家强盛的基础。我们一直认为并呼吁，要站在战略的高度，把青少年的发展放到社会各项事业的优先地位。

各级党委和政府一向重视青少年的健康成长，青少年的生存发展状况也是时代进步与社会发展的集中体现，上海从“十一五”期间开始，把青少年发展列入了城市发展的总体规划。当前，《上海市青少年发展“十二五”规划》即将出台。《上海市青少年发展“十二五”规划》秉承“青少年优先发展，给青少年更多希望，增强大都市活力”的原则，根据当前上海青少年的基本情况和发展态势，明确了青少年发展的六大优先领域：公民素养、身心健康、教育学习、就业创业、社会参与、维权和犯罪预防。《规划》将进一步明确各级党政部门、社会组织的责任，以期加快形成整体合力，探索建立长效机制，激发青少年自身发展的能动性，促进青少年优先发展，力争到 2015 年，使上海青少年发展的总体水平继续保持全国领先，并达到与国际社会认可、与城市综合实力相适应的发展水准。

着眼于“十二五”期间上海青少年发展的六大优先领域，上海青年管理干部学院、上海青年研究中心组织教师和研究人员通过理论研究和实证研究相结合的方式，对上海青少年的生存发展状况作了一个全面的梳理，撰写出了上海青少年优先发展研究丛书。该项研究以上海市青少年(14～35周岁)为主要研究对象，描述上海青少年生存的社会现状，追踪上海青少年群体的时代变迁，探析上海青少年特征的代际更替，展望上海青少年发展的未来走向，力图全景式地勾勒出上海青少年生存发展的基本状况。

共青团事业的发展始终与青少年的发展紧密联系在一起。当前，上海共青团把进一步“密切团青关系”作为工作的主方向，力求准确把握青少年的发展现状和发展需求，并在此基础上更好地履行共青团组织青年、引导青年、服务青年和维护青少年合法权益的各项基本职责。上海青年管理干部学院的这项研究把青少年放到上海经济社会发展取得重大成果和历经2010年世博会等举世瞩目重大事件洗礼的背景下去观察，对青少年研究的理论渊源进行分析，厘清青少年发展核心概念的深层次内涵，展开广泛的问卷调查与深入的个案访谈，真实反映现实中上海青少年发展的现况，并提出了很好的对策建议，为进一步推动社会各界重视青少年发展、各级共青团组织做好青少年工作提供了理论参考。

“上海青少年优先发展丛书”的编撰，是一项十分有意义的研究成果，也是上海青年管理干部学院开展青少年问题及政策研究能力的一次集中展示。该丛书的出版，是对上海团校·上海青年管理干部学院六十周年校庆和第七届中国青少年发展论坛在沪召开的最好献礼。

潘　敏

共青团上海市委书记

2011年10月

前　言 Foreword

为迎接学院六十华诞的到来，学院组织上海青年研究中心、青少系、社工系、管理系及有关处室的教师围绕“十二五”期间上海青少年发展的六大优先领域开展了深入的调研，历时 2 年形成了一系列研究成果，有了这套新鲜出炉、书香扑鼻的“青少年优先发展丛书”。

大力开展以“青”字号为主、多学科并进的科研工作，是上海团校·上海青年管理干部的科研发展战略。近年来，我院广大教师围绕青少年思想道德教育、青少年工作方法、青年运动历史、青年民生、青年自组织、来沪务工青年及其子弟的生存发展等社会密切关注的问题，调查研究，精研深析，取得了可喜的成绩。教师们编撰了全国首部青运史专业志书《上海青年志》；调研并出版年度《上海青年发展报告》、双年度《上海少年儿童发展报告》，定期推出青少年问题专题研究报告；主编了 2003—2009 年上海市社区青少年工作“蓝皮书”；同时也出版了《中国股市实录》等其他学科专著，引起了社会和学界的关注。学院教师分别荣获了共青团中央、上海市委宣传部、上海市哲学社会科学规划办、上海市社科联、中国青少年研究会等机构颁发的“五个一工程奖”、国家“十一五”重点图书奖、优秀论文奖、“中国青少年研究事业突出贡献(终身成就)奖”等数十个奖项。随着“青”字号科研工作的深入推进，一支专兼职结合、跨学科整合的研究团队逐渐形成，为学院推进教育教学、科研、培训各项工作，更好地服务上海青少年事业发展奠定了较为厚实的人才、智力基础。

2010年前后，学院教师高度关注《上海市青少年发展“十二五”规划》的起草制定工作，积极参与研究上海青少年生存发展中的重大问题。在时任院长康年同志的主持下，学院在教师中成立了6个课题组、1个调研小组，分别以“公民素养”、“身心健康”、“教育学习”、“就业创业”、“社会参与”、“维权及犯罪预防”等青少年优先发展领域为主题，开展理论分析和实证调查。教师们综合运用社会学、心理学、教育学等多学科的理论和方法，揭示了上述青少年发展六大领域中存在的问题，探究了其背后的深层次原因，并站在青少年健康成长和社会可持续发展的高度，提出了相应的对策和建议。

参与课题研究的教师都是学院教育教学、科学研究、行政管理等各方面工作的骨干。大家克服种种困难，坚持利用业余时间开展研究，研读资料、笔耕撰述，完成了丛书的调查、撰写和出版等工作，着实难能可贵。由于经验不足、时间较为仓促，丛书在现状把握、资料占有、思想提炼等方面还难免存在疏漏，甚至还有一些谬误。然而，动员和组织20多名中青年教师同时开展六大领域青少年问题的研究，对于学院进一步提升科研管理能力，对于中青年教师进一步提升科研工作水平，对于学生进一步提升调研实践能力，无疑都是一次很有价值的尝试和实践。

在课题研究过程中，邱柏生（复旦大学国际关系与公共事务学院教授）、孙抱弘（上海社会科学院青少年研究所研究员）、唐亚林（复旦大学教授）、傅禄建（上海教育科学研究院研究员）、卢家楣（上海师范大学心理研究所所长、教授）、卢盛华（上海师范大学心理学系副教授）、岑国桢（上海师范大学教育学院教授）、孙崇文（上海市教育科学研究院高等教育研究所副所长、研究员）、文军（华东师范大学社会发展学院教授）、胡怡建（上海财经大学公共学院教授）、陈映芳（华东师范大学法政学院社会学系教授）、仇立平（上海大学社会学系教授）、陆小聪（上海大学社会学系教授）、段钢（上海社会科学院《社会科学报》副总编）、黄凯峰（上海市社科院哲学所研究员）、姚建龙（华东政法大学教授）、沙国华（东华大学法学院副教授）等多位专家学者给予了悉心的指导。同时，学院各部门对“青少年研究丛书”调研、撰述等工作给予了大力支持。在丛书出版过程中，交通大学出版社也给予了大力支持和帮助。在此，我们谨向所有支持“青少年研究丛书”研究、撰述、出版工作的专家、学者和同仁，表示衷心的感谢！

本丛书出版之时，正值第七届中国青少年发展论坛在学院召开，我们愿以本丛书就教于来自全国各地的青少年研究专家，共同为青少年研究事业的发展添砖加瓦。

褚 敏
上海青年管理干部学院党委副书记、常务副院长
2011 年 10 月

目录 CONTENTS

绪　论

一、研究缘起

公民素养的提升是现代社会发展的前提，而社会的进步最终是为了人的全面发展。进入21世纪以来，我国经济社会的发展上升到一个新台阶，公民素质对于经济腾飞与社会转型的重要意义再次凸显，国家对公民素养的重视程度进一步提升。2001年，中共中央印发了《公民道德建设实施纲要》，提出了公民道德建设的重要性、指导思想和方针原则；详细阐述了公民道德建设的主要内容，指出社会主义道德建设要坚持以为人民服务为核心，以集体主义为原则，以爱祖国、爱人民、爱劳动、爱科学、爱社会主义为基本要求，以社会公德、职业道德、家庭美德为着力点，并提出了深入开展群众性的公民道德实践活动的具体要求。2007年10月，党的十七大报告将"公民政治参与有序扩大"、"明显提高全民族文明素质"列为"全面建设小康社会奋斗目标的新要求"之一，强调要"加强公民意识教育，树立社会主义民主法治、自由平等、公平正义理念。""以增强诚信意识为重点，加强社会公德、职业道德、家庭美德、个人品德建设。"上述内容表明，公民素养的提升已经成为国家大政方针的重要组成部分。

青少年是国家的未来，社会的生力军。青少年承载着时代的希望，预示着社会的发展方向。青少年公民素养的状况，从社会角度来说，与依法治国方略的落实、有序政治参与的扩大、文明风尚的发扬有密切关系；从个体角度而言，与个人素质的综合发展和全面提升，与政治权、经济权、社会权等公民权利的享有紧密相关。上海市政府对青少年公民素养的培育给予了高度关注。《上海青少年发展"十二五"发展规划起草纲要》将公民素养列为"十二五"期间青少年工作的优先发展领域之一，提出将"着力培育青少年现代文明素养的养成和提升，以增强城市凝聚力与社会和谐力，凸显现代化国际大都市中的青少年公民精神。在道德观念、法律意识和社会责任等方面推动青少年公民素养的优化和社会功能的发挥。"规划将青少年公民素养培育的重要性提升到一个前所未有的高度，并提出了具体的工作方向与重点。

在国家对青少年公民素养的培养提高如此重视的情况下，上海市在推进公民素养的培育方面出台了一系列政策措施，并结合上海的经济文化建设与“世博会”等举世瞩目的大型活动，从实践层面为提升公民意识创造了条件，为拓展公民能力提供了广阔的舞台。青少年成为各类社会公益活动的生力军。尽管如此，上海青年研究中心的前期调查表明，青少年的价值观呈现多元化发展趋势，部分青少年表现出对政治的疏离与冷漠，一些青少年表现出非理性的热情与政治行为方式。许多青少年具有良好的道德情操，但是一些青少年在社会失范的现实背景中陷入迷失状态。青少年的法律权利意识日益增强，但是权益维护的能力仍然欠缺。以上为初步探索中发现的问题。在现实中，上海青少年公民素养的具体状况究竟如何？在道德、政治、法律诸领域的公民意识与公民行动有怎样的表现？哪些方面取得了进步与发展？其进展如何？哪些方面存在缺陷与不足？其程度又怎样？从静态角度讲，上海青少年公民素养的发展存在怎样的结构性特征？这些结构性特征受怎样的社会因素的影响，反过来又将对社会发展产生何种效应？从动态角度看，青少年公民素养的培育机制如何？各类社会化机构在青少年公民素养的培育中发挥了怎样的功能？青少年公民素养的培育取得了哪些成效？又存在哪些问题？在青少年公民素养的培育方面，我们可以有怎样的创新方式？这些都是值得深入探讨的问题。为研究分析上述问题，我们首先对公民素养的相关研究进行回顾，对核心概念进行梳理，对公民素养的理论渊源进行分析，从而确认核心概念的深层次内涵，在此基础上建立分析框架，提出命题，并进行操作，展开广泛的问卷调查与深入的个案访谈，以实证数据来反映现实中上海青少年公民素养的基本状况。

二、研究回顾

查阅 CNKI 数据库近 20 年以来的学术期刊论文与硕、博士论文，以及互联网上所公布的各地区关于公民素养的研究成果，可以发现，当前以公民素养或公民素质①为主题的研究具有如下特征：

（一）对公民素养（公民素质）的界定未达成共识，对概念的维度划分众说纷纭

这主要源于对“公民”概念理解的不同与理论视角的差异。当前最为一般的理解是，公民是指具有一个国家国籍的人。我国现行宪法第 33 条第 1 款明

① 因使用“公民素养”为核心概念的学术研究成果非常少，查阅文献时也使用了“公民素质”这个关键词.

确规定:“凡具有中华人民共和国国籍的人都是中华人民共和国公民。”说明公民最基本的特征即拥有国籍,而这也是现代社会中获得公民资格的唯一条件。公民概念的宪法表达,集中反映了公民与国家之间的关系,简练而精要地说明了人的法律属性与政治属性,蕴含了公民的法学与政治学内涵。法学意义上的概念通常涉及“法律上的权利与义务”,因此,公民的概念通常又被解释为“具有一个国家国籍,并根据该国宪法和法律享受权利、承担义务的自然人。”从政治哲学的角度讲,公民概念是一个体现公共生活中权利义务观念的政治概念,也是一个与公民德性相关的哲学概念,这一概念的发展,与西方社会历史进程中公民资格理论的演变紧密相关。也有学者从更为广义的角度理解公民概念。例如郑州大学的公民教育研究中心即把公民界定为“个人与国家、社会及他人的关系综合”(王星源、张宜海,2009)。这一概念反映了一个个体在不同场合的角色定位,而公民的属性也在不同的场合才能完整地表现出来。在这一界定下,公民成为政治、经济、文化、社会生活各领域的关系的复合体。

与公民概念的差异性相对应,公民素养也具有广义与狭义的不同界定。广义的“公民素养”包括公民在政治、经济、社会、文化、科技等方面所具备的一切素养。在公共政策的语境中,公民素养概念所包含的内容通常是非常广泛的。在各国的公民教育工作中,对公民素质往往持较为宽泛的界定。例如法国在20世纪80年代,就将“学校应当培养公民”列为国家教育政策的三大目标之一,在公民素质教育中,不仅秉持一贯的传统,注重公民道德教育、加强公民权利与义务的观念教育,还特别突出创新素质的培养(李兴业,2001)。在各国基础教育设置中,社会科(The Social Studies)是作为综合性的公民教育课程开设的。美国社会科学委员会发布的报告指出,社会科的基本目标就是培养合格的公民。根据其具体阐述,可以发现,美国对公民素养的基本要求,包括掌握有关现实生活的实际知识、形成社会认知技能;具有个人、集体、国家之间的协作精神,以及追求真善美的性格(高峡,2002)。在韩国,学校公民素质教育已经形成四个特征:注重普遍提高公民文化素质、不断强化国民精神教育、突出培养公民创新精神和坚持造就民主和世界公民(洪明,2001)。通过以上各国公民教育的主要内容,可以发现实务工作中公民素养内涵的宽泛性特征。我国国务院2006年3月发布的《全民科学素质行动计划纲要》提出,科学素质是公民素质的重要组成部分,也反映了对公民素养的广义视角。根据上述分析,可见在公共政策视野中,公民素养不仅包括公民的政治学、伦理学与法学的内涵,也包括其作为一个社会人的文化知识水平、合作意向,还包括其作为一名现代人所具备的科学素养与创新能力。比较各国政府与教育部门关于公民素养的操作性界定,可以发现尽管公民素养概念的界限非常宽泛，并且互不一致，但是其共同之处在于，政治内涵、法律内涵与伦理内涵是其最为基本的内容。

在学术研究领域，对公民素养概念的内涵与外延界定各有不同。例如成有信认为，现代公民素养，是以平等为核心的政治素养、法律素养、道德素养和文化素养，包括政治的、法律的、道德的和文化的多方面的知识、规范、行为习惯等(成有信，1996)。这也属于较为宽泛的界定。李芳则将公民素养限定于社会关系领域，他提出，"公民素质"是指公民作为民主社会生活中的一员，在与国家、社会和其他公民的关系中理解自身的权利与义务，独立做出判断与选择，并付诸行动的知识、意识、价值观和技能，并从公民与国家、公民与社会、公民与公民三重社会关系维度中考察高校学生的公民素质。他认为在公民与国家关系维度中有爱国素质、政治参与素质、规则素质、权利素质，在公民与社会关系维度中有独立自主素质、社会参与素质、勤俭素质、自强素质，在公民与公民关系维度中有友善素质、诚信素质、合作素质、宽容素质(李芳，2006)。另一些研究者从较为狭义的角度理解公民素养，突出公民素养的政治学内涵与伦理学内涵。例如广东青年干部学院在公民素养的调查研究中将公民素养分为公民意识、公民价值观、公民知识、公民参与、公民道德五个维度(李望华，陈萍，2008)。还有的学者对公民素养的界定更为狭义。例如王春英从政治学的角度，将公民素质分为公民意识和公民能力两个方面，认为前者主要包括主体自立意识、权责意识、规则意识、共赢意识和公德意识，后者主要包括政治认知能力、理性判断能力和理性沟通能力(王春英，2010)。另一些研究者同样是将公民素质区分为公民意识与公民能力，但是维度划分不同，例如将公民意识的主要内核界定为法治意识、权责意识、合作意识和美德意识；将公民能力的主要特征描述为公共理性、政治参与、包容宽恕和正义感等(李怀杰、管岭、祝小宁，2011)。如何在概念界定的基础上合理划分维度，是保证研究条理性与层次性的重要前提。以上文献对于本研究的维度划分具有参考价值。

(二) 对公民素养或公民素质进行系统、全方位研究的学术成果较少，集中讨论某一种类型的素质或某一方面问题的研究成果较多

郑州大学出版社于 2005 年曾出版公民素养系列研究丛书，包括《公民政治素质研究》、《公民思想道德素质研究》、《公民社会能力素质研究》、《公民法律素质研究》、《公民经济素质研究》，构成了对公民素养进行系统研究的系列学术成果。与实践工作相结合的研究，更倾向于对新兴的热点问题进行探讨。《全民科学素质行动计划纲要》发布以后，科学素养、创新素质成为关注的焦点。上海开展了青少年科学素养调查(秦浩正、钱源伟，2008)；共青团广州市委也进行了

青年创新素质分析。各地的中小学教育纷纷制定创新素养培育计划,开展科学素养培育活动。学界关于公民素养的研究中,绝大部分是对公民素养的某一方面进行深入探讨。这方面的研究成果可谓数不胜数,伦理学、政治学、社会学分别从各自的角度探讨上述问题。其中有公民意识、公民参与、公民教育的几大热点问题。大量的公民参与研究折射了公民素养在政治生活领域的表现;为数众多的公民教育研究实际上讨论的是公民素养培育问题。公民意识、公民参与、公民教育,是公民素养在意识、行动与培育对策等不同层面的体现。绝大部分研究者或者从定性的角度进行理论分析,或者从定量的角度进行调查研究。而在理论建构的基础上发展测量工具的研究则是创造力的体现,因而格外引人注目。其中如《社会学研究》中所刊载的杨宜音教授关于当代中国人公民意识的测量,他将公民性(citizenship)界定为在个体与政治共同体(国家)之间形成的某种社会心理联系。在理论建构的基础上,对中国人的公民性测量工具的编制提出基本构想,即从两个维度来测量公民性取向: ① 倾向于关注公共事物与利益的程度;② 以契约权利方式处理公私矛盾的程度。从而区分出中国人公民性的四种原型: ① 高公共性且高契约性取向;② 高公共性且低契约性取向;③ 低公共性且高契约性取向;④ 低公共性且典型低契约性取向。并在此基础上发展出一系列测量语句,以调查数据为基础,分析其信度与效度(杨宜音,2008)。章秀英等则在问卷调查的基础上,通过对公民样本的探索性因素、验证性因素的分析,获得公民意识五因子结构,包括:"参与意识"、"公共责任意识"、"法律意识"、"政治效能意识"、"权利意识"(章秀英,2009)。上述研究成果,对于本课题的测量指标的选择与设计具有借鉴意义。

以上是从一般意义上进行公民素养研究的文献。在青少年研究领域,直接以"青少年公民素养"为研究主题的成果少而又少,大部分成果只是讨论青少年公民素养的某一方面。其中较为集中的议题是:青少年公民参与、青少年价值观教育、青少年伦理道德研究等。各个论题均有一些有分量的研究成果,在下文中笔者将继续阐述这一问题。

(三) 当前不乏有深度的理论研究,也出现了许多基于统计调查的研究报告,并形成了一些既有理论底蕴又有丰富实证资料的调研成果,但大量相关论文在理论研究与实证调查方面结合不够紧密

在已查阅的公民素养研究中,许多都属于纯理论研究,学者从哲学、伦理学、政治学等角度讨论公民的含义,分析公民素养的内涵,探讨公民素养培育的社会环境条件,以及公民素养对于和谐社会建构和公民社会发展的意义。实证研究层面,各地区、各层次的伦理道德调查、思想动态调查并不少见,但是在一

定的理论指导下对公民素养进行系统的调查研究的成果并不多。就上海市而言,近十几年来出现了一批与青年公民素养相关的高质量调研成果。例如杨雄老师在1999年就对作为独生子女一代的第五代青年的总体特征、优势与缺陷进行了分析和阐述,剖析了第五代青年的“后物质主义”价值趋势、价值观的分化与趋同,以及对社会的“反哺”趋势,并提出了第五代青年价值观教育需把握的着重点(杨雄,1999)。2004年,上海社会科学院青少年研究所受上海思想政治工作研究会委托,对青少年思想道德现状进行了调查与分析。孙抱弘等老师依据相关理论,将日常生活分为物质生存、亲情与公共伦理、思想精神三个层面,并据此设计问卷开展调查,对上海市青少年的思想道德现状做出了如下评价:以学习压力为主要烦恼的生存状态、以低水平心理健康为基础的道德养成状况、以公共伦理素质为主要缺陷的伦理生活现状、以各种认识困惑为内容的思想精神生活现状,并针对问题提出了相应的应对建议(孙抱弘、包蕾萍,2004)。2008年,孙抱弘老师综合沪地三个大型调查所获取的相关资料,从公共秩序伦理、公共环境伦理、公共场所伦理、公共财物伦理、公共交往伦理、公共关怀伦理六个方面,对上海青少年的现代公共伦理素质展开分析,解释了青少年公共伦理素质的缺失及其原因(孙抱弘,2008)。以上研究成果可谓青少年研究领域理论分析与实证研究相结合的精品。但是目前许多调研成果并未能做到这一点。一些调查侧重于数据的获得,而缺乏理论依托。例如各个城市关于“市民素质”的调查中,其中不少调研所涉内容广泛而层次性欠缺;近年也兴起关于青少年科学素养的调查,各地调研内容各异,总体而言缺乏系统性。如何建立研究框架,在丰富数据的基础上对青少年公民素养状况进行描述与分析,体现理论内涵,是本研究所面临的挑战之一。

基于对已有文献的回顾,可以形成如下认识:

首先,由于对公民素养或公民素质进行全方位研究的学术成果相对较少,基于实证研究系统反映上海青少年公民素养状况的研究更是稀少,对上海青少年公民素养进行系统调查与深入分析,具有重要的现实意义,也具备较强的学术价值。

其次,本研究定位于具有学术内涵的实证研究。当前相当一部分公民素养研究中存在理论分析与实证研究相脱节的问题,本课题试图超越两者之间的鸿沟,在理论阐释的基础上建立调研框架,在调查研究的基础上进行理论分析;这是具有创新性的研究方向,也是富有挑战性的研究方式。

第三,公民素养或公民素质的研究中,首先面临的问题是要对公民、公民素养等核心概念进行明确界定,鉴于当前对上述概念众说纷纭的状况,要做好本课题的研究,就需要把握公民素养研究的重点,理解公民素养研究的核心内涵。

三、研究设计

(一) 研究目标

作为一项具有理论内涵的实证研究,本书的研究目标主要有如下方面:

(1) 在理论阐释的基础上,以丰富的实证资料全方位描述上海市青少年公民素养发展的现实情况,展现其发展状况与存在的不足,分析新时代下上海青少年公民素养的结构性特征。展现当前上海青少年公民素养发展现状是本研究的首要任务,但是本研究并不限于简单的描述统计。本书试图在数据分析的基础上,根据理论框架,对公民素养发展状况进行更深层次的结构性分析,并与社会背景与时代特征相结合,从而努力提升研究的理论内涵。

(2) 讨论不同场域中青少年公民素养培育的路径和特征,展现上海市青少年公民素养发展的动态过程。以往的公民素养研究往往是对现状的静态展示,而本书则将公民素养的动态培育过程纳入视野,结合青少年养成教育的相关理论与新功能主义社会学的观点,从动态角度分析青少年公民素养培育中存在的问题。

(3) 作为一项具有丰富实证基础的应用性研究,我们的另一项研究目的是期待为进一步提升青少年公民素养提供对策建议。本书将总结当前上海青少年公民素养的现存问题,借鉴国外青少年培育的政策路径,分析其对中国社会的适用程度,从而提出一系列具有现实意义的对策建议。

(二) 研究思路

本书的研究思路是:综合伦理学、政治哲学、社会学和教育学的理论观点,借鉴公民素养的相关理论,澄清公民与公民素养的应有之义,兼顾公民素养的权利性与责任性、私人性与公共性双重特征,从道德素养、法律素养、政治素养等角度,通过广泛的问卷调查与深入的个案访谈,全面把握上海青少年公民素养的基本情况,展现其发展状况与存在的不足。进而运用青少年"养成教育"的理论及新功能主义社会学的观点,洞察当前制度背景与文化环境下不同行动主体的地位,分析各个教育主体对于公民素养培育的理解与阐释,以及基于上述"解释"的具体行动措施,从而对公民素养的养成过程形成动态分析,对不同场域中取得的成效及存在的问题形成深入探讨。在此基础上,结合调查对象的期望与要求,借鉴国外的经验,提出青少年公民素养建构的对策与建议。

(三) 研究方法

本书立足于对社会事实的调查分析,运用大样本问卷调查、深度个案访谈、集体访谈、专家访谈等社会调查形式,获取丰富翔实的调查资料,并将理论分析与实证数据融会贯通起来,做到理论和实践相结合、定性分析和定量分析相结合、面上分析和案例剖析相结合。

1. 理论分析与实践研究相结合

如前所述，以往的大部分研究或纯粹进行理论探讨，或进行实证研究而无理论依托，本书则试图将理论分析与实证研究紧密结合起来，既体现调查数据的丰富性，又反映分析的理论性。首先，公民素养问题是一个具有丰富理论底蕴的研究主题，这就要求笔者在开展研究之前，必须对相关的理论背景有一个全面而系统的把握，并且在理论建构的基础上，提出课题的研究框架，在此基础上展开实证研究。倘若缺乏理论基础，公民素养研究就会丧失应有的内涵。与此同时，理论分析必须以实证资料为论据，只有深入开展社会调查，才能生动展现上海青少年公民素养的现实状况，并提供相应的对策建议。

2. 定量研究与定性研究相结合

定量研究与定性研究是社会调查研究的两种基本方法。定量研究通过严谨的操作化过程，将概念转化为通过一系列可测量的指标，在大规模的问卷调查之后，对调查结果进行统计分析，最后以种种数据、表格来说明各类社会现象。定量研究所涉及的调查对象范围广，代表性可以控制，能够较好地反映“面”上的情况，但是对问题的了解往往深度不够，也难以衡量在研究者考虑范围之外的情形；定性研究主张通过对少数个案进行深入的访谈或观察，能够帮助研究者生动了解被访者的现实情况，为研究者真正了解现状留下空间，并有利于考察前因后果，分析各类社会因素在被访者身上相互作用的过程。鉴于两种研究方法各自的特征，本课题组采用定量研究与定性研究相结合的方法，采用大样本问卷调查为主，深度个案访谈为辅的方式开展资料收集工作。

3. 静态分析与动态分析相结合

以往研究一般对公民素养进行静态分析。本书的一项创新之处是在公民素养研究中，静态分析与动态分析相结合。作为一项横向调查，本书首先展示的是在很短的一个时间段上公民素养的基本状况，因而静态分析必然是本书的主要分析方式。但是笔者认为，公民素养是在一定的制度与社会文化环境下，在社会互动中形成的，因而需要对该过程进行动态考察。这里的“动态”并不是对十几年或几十年的公民素养的发展历程进行回顾——尽管本书在讨论过程中能够结合前几年的数据进行比较，但总体而言，相关的数据还不是非常全面和系统，因此，这里的动态分析主要是指从社会行动的角度对公民素养形成过程进行的分析，而这主要借助于定性研究来展开。

（四）研究内容

除了“绪论”以外，本书的主要内容划分为六章，具体内容如下：

第一章是公民素养的一般理论。笔者将回顾两千多年以来西方公民观的理论流变，为理论内涵与研究框架的确定打下基础。笔者还将讨论现代公民与公民素养形成的社会条件，阐述当前我国公民素养发展的大背景，分析影响现代公民素养形成的社会结构性因素。最后，笔者将明确本研究所持有的公民与公民素养的概念界定，提出以公域与私域划分为前提的公民素养分析的结构性框架，阐述不同类型的公民素养的关系与地位，指明公共性是现代公民素养的核心特征。

第二章根据实证研究资料，描述当前上海青少年道德素养的基本状况。本章将涉及青少年道德意识与道德践行两大方面的问题。其中道德意识维度划分的依据之一是：《公民道德建设实施纲要》中所界定的社会公德、职业道德、家庭美德等几个“着力点”。在此基础上，结合“公域—私域”的划分，增加具有基础性意义的个人品德的维度，以及作为“积极的社会道德”的公益责任意识。道德践行建立在道德认知基础上，又与道德认知相区分。本章将着重分析在当前纷繁复杂的社会环境中青少年的道德实践能力，着力突出青少年道德能力的热点问题。

第三章根据调查统计数据，展现上海青少年法律素养的基本状况。本章所讨论的内容分为法律知识、法律意识与法律能力三个方面。法律知识可以分为法律理论知识和法律感知知识两部分；法律意识又可以细分为法律情感、法律理念、法律意志、法律评价、法律信仰。其中法律情感分析青少年对法律所表现出的亲法、冷法和恶法的状况；法律理念涉及法律至上的观念，将讨论一个与我国文化背景密切相关的问题：情、理、法三者之间的协调，同时讨论青少年法律理念中的契约取向状况；法律意志着重考察青少年与违反犯罪行为做斗争的意志状况和坚持符合法律或社会规范行为的立场。法律能力包括法律判断能力、法律运用能力。法律判断能力部分，研究者将以一系列容易引起异议的违法犯罪现象为对象，考察青少年的识别能力与判断逻辑；法律运用能力则重点分析青少年的守法能力和维权意识。

第四章根据调查研究结果，分析上海青少年政治素养的一般状况。该部分包括政治认知与理念、政治信仰与态度、政治参与三节内容。我们将从政治社会学的角度分析上海青少年的政治认知与理念，包括对民主的理解、对公民政治品格与地位的认知等，并进而分析青少年政治认知的影响因素；政治信仰与态度部分包括青少年的信仰状况、青少年对党的情感与态度倾向、对政府的信任程度、对民主政治的发展信心等；政治参与部分则考察青少年政治参与的渠道与形式，以及在知情、表达、参与、监督等方面的参与意愿和实践能力。

第五章的主题是上海青少年公民素养的培育与养成。这一章是采用社会行动的理论视角来分析上海青少年公民素养培育的现状与过程。在这一章中，笔者首先结合教育学、社会学、心理学等学科的知识，提出一个青少年公民素养形成的理论模型，将公民素养的培育与养成过程视为行动者在特定的社会环境制约之下，根据自身对价值理念的理解与自主性的策略而采取社会行动的过程。笔者将对青少年公民素养培育的环境与情境、互动各方的行动者地位与社会行动特征进行分析，讨论该模型中教育者的权威地位及其实现状况、青少年的发展状况，并从社会行动的角度讨论家庭、学校、民间组织等场域中青少年公民素养培育的具体过程，进而分析其结果。

第六章着力探讨上海青少年公民素养发展的问题与对策。首先，研究者从宏观的社会文化背景出发，讨论传统文化中传承至今的不良取向对现代青少年公民素养所形成的羁绊，而后分析当前上海青少年公民素养发展中存在的现实问题。青少年公民素养在取得成效的同时，青少年公民素养的结构与公民素养的培育均存在种种问题。研究者将从静态角度分析上海青少年公民素养的结构性特征，探讨当前青少年公民素养的结构性缺陷，并从制度、观念等方面分析青少年公民素养的动态培育过程中所存在的问题。在明确了青少年公民素养的问题之后，借鉴欧美及亚洲其他国家的做法，从培育理念、培育方式方法等层次归纳其经验，进而提出上海在完善青少年公民素养方面的思路与措施。

本书从理论阐述，到实证研究基础上道德素养、法律素养、政治素养三大方面的展开论述，到公民素养培育的动态社会行动分析，进而对公民素养及公民素养培育的问题进行总结与分析，并提出具有现实性、可行性的对策与建议，整个研究过程融会贯通，科学合理，严谨有序。

四、调查概况与样本结构

本书采用定量研究为主，定性研究为辅的方法进行调查研究。定性研究的方式主要是深度个案访谈和青少年社会活动的参与式观察。2010 年秋，本研究完成了 82 位上海青年的深度访谈个案。定量研究数据主要来自 2011 年初的问卷调查，也部分使用上海团市委、上海青年研究中心自 2003 年以来的《上海青年发展报告》调查数据，旨在补充说明与纵向分析①。2011 年初的问卷调查包括 1 次主要调查与 2 次辅助性调查：主要调查即以 12～35 周岁青少年为调查对象的“上海青少年公民素养”大规模问卷调查，辅助性调查包括一次以青少

① 下文运用数据时若无特殊说明，一般指的是 2011 年初的调查.

年父母为调查对象的“公民素养培育”问卷调查，一次关于大学生公益慈善意识的小规模专题调查。2011 年青少年公民素养的大规模问卷调查是本书实证研究部分的主要数据来源，青少年父母的调查与大学生公益慈善意识调查仅作数据补充与对比之用。

2011 年的“上海青少年公民素养调查”将常住上海的 14～35 周岁居民视为研究总体，既包括上海户籍青少年，又包括非上海户籍常住青少年。考虑到在职青年和在校学生在生活方式、文化程度、思维发展、社会参与等方面存在显著差异，我们以“在职或在校”为主要分层依据之一，采用多阶段随机抽样的方式来进行样本抽取。样本覆盖徐汇、黄浦、杨浦、长宁、宝山、静安、金山、青浦、奉贤等区域。共回收在职青年有效问卷 679 份，回收在校青少年问卷 731 份。样本基本情况见表 1。

表 1　2011 年上海青少年公民素养调查样本结构(%)①

		在职青年	在校青少年
性　别	男	51.3	51.3
	女	48.7	48.6
年　龄	15 岁及以下	/	28.6
	16～19 岁	1.1	48.1
	20～25 岁	20.5	23.2
	25～29 岁	54.0	0.1
	30 岁及以上	24.5	0.0
教育程度	初中及以下	2.1	25.7
	高中或中专	12.1	38.2
	大学专科	24.6	13.1
	大学本科	52.3	22.9
	硕士研究生及以上	8.9	0.1
政治面貌	中共党员	31.4	2.3
	共青团员	43.3	63.3
	民主党派	1.2	0.3
	未参加任何政治团体	24.1	34.2

① 在职青年的教育程度是指已经获得的学历，在校青年的教育程度是指正在接受哪一个阶段的教育.

2011年初的"上海青少年公民素养培育(父母卷)"的调查采用定额抽样的方式,根据青少年的教育程度(或受教育阶段),并区分重点学校与普通学校,向14岁以上在校青少年的父母发放问卷。调查仍然采用自填式问卷的方式,共发放问卷450份,回收有效问卷382份。问卷有效回收率为84.9%。上述调查从父母的角度为青少年公民素养的培育现状提供实证依据。

第一章　公民素养的一般理论

“公民”是一个来自西方的概念，公民素养的内涵有丰富的西方理论渊源。公民也是特定历史条件下的产物。“公民”在古代希腊城邦出现，离不开那个时代特定的政治文化条件；公民权利义务的发展，则与近现代社会的进程有密切关联。要探讨上海青少年公民素养的现状，首先，需要明确：西方公民理论如何阐释公民与公民品格？这对于我们理解现代公民素养的内涵有何启发？其次，需要讨论：公民素养形成的社会历史条件，与当前公民素养发展的时代背景与社会结构性背景。在此基础上，明确当前我国青少年公民素养的应有内涵，建立公民素养的分析框架，确立公民素养的应然发展方向。

第一节　西方公民观理论流变

公民素养内涵的实质是：何谓好公民？一位好公民需要具备怎样的品格？在两千多年的历史中，西方的公民理论在其发展过程中形成了各种不同的理论流派，其中最重要的是共和主义与自由主义两大理论范式。这两大流派在不同的历史时期交替占据了主要地位。其中共和主义范式具有久远的历史，从公元前 6 世纪到 18 世纪在西方公民思想中占据了主导地位；自由主义范式自 18 世纪以来取而代之，成为近代公民观的支配性理论。作为对自由主义范式的反思与挑战，20 世纪 50 年代后又兴起了新共和主义、社群主义等理论。这不同的理论范式对理想的公民品格分别有各自的解释，而这些不同的解释迄今为止还在西方的公民参与和社会实践中发生重要影响。

一、共和主义的公民观

共和主义的公民观是一个有着悠久历史的政治思想传统，最早可以追溯到古希腊和古罗马时期。一般认为，亚里士多德开创了共和主义公民理论的古典范式。他在《政治学》一书中写道：“城邦出于自然的演化，而人类自然是趋向于城邦生活的动物(人类在本性上，也正是一个政治动物)。凡人由于本性或由于偶然而不归属于任何城邦的，他如果不是一个鄙夫，那就是一位超人”(亚里士多德，1997)。这是亚里士多德政治哲学的一个基本命题，在当今社会已经演化为脍炙人口的一句话：“人是天生的政治动物。”这表明，亚里士多德将政治属性界定为人的根本特征；不言而喻，这也是公民的基本属性。亚里士多德认为，公民必须具有良善或者美德，而城邦是一切团体中至善的一种，公民只有在城邦中才能过上一种良善的、作为“人”的生活。换言之，作为一个好公民，就必须全身心投入城邦的公共生活，积极参加城邦的公共集会，参与政治生活与民主治理。“在一个理想的政体中，他们就应该是以道德优良的生活宗旨而既能治理又乐于受治的人们”(亚里士多德，1997)。

亚里士多德所开创的古典共和主义范式，经由斯多葛学派的创立者芝诺(zeno)传承给了罗马思想家，在西塞罗身上继续发扬光大(郭忠华，2009)。在西塞罗看来：“公共事务乃人民之事务，人民并非以任意的方式所集合起来的，而是所有的人通过协议性的法律以及共同利益所形成的公共关系。”在肯定共和主义政体的基础上，他强调好公民对公共事务的无私参与：“一名真正可敬而勇敢的公民，以及有资格担任政府管理者的人们，将会避免和厌恶纷争、骚乱和内战，并将完全献身于公共服务，但却不是出于追求个人财富和权力的目的。他将对整个共同体萦萦于怀，不会忽视其中任何的部分……他宁愿将生命置之度外，也不愿做任何违反美德的事情”(西塞罗，2003)。由此可见，在西塞罗那里，美德、奉献，以及基于上述品格的公共参与，同样构成了公民资格的核心要素。但西塞罗并非仅限于对理论的继承，他对古典共和主义也贡献了自己的独到见解。作为一名法学思想家，他推崇斯多葛学派的理性和盖尤斯的法律，强调理性是维系共同体秩序的自然法则，理性言说是用以激发人们参与政治的有效机制，从而让有能力的人们“进入到公共职务并参与引导政府行为”(郭台辉，2010)。于是，在具有奉献意义的公共参与精神之外，他特别提出了理性在公民政治参与中的作用。公共参与并不简单等同于公共善，“苏格拉底之死”充分说明了这一点。公民在公共参与中需要秉持理性精神，一直到今天，这一点也依然对我们具有重要的启发意义。

总体而言，古希腊罗马时期的共和主义公民资格理论，强调美德的至高无上，强调公民对共同体的责任与义务。在这样的理论范式中，国家优先于个人，共同体的利益高于个人利益。公民的自由是参与国家政治生活的自由，是民主治理的自由，是在共同体之内才能实现的自由，而公民个人的自由却几乎被忽略了。这一取向在文艺复兴之后发生了一定的转变。也正因为如此，有研究者将共和主义划分为古典共和主义和现代共和主义两个阶段，将古希腊、古罗马的公民理论列入古典共和主义，而将源于文艺复兴运动的公民资格理论列为现代共和主义（刘诚，2005）。但是笔者认为，为了与20世纪五六十年代以斯金纳等人为代表的新共和主义相区分，将文艺复兴与启蒙运动时期的理论称为"近代共和主义"更为合适。近代共和主义理论在强调公民对国家的责任与义务的优先性的同时，公民的个人自由与权利开始有了一席之地。

文艺复兴时期的马基雅维里被视为共和主义公民资格理论的复兴者与创新者[1]，在他这里，共和主义公民理论开始发生转向。一方面，马基雅维里继承了古代共和主义公民理论的传统，推崇古希腊、古罗马思想家所倡导的公民美德。在马基雅维里笔下，公民资格的核心仍然是公民美德，而公民美德集中体现为公民的公共精神和伟大的爱国情操。在他看来，城邦之"公共善"依托于公民美德，依托于公民积极献身于公共福祉的精神；另一方面，马基雅维里在古典理论的基础上又提出一些具有创新性的观点。与古代共和主义者的区别是，他承认人的逐利本性和对自身利益追求的正当性，正视自身利益与公共善之间的矛盾冲突。在公民自由领域，一方面他认为自由的国家是实现公民自由的前提条件，同时又进一步阐释，所谓自由国家是"依法而治且能够自治的国家"（梁运娟，2010）。更重要的是，马基雅维里实际上还划分了公共领域与私人领域，认为公民在私人领域也可以获得自由与荣耀。"公民取得名望和权势的办法有两种：一种是通过从事公共事务，即积极参与国家的政治生活；另一种是通过私人事务，在私人领域内也能实现荣耀。"（任军锋，2006）这种区分确立了公域与私域的二元结构，在强调公共精神的重要性的同时，为公民的私人权利表达与实现留下了空间。

共和主义的公民理论也深刻影响了启蒙运动时期欧洲的思想发展，法国思想家卢梭就是其中最重要的一位继承与发扬者。与之前的共和主义思想家一样，卢梭强调公民美德的重要性，认为公民应当具有爱国与奉献精神。不仅如此，他还根据自己对古希腊、古罗马思想家的理解创新了公民共和主义的解释范式。在《社会契约论》一书中，他为人类设想了这样一个"道德的和集体的共同体"：这个共同体既确保每个人的自由和权利，又是一个以美德为基础，并符合全体公民幸福的合法的共和国。要实现这样的社会，人们之间就要形成社会契约。契约各方不仅要有尊重其他各方自由和权利的正义美德，而且要具备使自己的个别意志服从公意的公民化美德（彭刚，2009）。卢梭认为，"公意永远是

---

[1] 马基雅维里是一名有争议的代表人物。由于他的思想中所具有的较为浓厚的君主专制思想，有学者质疑他是否为一名真正的共和主义者。但大多数学者都将马基雅维里列为共和主义思想家的序列之中，因为他在认可君主制在特定阶段作用的同时对共和制也倍加推崇.

公正的，而且永远以公共利益为依归。”（卢梭，2003）“公意”是公民、共同体与公民身份得以实现的灵魂，因为这是个人转化成公民的最高法则，是结合成共同体的道德基础，唯此体现公民的自我立法、共同体奉献、公民身份落实以及共和政治运行（郭台辉，2010）；公民在自我立法中获得自由，“一方面是主权者另一方面又是臣民”（卢梭，2003）；公民既要表达自己的意愿作为公意形成的基础，又要体现对公意的服从与奉献，在“公意”指导下实现公民与共同体的完全融合。在这一图景中，一位好公民具有如下品质：善于在公共生活中表达自己的观点；尊重各方的自由与权利；还有一项极其重要的品格——服从公意。卢梭在彰显公民的自由与权利意识的同时，也保持了共和主义公民观的基本特点：公共利益优先于个人利益，共同体优先于个人，并从理论上解决了个人权利与国家利益之间的矛盾。

共和主义公民理论也存在内在的缺陷，其中最根本的问题就在于，基于共同体优先于个人的理论预设，共和主义不可避免地带来对公民个人权利的忽视。更何况在实践中，并非所有的个人都能够加入到国家的政治生活中；即使能够加入，不同个体的利益如何协调也依然是个问题。出于前一个原因，“古代共和国的实践及其公民身份的狭隘性与封闭性曾给古典共和主义带来精英主义、寡头政治的恶名”（刘训练，2007）；由于后一个问题，近代共和主义理论也没有完全逃脱暴政的嫌疑——尽管公民的身份已经扩大到全体国民。卢梭的“公意”虽然在理论上解决了个人利益与公共利益之间的关系，但是在法国大革命雅各宾派的实践中却沦为托克维尔所言的“多数人的暴政”。因此，托克维尔的观点是，少数服从多数并不意味着自由与公正，恰恰相反，“无限权威是一个坏而危险的东西”；“当我看到任何一个权威被授以决定一切的权利和能力时，不管人们把这个权威称作人民还是国王，或者称作民主政府还是贵族政府，或者这个权威是在君主国行使还是在共和国行使，我都要说：这是给暴政播下了种子”（托克维尔，1993）。

在上述的理论辨析之后，我们所关注的问题是，一位好公民是否应当绝对服从公共利益与公共意志？一位好公民的品质应当怎样？要回答这个问题，就必须回到那个原初的讨论：公民与社会的关系究竟如何？对于上述问题，近代资产阶级革命背景下发展起来的自由主义公民理论给出了截然不同的回答。

二、自由主义的公民观

在古罗马帝国时期，“物”的概念被罗马法理学家盖尤斯引入到人和行为的关系之中，人被通过他在物上的行为来定义和代表，个体因而变成“公民”。这里的公民不是通过有无参加政治生活的自由来定义，而是通过作为一个所有者的权利来定义，表示"在有共享或共同法律的共同体之中的成员身份"（宋建丽、冯务中，2008）。人从亚里士多德所谓的"天生的政治动物"转变为一个经济人，一个拥有权利的主体。以上观点成为自由主义公民观的理论来源。

尽管理论渊源可以追溯至古罗马思想家，自由主义公民范式的兴起已经是17、18世纪以后的资产阶级革命时期。自由主义公民理论的基础是个体主义，这种观念认为，集体和社会是由个体组成，个体是集体和社会存在的基础和前提，也是组成社会和集体的目的和发展目标，因而个人相对于集体、社会及其国家来说拥有优先权（肖明，2006）。作为近代个体主义的早期代表人物，英国的托马斯·霍布斯的思想对自由主义公民观的发展产生了重要影响——尽管他本人并不是自然主义者。霍布斯提出了如何确定个人与整体、个人自由与政府权力之间的关系等近代自由主义理论的核心问题。在他看来，社会和国家并非先验的存在，也不是道德的实体，它只不过是由每个个体为了实现生命保全而组成的人造之物，是人确定和调整现实利益的工具。个人及其权利是第一位的，社会和国家是第二位的（王彩波、靳继东，2004）。霍布斯认为，个人权利意味着"每个人都有按照正确的理性去运用他的自然能力的自由"，"自然权利的首要基础是每个人都尽其可能地保护他的生命"（霍布斯，2003）。近代自由主义的鼻祖洛克在自然法与契约论的基础之上建构了一种以权利为核心的公民资格理论。洛克在《政府论》下篇，深刻阐述了近代自然法思想，宣称在政治权力出现以前，人类处于平等而自由的状态。在这一状态中，每一个人都拥有与生俱来的、不可剥夺的权利：生命权、自由权和财产权。财产权是三种权利中最重要的一种。为了联合利益的最大化，人们订立契约，将部分权利让渡给国家。"人们联合成为国家和置身于政府之下的重大和主要的目的，是保护他们的财产"（约翰·洛克，1996）。洛克的自然法学说奠定了自由主义范式的基调：个人权利优先于国家，国家的功能仅在于满足个人需求，保护个人权利。个人不应受国家过多的限制。

近代自由主义理论对政治实践产生了巨大影响，而政治实践又反过来推动了理论的新发展。在洛克自然法学说的基础上，美国革命的先贤们将公民资格兑现成了"生命权、自由权和追求幸福的权利"。数年之后，法国革命的"公民"则进一步将它们形塑为"自由、财产、安全和反抗压迫"的权利。古典自由主义的公民资格理想在两次革命所颁布的里程碑式的文件中得到了集中反映。古典自由主义的公民资格主要关注公民的人身自由、信仰自由、言论自由、财产权利以及获得公平审判的权利等，旨在通过这些权利来保证个体之间的平等。随着社会历史的发展，公民资格权利的种类和内容也发生了巨大的改变，出现了选举权、被选举权、受教育权、最低生活保障权等（郭忠华，2009）。与政治实践的发展相适应，自由主义公民资格的理论形态也取得了巨大进展。1949年，英国的T. H. 马歇尔（T. H. Marshall）在《公民资格与社会阶级》（*Citizenship and Social Class*）一文中，将公民资格分为公民的（civil）、政治的（political）、社会的（social）三个方面，这三个方面被称为公民资格的三个要素。“公民的要素由个人自由所必需的权利组成：包括人身自由、言论自由、思想和信仰自由，拥有财产和订立有效契约的权利以及司法权利……政治的要素指……公民作为政治实体的成员或这个实体的选举者，参与行使政治权力的权利……社会的要素指从享有某种程度的经济福利与安全到充分享有社会遗产并依据社会通行标准享受文明生活的权利等一系列权利”（褚松燕，2002）。他明确提出了古典自由主义孕育已久的“公民资格”概念，分析了其不同层次的内涵演进的顺序。马歇尔的公民资格理论堪称是自由主义公民观的经典表达，在全球学术界引起巨大的轰动（郭忠华，2009）。

自由主义的公民资格理论为我们理解公民素养提供了另一种类型的理论源泉。在自由主义的视野下，衡量一个人是否为好公民的标准包括哪些方面？从逻辑上讲，可以认为，公民对各项权利的认知是公民素养的体现，他应当关注自己各方面权利的实现程度，包括维护自己权益的有效方式。这些权利包括了上文所涉及的公民权（市民权）、政治权、社会权。基于“个人优先于社会”的个体主义立场，基于避免国家过多干涉个人的观点，自由主义理论对不同类型的公民权利的践行要求并不是同等的。在公民的评价标准上，“好公民主要体现在是否纳税、是否守法，是否不侵害他人权利，以及是否不违反法律规范等方面。可以说，自由主义传统崇尚的是一种消极公民形象”（郭忠华、何惠莹，2008）。政治参与被视为实现目标的手段，而非价值本身。公民可以参加政治生活，也拥有不参与政治生活的自由，即使参与，其动机也是维护个体利益，而并非出于共和主义所推崇的公共责任意识与奉献精神。自由主义视野下的公民素养是以个人权利意识为本的，公民对国家与社会的责任与义务是缺位的。

在当代社会，古典自由主义由于缺乏对社会公平正义的关注而备受批评。作为新自由主义公民理论的重要代表人物，罗尔斯继承了古典自由主义的社会契约传统，但改造了自由主义的伦理学前提预设。传统自由主义持功利主义伦理观，主张国家要追求“最大多数人的最大幸福”，而罗尔斯则用关注“最少受惠者”的道德取向来衡量社会的正义问题（肖明，2006）。罗尔斯的正义论体现了对社会公平的高度关注，似乎有超乎个体主义的价值取向，但其实他仍然属于个体主义的自由主义者，因为在他的理论中，自由仍然是正义论之第一原则。他认为每个个人都具有一种基于正义之上的神圣不可侵犯性，由正义加以保护的个人权利不能从属于社会的全体利益。正义原则的选择尽管要得到社会全体成员的一致同意，但一旦社会的基本制度合乎正义原则，由这种正义原则赋予每一个公民的平等的自由就是公民的一种权利，公民拥有参加政治活动和公共决策的自由，但他什么时候用这项权利或者是否运用这项权利，却是他们的个人自由，他人或政府都无权进行干涉。个人只要不违反公共领域中的道德规范，不侵害他人利益，就是一个合格公民，是否运用这项权利并不能成为决定一个人是否是合格公民的必要条件。自由主义社会中的公民如果自己不愿意，可以永远不去扮演公共领域中的角色。由此可见，罗尔斯的新自由主义理论中的公民仍然是“规范意义上的消极公民”(宋建丽，2005)。

新自由主义存在内在的逻辑缺陷，也带来了不良的社会后果。在当代社会，自由主义公民理论遭受到了普遍而深刻的质疑和批判。就其理论预设而言，自由主义公民观的立场意味着原子主义的社会观。正如马克思所言：“正在讨论的自由，指的是把一个人看成孤立的原子，而且退缩到自己的领域……任何一种所谓的人权都没有超出利己主义的人……即作为封闭于自身、私人利益、私人任性，同时脱离社会整体的个人的人”(马克思、恩格斯，1995)。尽管在自由主义的范式中，国家被先验地认定为是为了维护个人利益而存在，以罗尔斯为代表的新自由主义还提出了关于社会公平正义的价值诉求，但现实却与理论家们的观点背道而驰。离开了公民的公共参与，个人利益的维护又如何成为可能？自由主义思想家唯恐公共权力侵犯了私人自由，却没有考虑到，公平与正义正是在公民的利益表达与理性沟通中得以实现的。然而自由主义公民观的理论预设决定了这一学派难以从社会责任的角度强调公民的政治参与。实际上，自由主义公民观很大地影响了人们的公共参与热情。很多人只为自身的利益而奔波，公正和责任不再是人们关注的对象。20世纪末以来西方国家公共参与热情下降，就是这种结果的印证。正因为如此，巴伯将自由主义的民主称为“弱势民主”，并对此进行了批评：“我们所谓的弱势民主既不承认参与的乐趣也不认可公民交往的友谊，既不承认持续政治行为中的自主与自我管理，也不认可可以扩大公民彼此间共享的公共善——共同协商、抉择和行动。”(巴伯，2006)弱势民主的一个严重后果是极权主义的诱惑。巴伯认为，政治比自然更排斥真空，如果公民们热衷于私人事务，而对政治参与漠不关心，极有可能的是，法官、官僚甚至暴徒、恶棍都会闯入政治领域。泰勒也认为，由于个人主义的盛行，人们只关注私人生活的幸福与自由，不愿意主动参与公共生活，这就为一种新的、形式特别现代的专制主义的危险敞开了大门(泰勒,2001)。巴伯与泰勒所忧虑的问题早已为托克维尔等人所预言或觉察到。托克维尔曾预言民主国家可能将会出现"温和"专制主义;而在阿伦特时代,顺从主义已经成为内在于大众社会的典型特征(张昌林,2010)。

三、新共和主义与社群主义的公民观

共和主义的复兴与当代西方国家(尤其是美国)公共生活的衰落以及全球化浪潮的出现密切相关。所谓公共生活的衰落可以概括为:公民意识和奉献精神的衰退、公民参与和社会合作的减少、社会信任和社会资本的丧失、公民社会作用的削弱和公共道德的侵蚀等。与之相伴随的则是政治冷漠、消费主义和享乐主义的滋长、蔓延以及精神空虚和宗教影响力的下降。这种景象让西方有识之士痛心疾首,他们中的一些人认定这是自由主义导致的后果(刘训练,2006)。理论家们开始对公民理论进行修正,新的解释范式也开始形成潮流。除了新共和主义的兴起以外,社群主义也成为一个有影响力的分支。

自20世纪五六十年代以来,"共和主义的复兴"逐渐成为西方学术界的新现象。这股浪潮发轫于政治思想史领域,波及政治哲学、法理学等学科,成为世纪之交整个西方政治理论的一大景观,其发展势头方兴未艾。新共和主义的主张是,在个人主义泛滥的今天,要重新唤醒人们对政治参与的热情。新共和主义的代表人物斯金纳从人性本质的角度来论证公共参与的必然性。他说:"我们假定人性有一种本质,而且它是社会性的和政治性的。那么,这将得出一个几乎确定无疑的结论,即如果我们希望实现自己的本性,从而享有充分的自由,那么我们可能需要建立一种特殊形式的政治联合体(political association),并且需要我们为之服务为之保全"(昆廷·斯金纳,2006)。

新共和主义又可以分为"新雅典共和主义"与"新罗马共和主义"两种不同的流派。其中"新雅典共和主义"致力于恢复亚里士多德式的公民美德以及政治参与的积极自由(刘擎,2006)。但这种美好的意愿是否可以应对价值多元的现代性条件,仍然遭到自由主义者的质疑。新罗马共和论者昆廷·斯金纳(Quentin Skinner)等人在对自由概念进行重构的基础上,试图将积极自由与消极自由的正当性统合起来,消除个人权利与公民美德之间的悖论。斯金纳从马基雅维里的思想中汲取了理论源泉,认为共和主义思想家持有的是消极自由,这种自由观同时又包含了公民政治参与的必要性,因为只有在人们积极参政的"自由国家"(free state)里做一个公民,个人自由才能最大限度地得到保证。他批评罗尔斯的正义理论也陷入了那种陈腐的假定——认为保障个人自由的最佳方式是将社会责任的要求降至最低，指出“通向个人自由的唯一途径是通过参与公共事务”（刘擎，2006）。在强调公共参与的同时，斯金纳也重视公民的消极自由，并将消极自由解释为依赖于法律的自由。“法律阻止他人干涉我公认的权利，帮助我在自己的周围划出一个不容他人侵犯的界限；与此同时，法律通过同样的办法阻止我去干涉他人的自由。”（熊文驰，2006）在斯金纳的理论中，公民兼有消极公民与积极公民的品质。从消极公民的角度讲，一个好公民应该具有良好的法律知识与权利观念，不侵犯他人自由，又能够使自己的合法权益不受他人侵犯；从积极公民的角度讲，公共参与的意向与能力是实现公民权利的工具性手段。然而，积极自由与消极自由的合一在理论上存在矛盾，为了摆脱在概念建构上的困境，斯金纳后期又提出“摆脱对任何其他人的意志的依赖”的自由观（昆廷·斯金纳，2006）。由此我们可以推导出来的是，在斯金纳的视野中，“具有不依赖于他人意志的品质”，不盲目顺服于政府等权力部门，不依附于掌权者，也应当是一个好公民所具有的品质。

社群主义是20世纪80年代与新自由主义的争论中兴起的一种政治哲学思潮。社群主义在批判新自由主义的过程中，逐渐形成了整体主义的世界观、公益优先的价值观和积极有为的国家观，并在此基础上提出了独具特色的道德教育观（何霜梅，2010）。社群主义的代表人物有泰勒、桑德尔、麦金泰尔等人。与斯金纳、佩迪特和维罗里等新共和主义者一样，社群主义者也寻求从古典共和主义那里吸收营养，都强调共和主义的共同善理论。由于社群主义与新共和主义立场的相似性，有的学者也将社群主义归为共和主义的一个分支。但是两者事实上是有区别的。其中最重要的区别是，社群主义者推崇的是一个集体、一个民族或一个国家的，以共同的种族、文化、宗教或生活方式为基础的整体善，而新共和主义者推崇的却是以所有人的自由和权利为核心的聚合善（彭刚，2009）。在这样一个前提下，当代社群主义抛弃了古典共和主义严苛的参与政治生活的标准，把参与公共事务的范围从政治事务扩大到所有的公益性活动，而不论这个社群是大至国家的政治社群，还是小至地方性的社区或公益团体、慈善机构（宋建丽，2005）。

在社群主义那里，政治认同、伦理道德认同、文化认同合一，通过伦理道德认同、文化认同达到政治认同，并通过政治认同进一步强化了公民的伦理道德认同和文化认同。在这种认同中，有一个内在的理论前提预设，即政治共同体是最大的善业，公民的身份来自政治共同体，止于政治共同体，公民的幸福、自我完善同样来自政治共同体而终于政治共同体。公民通过身份认同而进入共同体，付出忠诚、效忠，一方面维护并造就共同体的统一；另一方面通过共同体获得自我身份认同，获得自我尊严的感受和自我价值的提升(宋建丽，2005)。

从伦理道德认同、文化认同到政治认同，社群主义指出了一条理想路径。那么所有这些认同建立的基础是什么？社群主义认为，公民认同的确立应当基于一个人自觉意识到的特殊的共享关系，即身为一个特殊政治社群成员的地位。这种心理层面上的自觉使其认识到自己和其他成员的关系是建立在分享一种共同的善基础上的。麦金太尔指出，一个真正的社群，社群成员要有情谊，即朋友之间对于什么是“善”有一种共同的感知，然后彼此相互激励，并以此来促进公共善的实现(吴玉军，2008)。

社群主义的主张建立在对共同体的理解和期待之上。从家庭、邻里、教区、民族到国家乃至整个人类，都可能是共同体，哪怕是“想象的共同体”。共同体的核心是共同情感。爱茨尼认为，共同体的特征除了共享的价值规范与认同以外，还有另一个和总要特征：即必须要有一群个体之间充满感情的关系网络，而且是彼此交织相互强化的关系(而非仅仅是一对一的关系或者链条式的个体关系)(Etzioni, 1996)。鲍曼在探讨共同体时，也引用了“温馨的圈子”、“相互的、联结在一起的情感”的说法。桑德尔则进一步指出，社会纽带不仅是一个情感问题，更是一种构成性的力量。个人乃是社会的个人，脱离了社会，个人就失去自己的本质(张小玲、应奇，2006)。

欧德菲尔德认识到，在现代社会，在国家水平上建立一个真正的共同体是几乎不可能的，因此，在较小的单位中寻求生活的公共形式是必要的，他提出第二个现代共同体的模式，即职业的联合。在这种职业共同体之中，通过共同职业的身份认同，保证了小共同联合体的团结，每个小的共同联合体内部的稳定和团结就构成整个大共同体的团结和稳定(宋建丽，2005)。

由此可见，社群主义非常强调对共同体的认同感，以及群体成员之间基于情感的共享式关系。这种共享式关系建立在公民彼此之间的社会交往与沟通基础之上，通过对话实现对共同善的认同。在社群主义视野下，公民不仅是国家政治生活的成员，也是各个层次的社群的成员。一名好公民需要积极参与社区、公益团体，乃至职业团体等各类共同体的活动，他们对共同体有认同感，相互沟通、交流，建立情感联系。尽管社群主义的描述有理想主义的成分，社群主义的理论也依然脱离不了个体自由受到威胁的窠臼，然而，面对现代社会冷漠的人际关系，作为对个人主义泛滥的纠正，社群主义的主张是值得我们思考的，社群主义所描述的公民也是我们在现实的社区建设中所倡导的形象。

第二节　公民素养发展的社会背景

一、民主政治与公民素养的发展

民主与公民是相伴而生的。古希腊、古罗马是公民产生和发展的起源。在亚里士多德的论述中，公民和城邦的概念是互为定义的。“凡有资格参与城邦的议事和审判事务的人都可以被称为该城邦的公民，而城邦简而言之就是其人数足以维持自足生活的公民组合体。”(亚里士多德，1997)古希腊城邦政治生活孕育了古典意义上的公民，而公民参与又反过来促进了古希腊经济、政治、文化的辉煌。在那个历史时期，公民有权利参与城邦的政治生活，能够在公共广场自由地发表演说或进行辩论。公民之间不存在统治和服从的关系，所有公民的地位都是平等的。伯利克里在著名的《在战亡将士国葬典礼上的演讲》中对雅典的民主政治作了描述：“我们的制度之所以被称为民主政治，因为政权是在全体公民手中，而不是在少数人手中……让每一个人负担公职优先他人的时候，所考虑的不是某一个特殊阶级的成员，而是他们的真正才能。任何人，只要他能够对国家有所贡献，绝对不会因为贫穷而在政治上湮没无闻。”(罗肖泉，2005)可以说，古希腊城邦的民主政治生活成就了公民，赋予了公民以基本的政治内涵。

古希腊的公民概念与公民参与是西方共和主义公民理论的源泉，迄今对西方社会的政治生活与社会发展仍产生着重要影响。然而，古希腊的民主是精英民主，而不是大众民主。即有机会参与政治生活的公民只是一个特权群体，而不是所有的城邦居民。除了拥有自由人身份的成年男性之外，所有需要依赖他人生存的人，如：奴隶、女人、小孩、工匠阶级，都不能获得公民资格(周国文，2008)。即使在民主政治的发展达到巅峰的伯利克里统治时期，公民也仅限于从雅典全部31.5万人口中严格划分出来的4.3万名公民(王星源、张宜海，2009)。那些不能参加政治民主生活，不享有相应权利的人，就不具备公民资格，不属于公民。

古希腊的民主政治有地域与群体的局限性。而在现代社会中，根据法律的规定，公民的范围已经扩大到拥有一个国家国籍的所有社会成员。然而从公民的原初意义上来讲，只有当这些人真正拥有民主政治权利时，才能够使公民的名义与内涵相符，才能使公民逐步具备理性的政治参与意识和政治参与能力。反之，如果一个社会的民主政治流于形式，那么公民只能徒有虚名，真正意义上的公民政治素养也难以形成。

在现代中国社会,民主政治在艰难曲折中逐步推进,为公民政治素养的发展创造了必要的政治条件。“文革”期间,我国形成了高度集中的党的“一元化”领导体制,经济、政治、社会、文化等各个方面的权力高度集中。这种状况不利于国家政治经济的发展与人民群众的权益实现。1979年,邓小平就社会主义与民主之间的关系作了深刻的阐述,提出:“没有民主就没有社会主义,就没有社会主义的现代化。”十一届三中全会以后,在政治领域进行了四个方面的重大改革,为整体改革铺平了道路,这包括:干部人事制度改革;废止政社合一体制,恢复乡镇设置;简政放权,实行党政分开、政企分开;实行宪法改革,恢复社会主义法制(房宁,2009)。以上改革为我国民主政治的恢复与发展创造了制度空间。

20世纪末21世纪初,我国的民主制度进一步健全,党的民主思想进一步发展。十七大报告提出:“人民民主是社会主义的生命。发展社会主义民主政治是我们党始终不渝的奋斗目标。”“人民当家做主是社会主义民主政治的本质和核心。”可见党将民主政治提升到一个极其重要的地位。十七大报告还指出:“要健全民主制度,丰富民主形式,拓宽民主渠道,依法实行民主选举、民主决策、民主管理、民主监督,保障人民的知情权、参与权、表达权、监督权。”

在政治民主的大方针指引下,近年来,我国各地区的民主形式进一步丰富,民主渠道进一步拓宽,公民有序的政治参与不断得以推进。其中基层民主选举是民主政治发展中非常突出的领域。这包括村民委员会、居委会等基层选举,基层人大代表的直接选举等。1998年,第九届全国人民代表大会常务委员会第五次会议通过了《中华人民共和国村民委员会组织法》,其中规定:“村民委员会主任、副主任和委员,由村民直接选举产生。”村民选举成为乡村民主自治的一道风景线。在不少村庄,村民选举进行得热热闹闹。“海选”等词汇进入农民的日常生活,红色投票箱流动于田间地头。2010年10月,第十一届全国人民代表大会常务委员会第十七次会议修订了该法规,进一步完善了村民自治制度。城市社区的基层自治选举则包括居委会选举、业委会选举等。上述选举虽然有形式主义的一面,有的地区出现“贿选”等不良风气,但是我们也需要看到,在不少情境下,基层民主选举已经真正成为不同候选人在民主框架下的实力角逐。

基层人大代表的直接选举可谓涉及面最为广泛的选举。近年来,从选民登记、投票到唱票汇总,一系列民主选举程序在基层直接选举中得到了很好的执行。人民代表大会是我国的国家权力机关,拥有制定和修改法律法规、决定国家或地方重大事务等重要职权。从人大的性质和职能来讲,基层人大代表直接选举应该是基层民主的核心部分。由于多种原因,基层人大的制度功能还未得到充分的发挥与落实。但是近年来，出现一种新的趋势，即不同利益集团的人们开始通过人大来反映他们的利益诉求，争取相关的资源。基层人大代表的民意基础得到强化，人大的功能得到增强。

党内民主也是民主政治进程中的重要方面。十六大报告提出"党内民主是党的生命"的论断，十七大报告进一步提出"以扩大党内民主带动人民民主，以增进党内和谐促进社会和谐"的重要思想。近些年来，一些地方县和乡镇实行的党代会常任制试点工作，实行"两票制"、"三票制"、"两推一选"、"公推公选"的干部直选办法，群众和党代会测评相结合的干部考核机制，在决定重要问题时采取的"民主恳谈"等，各种形式新颖的基层党内民主不断出现，呈现出勃勃生机。据统计，我国已经有 13 个省 200 多个乡镇实行了领导班子和领导干部的公推直选(周圣平，2008)。

随着社会主义市场经济的发展，改革不仅限于经济领域，而且深入到教育、医疗等社会领域，人民的生活要求不仅限于经济生活，而且有了更多和更高的要求，其利益也延伸到政府公共事务管理领域。人们希望通过更多的参与来表达自己的利益诉求，基层行政民主由此而兴起，如基层政府与市民之间的"社区对话"、"民评官"、"价格听证会"、政府通过网络吸取民意的"网络民主"、"政务公开"等。基层行政民主已成为基层民主最为活跃的组成部分(徐勇，2009)。

当前，民主政治的制度化基础日益巩固，公民的民主空间日益扩大，建立在个人利益基础上的参与式民主不断发展，政治参与渠道不断拓宽，参与方式不断创新。这不仅能够推动经济的发展与政治的转型，也有利于现代意义上公民政治素养的发展与成长。

二、市场经济与公民素养的发展

现代意义上的公民素养不仅包括对政治生活的参与意识、参与能力，还包括独立人格的形成、对公民权的认知、对法律的认同等。市场经济对现代公民素养的发展具有极为重要的意义，这主要体现在：市场经济培育了独立的人格，提升了公民权利意识，推动了法律观念的普遍化。

人格的独立性是现代公民素养最为基本的特征之一。一个没有独立人格的人是不可能成为公民的。事实上，即使在古希腊、古罗马时代，在那个高度强调公民美德与奉献精神的时期，人格的独立性也被认为是获得公民资格的必要条件之一。亚里士多德就认为：只有具备理性讨论公共利益能力的人，才适合成为公民。而心灵的独立性是理性讨论能力的前提之一(周国文，2008)。奴隶制时期，人数众多的奴隶被完全剥夺了独立的人格。欧洲中世纪早期形成了以封建领主制经济为主导的经济形态。农奴属于特定的主人，他们的人身自由极其有限。然而，即便是领主也不具有完全独立的人格。因为在最高王权与最底层的农奴之间，不止是有一层领主，而是有好几个层次，每个领主都可将自己的领地划成数块封给自己的属下，从而形成一种金字塔形的阶梯网络(计秋枫，2001)。一个中小贵族对于自己的农奴来说是领主，但是对于分封自己的上层贵族来说就是附庸；一个大贵族对于中小贵族来说是领主，对于国王和皇帝来说却是附庸。各级附庸都必须效忠于领主，履行诸种义务。在这样的社会结构之下，依附观念与效忠精神盛行，人格奴化，个人的独立性与主体性缺乏成长空间。

14、15 世纪以后，欧洲地中海沿岸城市开始出现资本主义萌芽。商品经济的发展促进了封建社会自然经济的解体。新航路开辟之后，欧洲各国开始在全球范围内进行大规模的殖民活动，世界市场急剧扩大，刺激了欧洲工场手工业的发展。资产阶级革命与工业革命之后，欧洲各国先后实现了市场经济体制，建立资本主义制度。市场经济是“以维护产权，促进平等和保护自由的市场制度为基础，以自由选择、自愿交换、自愿合作为前提，以分散决策、自发形成、自由竞争为特点，以市场机制导向社会资源配置的经济形态”(熊德平，2002)。市场经济意味着自由交换，意味着个体都能自由、平等地参与市场竞争。市场经济的参与者是平等主体之间的关系，而不是奴性的依附关系。这就要求人们具有与经济自由相一致的独立人格，从而成为经济活动的主体。市场经济直接催生了独立人格，启蒙运动又进一步弘扬了人的独立性，并强调了以理性为标志的人的主体性。这直接促进了 18 世纪以来自由主义公民理论的发展，在现实层面，也为现代意义的公民的形成奠定了基础。

正是在人的独立性与主体性基础上，公民权利的发展才有可能。根据马歇尔的观点，市民权利由个人自由所必需的权利构成，主要发展于 18 世纪；政治权利即公民参与行使政治权力的权利，主要发展于 19 世纪；到了 20 世纪，公民的社会权利获得发展，包括享有社会福利的权利，享受社会文明生活的权利等(郭忠华，2009)。以上权利发展的逻辑基础在于公民主体性与独立人格的获得。此外，市场经济也是一种契约经济，要求参与交易的各方要严格遵守契约，否则市场经济就会陷于混乱。因此，市场经济的发展必然带来契约观念的普及、法律意识的增强。

回顾传统中国的发展历史，在漫长的封建社会中，经济结构与政治文化模式相对稳定，其特征可以概括为：以封建地主制经济为主导的经济结构，以宗法制度为核心的文化形态，以封建专制为特征的政治模式。在社会生活中，君臣、官民、父子、师徒等诸种社会关系之间并不存在平等的关系，而是一方对另一方的服从与效忠。国民具有浓厚的奴化型与依附性人格特征。在这样的社会中，公民素养是得不到发展的。

近代以来，随着西方列强的入侵，中国被迫卷入到资本主义世界市场。这在客观上传播了西方先进的经济制度和生产方式、生产技术，致使自然经济解体，促进了中国商品经济的发展。与此同时，西方的民主自由思想也传播到中国，近代国民权利意识开始萌芽与发展。有学者将甲午战争之后至1949年前的权利意识发展归结为五个阶段：权利意识觉醒时期、参与意识觉醒时期、伦理人权时期、法治人权时期，以及权利理论的深入探讨期(刘保刚、郑永福，2007)。但是总体而言，上述观念仅为少数精英人物所秉持，并未成为民众所普遍持有的思想。当时的社会现实也不可能真正赋予民众以独立意识与公民权利。1949年以后，国家的独立成为公民人格独立的前提条件与促进要素，公民权利获得了实质性的进展。然而计划经济体制的建立使得人们依附于各自的"单位"，公民的独立性与主体性再次丧失，对集体主义的过度强调则导致了公民权利的缺失，"文革"期间的非常态运动更是让法制如同虚设。

1979年以后，商品经济重新获得发展，市场经济体制逐步建立。市场经济的发展成为现代公民素养成长的重要前提。

首先，市场经济培育了独立人格意识与主体意识。市场经济的运营形式使得社会经济由以政府为主体向以企业和个人为主体的格局转变，现代企业制度的推进使得企业摆脱了对政府的依赖关系，具备了产权清晰、责权明确的基本特征，企业具有参与市场的积极性与主动性。与市场经济的要求相匹配，个体由"单位人"向"社会人"转化，个人与工作单位之间的关系不再是以往的全面归属关系，而仅仅体现为有限制的工作契约关系；个人享有的社会保障与社会福利逐步由单位转向社会，个体与单位之间的纽带进一步松弛，人才流动日益频繁。上述制度唤醒了个人的独立人格意识与主体意识，为现代公民素养的形成打下了最根本的基石。

其次，市场经济唤醒了个体的权利意识。市场经济发展最基本的要求是对市场主体的平等和自由的充分保障，否则契约经济就会被强迫交易所取代；市场经济的发展也要求对参与各方权益的保护，否则经济交易就会沦为商业欺诈。因此，在独立人格意识与主体意识形成之后，紧接着就是个体权利意识的苏醒。加强个人权利的保护，是市场经济的内在要求。而权利意识的苏醒，不仅引导了个体在经济领域的行动，也推动着个人进入公共领域，参与政治、维护权益，现代意义的公民素养由此发育。

第三，市场经济也促进了法制精神的普及。市场经济建立在契约关系的基础之上，契约关系的有效性需要法律的维护。因此，市场经济可谓契约经济、法治经济。中国加入世贸组织以来，是法制建设高速发展时期，形成了相对完善的法律体系。在经济交易过程中，各方参与主体也受到法律与契约观念的熏陶。在市场经济条件下，法律观念深入人心，现代公民的法律素养获得发展。

然而，另一方面我们也需要看到，市场经济的发展并不纯粹是有利于公民素养的形成的。有研究者认为，市场经济虽然具有拓展社会中的自主活动空间的作用，但由于市场机制下对自利性动机的诱发力量和对机会主义倾向的助长作用，实际从另外一个方向构成了公民精神的死敌（陶传进，2003）。尤其在当前法制尚不完善的情况下，不法厂商为了牟取暴利而泯灭天良的事情时有发生，都在警示世人：市场经济对公民素养的发展也可能带来负面影响。市场经济对公民素养发展的缺陷如何才能弥补？20 世纪 80 年代以来，公民社会的理论与实践迅速发展。公民社会与市场经济具有截然不同的发展逻辑，一定程度上能够弥补市场经济对公民素养的不良影响。

三、公民社会与公民素养的发展

自 20 世纪 90 年代以来，“civil society”这个概念被逐步引入中国研究，成为社会学、政治学前沿研究的聚焦热点，在不同背景下，人们有时将它译成“市民社会”，有时又将它译成“公民社会”或“民间社会”。在“国家—社会”二分法的基础上，人们把市民社会理解为一个相对独立于国家但又受法律保护的社会生活领域。20 世纪 90 年代末期以来，“国家—经济—社会”的三分法开始为大多数学者所接受，公民社会被认为是国家与市场之外的第三个空间。

公民社会理论具有深厚的理论内涵。它包含着公民社会与政治国家关系的不同理论假设，也隐含着第三部门弥补国家与市场缺陷的现实预期。近年以来，受发轫于西欧政治实践的“法团主义”思潮的影响，许多学者逐步将公民社会理解为一种接受国家权威，并通过一系列制度路径与现代国家相互合作的社会领域（李友梅，2007）。公民社会的研究也从纯理论的探讨转向实证研究，将民间组织的发展与基层社区治理视为公民社会成长的标志。

关于公民社会的操作性界定，较有影响的是联合国开发计划署关于公民社会的定义，即：“简单地说，公民社会是在建立民主社会的过程中国家、市场一起构成的相互关联的三个领域之一。社会运动可以在公民社会领域里组织起来。公民社会里的各个组织代表着各种不同的、有时甚至是相互矛盾的社会利益，这些组织是根据各自的社会基础、所服务的对象、所要解决的问题（即环境、性别与人权等问题)以及开展活动的方式而建立和塑造的。诸如与教会相联系的团体、工会、合作组织、服务组织、社区组织、青年组织以及学术机构等都属于公民社会中的组织”(UNDP,1993)。类似的定义方式还有:公民社会是“存在于个人和国家之间的各种志愿性协会,这些协会是公民向国家乃至整个社会表达自己意愿和利益的基本手段”(陶传进,2003)。上述定义描述了公民社会的组织形式。在更为具体的操作层面,国际非政府组织联盟“世界公民组织”在“联合国发展规划署”的协助下,建立了公民社会指数体系,该体系包括了公民社会的结构、空间、价值观和影响这四个维度,其中社会组织的发展状况与影响能力是核心的衡量指标(胡辉华,2005)。

关于当前中国是否存在公民社会,学界依然存在争议。这主要源于对公民社会或市民社会的界定的不同。查尔斯·泰勒在《市民社会的模式》一文中指出,市民社会“就最低限度的含义来说,主要存在不受制于国家权力支配的自由社团,市民社会便存在了;而就较为严格的含义来说,只有当整个社会能够通过那些不受国家支配的社团来建构自身并协调其行为时,市民社会才存在”(邓正来,2002)。就“最低限度”的界定而言,中国是存在公民社会的;就后一种定义而言,中国还未进入公民社会阶段。当前研究中国公民社会的学者所持的主要是前一种观点,笔者的立场也是如此。

应当说,公民社会的发展是一个国际性的潮流,我国的社会发展也处于这个潮流之中。国家为社会组织的发展提供了宽松的政策环境。党的十七大报告指出,要“发挥社会组织在扩大群众参与、反映群众诉求方面的积极作用,增强社会自治功能”。社会组织建设制度环境逐渐完善。有关社会组织登记管理的法律法规相继出台,《社会团体登记管理条例》、《基金会管理条例》和《民办非企业单位登记管理暂行条例》等一批以法律和相关法规、政策为框架的社会组织配套政策不断健全完善。在上述政策背景下,近年来,中国民间组织的数量迅速增长。民政部副部长姜力在首届“中国社会组织论坛(2008)”上表示,我国社会组织的规模、种类、数量迅速增长。截至2007年底,依法登记的社会组织已经超过38.69万个,其中社会团体21.16万个,民办非企业单位17.39万个,基金会1 340个。目前,每年仍以10%～15%的速度在发展[①]。另调查估计,目前实际开展活动的各类社会组织中,包括大量无法按照现行法规登记注册的草根组织、境外在华社会组织、社区社会组织、农村社会组织及各种网络型、松散

① 李菲. 民政部:我国社会组织规模、种类、数量迅速增长[EB/OL]. http://news.qq.com/a/20081220/000299.htm. 2008-12-20.

型的社会组织等，其总量约为 300 万家(王名，2009)。

进入 21 世纪以来，上海市民间组织获得了快速发展。其中一部分是正式登记注册的民间组织，还有数量巨大的群众活动团队或网络民间组织并未进行登记。截至 2009 年 12 月底，上海市正式登记的民间组织共 9 498 家，与 2001 年相比，增加了近 2 倍。其中社会团体 3 524 家，基金会 103 家，民办非企业单位 5 871 家。社区群众活动团队的数目也在持续增加。① 上海青年研究中心 2010 年的抽样调查表明，2003 年以后，每年新成立的群众活动团队的数量占团队总数的 6.8%至 11.0%不等。网络民间组织增长更为迅速，调查表明，95%的受访网络民间组织都是 2000 年以后发展起来的。尤其是 2003 年以后，其数量显著提升。2009 年新发展的网络民间组织约为 2001 年成立个数的 4 倍。

公民素养是公民社会得以发展的个人素质基础，社会组织的发展则为公民素养的形成提供了组织条件。社会组织与公民素养相辅相成，相互促进，共同发展。社会组织的发展为公民提供了社会参与的平台。这种参与有如下功能：

首先，有助于公民形成独立人格，以及自律、自治精神。需要承认的是，与西方社会不同，中国的民间组织与公民的社会参与从一开始就具有浓厚的政府主导色彩。但是近年来民间组织对国家的依赖性逐渐减弱，未经正式登记的民间组织更是如此。例如上海青年研究中心 2010 年初的调查表明，正式登记民间组织中，由政府或主管部门指定组织负责人的为 14.3%，社区群众活动团队中该比例为 10.0%，网络民间组织中，仅有 0.8%的组织的负责人由政府或政府部门指定。在相对独立的运作中，公民的独立人格日益成熟，自主精神日益张扬，自律、自治精神也获得发展。

其次，为公民提供了自主交往的社会空间，能够促进公民的信任、互惠和合作精神的发展。民间组织的活动开展需要成员之间的合作，有利于公民互惠合作精神的培育。民间组织的对外合作能够扩大影响、形成资源共享。例如上海青年研究中心的调查表明，有的社团共同合作组织活动，丰富活动内容，形成规模效应，有的社团在别的社团帮助下，制作和准备工作用品，降低工作成本，提高工作成效。在上述活动中，公民的互惠合作精神得以加强。

最后，民间组织的发展推动了公民服务社会、扶助弱者的行为，有利于形成公民的奉献精神与公共责任感。民间组织一般不以盈利为主要目标，不少民间组织的骨干成员为组织无偿付出。但是笔者在与他们的访谈中却能够发现，他

① 数据来源：上海社会组织网站最新统计数据(截至 2010 年底)[EB/OL]. http://www.shstj.gov.cn/YWSJ.aspx.

们中的不少人在组织或参与活动的过程中，并不因无经济回报而有怨言，因为他们在付出与奉献中获得了另一种人生价值。沪上也有不少公益性民间组织，这些组织在公民奉献精神与公共责任感的形成方面所发挥的作用自然更为显著。

民主政治、市场经济与公民社会的发展，分别构成了当下公民素养形成的政治、经济与社会背景。在这样的背景之下，上海青少年公民素养各个维度的表现究竟如何？本课题组在概念界定与框架建构的基础上，通过大规模问卷调查与深入个案访谈，试图对上述问题做出回答。在开展实证研究之前，澄清概念的内涵、划分概念的维度，是十分必要的。这就是下文紧接着要讨论的问题。

第三节　公民素养的概念诠释与维度划分

一、概念诠释

“公民素养”的概念界定对于本研究而言具有极其重要的意义。要说明“公民素养”的涵义，首先必须明确“公民”的内涵。笔者在前文对公民素养界定与西方公民观理论流变的文献梳理基础上，提出本研究的概念界定，澄清其内在涵义。

(一)“公民”的涵义与属性

公民是指在现代国家中，拥有一国国籍，根据法律规定享有权利与承担义务的社会成员。这一简洁的定义包含了公民的多重属性：

1. 公民的政治属性

本研究中所讨论的公民是相对于国家而言的，没有国家就没有公民，没有公民也就没有国家。公民是政治国家的组成成员。他们根据法律拥有参与政治生活的权利，包括选举权与被选举权，包括知情权、表达权、参与权、监督权等等。公民的政治属性，源于亚里士多德“人是天生的政治动物”的经典论断，是“公民”一词最为古老的涵义，也是现代公民最为基本的属性之一。

2. 公民的法律属性

公民的法律属性随着现代社会的发展而重要性日益彰显。现代社会是法制社会，国家与社会成员之间、社会成员与社会成员之间的关系均由法律进行规范与调整。在现代社会中，公民的地位是法律所赋予的，公民的权利与义务是法律所规定的。在现代社会中，一个国家的“公民”身份的获得标准，即是否拥有该国的国籍；公民身份的获得之后，就享有法律所规定的权利，就必须履行法律所规定的义务。公民的法律属性，是现代公民最为普遍的特征。

3. 公民的伦理属性

公民是权利与义务的复合体。公民义务的履行与否，履行程度如何，与公民自身是否具有良好的道德素养直接相关。公民也是社会这个集合体中的成员，要成为一名合格的社会成员，其行为必须符合社会的伦理道德要求。如前所述，公民美德是古典公民资格理论所强烈倡导的公民身份特征；即使在经过了消极公民观的洗礼之后，西方自由主义也并未完全抛弃对公民伦理道德的要求，只不过对公民道德的诠释有了改变，人权、自由不仅是公民所拥有的权利，事实上也已经成为新的公民伦理。时至今天，当我们论及公民概念时，一般也隐含了对公民的基本道德要求。

4. 公民的社会属性

公民是现代国家中依法享有权利与承担义务的社会成员，公民与公民、公民与社会之间存在种种社会联系。作为一名社会成员，公民与其他行动主体发生互动，参与经济、政治与社会生活，体现其目的意志与能动性。公民的政治属性、法律属性与道德属性，正是通过公民的社会互动与社会联系得以发展，正是在公民的社会关系中得以实现的。公民的社会属性，是公民的其他属性发展的前提与基础，是公民之所以成为公民的必要条件。

(二)“公民素养”的涵义与要素

要讨论公民素养，需要明确素质与素养之间的关系。素养，指通过个人社会化而获得的观念、意识与能力，是后天学习和教育形成的素质。公民素养是指与公民身份相适应的后天素质，是公民作为现代政治生活与社会生活的主体，在公共空间与私人领域中，为实现公民权利、承担公民责任而应具备的价值理念、道德品质、知识技能等。

现代社会的公民需要具备怎样的素养？纵观西方公民观的理论流变，可以发现不同的理论流派对公民素养的内涵方面所持的观点存在较大差异。从古典共和主义公民观到自由主义公民观，对公民所应具备的素质观点迥异。当代又迎来了共和主义与社群主义的复兴。然而理论的回归并非理论的简单重复，而是“否定之否定”规律的典型体现。鉴于共和主义的复兴并未终结多元理论之间的论争，可以说新一轮的否定也可能在进展之中。自由主义范式与共和主义范式之间实际上是一种相互补充的关系，反映了公民资格的权利性与责任性、私人性与公共性双重特征，本研究将归纳不同学派的观点，取其合理之处，来确定现代社会的公民素养的内涵与外延。总体而言，笔者认为，现代社会的公民所应当具有的素养包括基础性要素与表现性要素。具体如下：

1. 基础性要素：以理性为基础的主体性意识

哈贝马斯认为，现代性是一种觉醒的现代意识，以理性为基础，以人的主体的自由为标志(哈贝马斯，1999)。在此基础上，本研究认为，以理性为基础的主体性意识是现代公民素养的基础性要素。

主体性意识的基础是独立的人格。从历史发展的角度来讲，人格的独立性是现代公民出现的前提条件之一。独立人格是与臣民意识、依附性人格相对而言的。只有摆脱了臣民意识，公民才能在政治生活中真正承担起应有的责任；只有消除了依附观念，公民才能在公共生活领域发挥自己的自主性与独立性；只有获得了独立的人格，公民才能够在社会生活中真实表达自己的立场，切实维护自身的合法权益。主体性意识是独立人格的深化与发展。人的主体性是现代性的核心概念范畴。从近代的笛卡尔开始，就已经开启了关于人的主体以及主体性的追问。从主体性的研究历史看，人们对主体的界定经历了不同的阶段。但归结起来，不外乎将主体性看作人在实践活动中的能动性、创造性、自主性等特征。公民的主体性意识，即对人的主体性的理解与认同。在现实生活中，表现为对政治生活中公民主体地位的认同，表现为公共生活中公民的独立性与创造性的认识。

公民的主体性又可以区分为集体主体性与个体主体性。集体层面的主体性意识可以通过诸如“人民群众是历史的创造者”、“人民当家做主”等观念得以表达，但是个体的主体性在以往的中国社会中向来是遭到忽略的。然而，倘若没有个体的主体性意识，集体主体性意识实际上是悬置的，是无法在现实生活中真正发挥作用的。在经历了改革开放以来30余年的民主政治与市场经济的发展之后，在21世纪的今天，公民的个体主体性意识进展程度如何，是本研究所关注的重要问题。

现代意义的公民主体性意识的建立必须以理性为基石。根据哈贝马斯的观点，系统的合理化与生活世界的合理化是社会合理化的两个层面，系统体现的是目的合理性，生活世界体现的是交往合理性(郑召利，2002)。在生活世界中，理想的状态是人类凭借理性思维交往，交往理性代替了对权威的盲从，个人具有理性精神、批判的反思精神。人的个性趋于自由，对传统、对制度变得越来越具有反思性和批判性。但是反思与批判并不等于偏激的否定与冲动的行为，而是要秉承有益于事务发展的理性精神。在哈贝马斯那里，交往理性要求人们在没有强制的条件下进行诚实的交往与对话，在此基础上相互沟通、相互理解、真诚合作。

2. 表现性要素：社会生活各领域的规范意识与实践能力

公民素养的表现性要素是指社会生活各领域中公民所拥有的规范意识与

活动能力。表现性要素建立在基础性要素之上，通过社会生活来充分展现基础性要素；而基础性要素贯穿于表现性要素始终，是表现性要素发展状态的先决条件之一。

在社会现实生活中，公民素养表现为遵守道德、遵纪守法、政治参与、公益奉献等。每一种表现性要素又可以区分为意识与能力两个层面。

要做到遵守道德，公民必须具备相应的道德意识与道德能力。道德意识是对当前社会所公认的伦理道德的认知状况；道德能力是对伦理道德的辨别能力与践行能力。由于当代社会处于全球化的背景之下，处于由传统向现代转型的过程中，传统的道德理念受到种种冲击，新的价值观念层出不穷，在这样的背景之下，公民必须对多元化的道德观有自己清醒的认识，有明辨是非的能力；并能够排除困扰与诱惑，切实践行道德。而这些是建立在理性分析的精神之上的。

要做到遵纪守法，公民一方面需要具备法律知识与法律意识；另一方面还需要拥有法律能力。现代社会以法律为界定社会成员权利与义务的主要手段，公民需要具有法律知识。然而具有法律知识并不意味着真正能够按照法律去履行。特别是当代中国社会存在情、理、法冲突的现实，法律意识的形成需要在理性的判断基础上实现。拥有法律意识之后，是否能够付诸实践是更高层面的问题。特别是如何在利益冲突频发的当代社会维护自身的合法权益，具有极其重要的意义。并且在权益维护的过程中，依然要遵守法律，以理性的方式处理问题。因此，法律运用能力是公民素养的又一种重要的表现性因素。

遵纪守法、遵守道德可谓对公民的低层次要求。除此之外，现代意义上的公民还需要有更高层次的素养，这就是对公共生活的参与。公共生活的参与包括两大领域：一是国家政治生活的参与；二是国家与市场之外的公共空间的参与。前者体现为公民的政治素养，后者体现为公民的公益精神等多方面素质。公民的政治素养最能表现理性的主体性意识。一方面，公民需要意识到自身在政治生活中的主体性地位；另一方面，公民又不能片面理解这种主体性地位，要以理性的精神进行政治参与。公民的政治素养不仅表现在人大选举、参政议政等具有浓厚政治色彩的行动方面，也体现在城乡基层自治的活动中。从公民素养的角度而言，公民对社会组织的自主参与是更高层次的要求，并非每个人都能做到，但是根据联合国的标准，该项指标是公民社会发展的重要指标，因而也列入现代公民素养的内容。公民对公共生活的参与，还意味着公益精神与社会责任感的成长。因此，与公共参与相伴生的公益精神与奉献意识，也是现代公民素养的重要组成要素。共和主义对参与和奉献的倡导是有其积极意义的。社会是人与人组成的共同体，脱离个体对共同体的责任与义务，共同体必然遭遇种种困境，最后这种困境又折返到个体身上。我们主张社会参与、公益责任，并非简单地接受古典共和主义的精神，因为，在现代社会中，社会参与、公益责任与奉献精神，并非是外部强加给个体的责任与义务，而应当是个人在主体性精神张扬的基础上，在理性精神的指引下，自主选择的结果。强调责任与奉献，也并非以个体牺牲为前提，而是为了达成个体与共同体的和谐关系。以上都是我们在界定当代社会公民素养内容的时候，需要澄清的问题。

二、维度划分

在实证研究中，概念的维度划分是极其重要的。这不是理论性的类型区分，而是具有操作性的、决定调研方向与指标的类型细分。公民素养的维度划分，直接体现了研究思路，决定了调查的主要内容，也影响着研究成果的质量。本课题在广泛查阅文献的基础上，根据本书的思路与架构，确定了对公民素养的维度划分。

（一）道德—法律—政治三分法

关于公民素养的维度划分，当前可谓众说纷纭。其中值得关注的是《上海市青少年发展“十二五”规划》的提法。在《规划》中把公民素养划分为“道德观念、法律意识和社会责任”。作为一项应用性研究，《规划》的界定无疑具有重要的指导性意义；但是作为一项学术研究，客观上又需要从学理的层面对此概念再次进行斟酌。在本研究中，我们将公民素养划分为道德素养、法律素养、政治素养三个维度。上述的维度划分主要有如下考虑：

如前所述，现代社会是法制社会，现代社会对公民的界定，使用最为广泛的是法律意义上的界定。因此，法律素养是公民的基本素养之一，这一点无可置疑。道德也是协调个体与他人、社会关系的基本规范，将道德素养归入公民素养，也无可非议。然而需要强调的是，在公民素养中不能忽略“政治素养”。在公民的属性中，最为古老的属性就是政治属性。根据其原初涵义，政治参与是公民身份的体现，若脱离了政治参与，公民就不成其为公民。在两千多年的公民理论发展史中，公民的政治参与又是最受关注的议题。在当代社会，不少学者意识到，公民教育最根本的问题是公民的政治地位的定位问题，因此，政治素养是需要特别单列的一个维度。

“社会责任”是个时尚而又通俗的词语，能够凸显当代中国弘扬公益精神的政策导向，也有利于在政策实施时向广大公民进行宣传。然而推敲其涵义，可以发现这又是一个非常宽泛的概念，若不作任何处理就使用，不利于在学术研究时澄清内涵。从广义上来讲，政治参与、公益责任是社会责任的体现，遵守法律、遵纪守法也意味着社会责任的担当，而且是最为基本的承担形式。因此，将“社会责任”一词与道德素养、法律素养并列，可能引起概念的交叉与混淆。因此，本研究对“社会责任”的概念进行了限定，认为主要是指在公共领域中的社会责任，或者说，是指在“政治—经济—社会”的三分法基础上，在“社会”领域所承担的责任。经过这样的界定，社会责任主要指的就是公民参与志愿服务、慈善捐赠等公益活动的责任。笔者认为，对公共事务的参与意识，对公共利益的奉献精神，自古希腊以来就被视为公民美德的核心内容，因此可以将其列入公民道德素养范畴。

需要说明的是，公民道德有两个层面，第一个层面是为了使公民不侵犯他人或社会的利益而设置的道德规范；第二个层面是为了促进公民为他人与社会作出贡献而设置的道德规范。公益责任意识有别于一般意义上约束个人行为的伦理规范，属于第二个层面的公民美德，可以界定为积极的公民道德。为了应对自由主义公民观的质疑，完善研究思路，需要特别注意的是，在我们这个集体主义传统浓厚的国家里，要反思古典共和主义公民观，警惕“共同体湮没个体”的倾向。因此，在我们的理论观点中，也要为公民留下自由抉择的空间。应当承认，参与公益活动是对公民较高层次的要求，但这应当是公民素养提高之后的自发性需求，而不是强制性的要求。在这一点上，与遵守法律的要求具有截然不同的性质。

经过上述调整，公民素养的概念被划分为道德素养、法律素养与政治素养三大维度。根据公民素养的“涵义与要素”部分所陈述的内容，每个维度中又包括“意识”与“能力”两个更小的维度，并发展成不同的指标。本研究关于上海青少年公民素养的描述分析部分的内容架构，主要就建立在以上维度划分基础之上。

（二）私人领域—公共领域—公共权利领域三分法

“公共领域”一词具有极其丰富而深刻的理论内涵。从汉娜·阿伦特到哈贝马斯，再到泰勒和基恩，对公共领域的内涵有不同的阐释。汉娜·阿伦特开创了“公共领域”理论之先河，她认为，人们生活于两种领域之中：一种是以家庭、隐私、私有财产等为内容的私人生活和私人领域，另一种是以社会组织、社会交往、公共参与、政治活动等为内容的公共生活和公共领域（马长山，2010）。哈贝马斯系统阐发了公共领域理论，并在学术史上形成巨大的影响。在他看来，公共领域是介于私人领域与公共权力领域之间的缓冲地带，它是一个向所有公民开放、由对话组成的、旨在形成公共舆论、体现公共理性精神的、以大众传媒为主要运作工具的批判空间（哈贝马斯，1999）。在这一缓冲地带，其“核心机制是由非国家和非经济组织在自愿基础上组成的。这样的组织包括教会、文化团体和学会，还包括了独立的传媒、运动和娱乐协会、辩论俱乐部、市民论坛和市民协会，此外还包括职业团体、政治党派、工会和其他组织等”（哈贝马斯，1999）。在哈贝马斯看来，公共领域这个词并不是中性的，而是有批判意味的。本研究认同私人领域—公共领域—公共权利领域的划分形式，但是鉴于中国国情与当前中国公民社会所处的历史阶段，并不刻意强调公共领域与公共权力领域的对抗性特征，也并不认为公共领域必定能够达到交往理性的理想状态。

根据上述思路，公民素养包括公民在私人领域、公共领域与公共权力领域中所具备的价值观念、思想意识与知识技能。私人领域的公民素养是指在家庭生活领域、经济领域等私人领域的公民素养，主要涉及公民间的私人关系的协调，包括上述领域中的道德素养与法律素养。公共权利领域的公民素养主要是指政治素养，即公民参与政治生活的理念、意识与能力。而公共领域的公民素养是参与社会团体、参加公益活动的意识与能力。结合自由主义的消极公民理论与共和主义的积极公民观，我们认为，公民在私人领域的素养具有基础性的意义，是公民成为一个合格的或良善的社会成员需要具备的素质；而公民在公共领域与公共权利领域的素养则更能体现公民的本质特征。公民素养中，“三公意识”尤其具有重要意义。所谓“三公意识”，即公德意识、公益意识、公民权意识[①]。其中公德意识是公民在一般的公共生活中，为了不违背公共利益而需要遵循的道德规范；公益意识反映的是公民在公共领域中对社会责任的承担；公民权意识是公民在公共权力领域，即政治领域所具备的知识与理念。公民权意识不仅包括公民权利的认知，还包括对公民在政治生活中的主体性地位的认知，对理性精神的秉持。

“私人领域—公共领域—公共权利领域”三分法是本课题的维度设计的另一个参考坐标。本研究的实证调查将涉及上述三个方面的公民素养，在理论研究部分，将以此三个维度来对公民素养的状况进行结构性分析。

---

① “三公意识”及其在公民素养中的地位由康年教授、田保传教授等研究者提出.

第二章　上海青少年道德素养现状

道德的英文为morality，源于古拉丁文mores，系指公众的习俗。古罗马哲学家西塞罗根据希腊人道德生活的经验，从mores一词创造了一个形容词moralis，意思是指国家生活的风俗和人的个体品性。在中国，道德二字最初是分开用的。"道"的本义是指人由此达彼所行经之路，道家创始人老子把"道"演绎成哲学范畴，认为道是万物衍生的基础、事物的本原，道是宇宙发展的客观规律。后来，人们把这种"天道"运用于人类社会，形成"人道"，用以指一种仁义的境界，既表明人达到的一种崇高境界，同时也包含了实现境界的途径。"德"是一个人在处理人与人的关系时，既能够"以善念存诸心中，使身心互得其益"；又能够"以善德施之他人，使众人各得其益"（杨丽坤，2007）。"道"与"德"一起出现是在儒家的典籍中，指个人行为处事的依据和修身养性所达到的境界。在当代社会，较为认可的道德定义是：道德是由社会经济基础所决定的一种社会意识形态，它通过社会舆论、传统习俗和人们的内心信念来维系，是对人们的行为进行善恶评价的心理意识、原则规范和行为活动的总和（罗国杰等，2008）。

道德素养是公民素养的基本内容之一。2001年10月，我国颁发了《公民道德建设实施纲要》（以下简称《纲要》），中共中央发出通知，强调各地区、各部门要认真贯彻执行《纲要》。正如《纲要》中所指出的，改革开放以来，公民道德建设迈出了新的步伐。然而，我国公民道德建设方面仍然存在着不少问题。社会的一些领域和一些地方道德失范，是非、善恶、美丑界限混淆，拜金主义、享乐主义、极端个人主义有所滋长，见利忘义、损公肥私行为时有发生，不讲信用、欺骗欺诈成为社会公害，以权谋私、腐化堕落现象严重存在。这些问题如果得不到及时有效解决，必然损害正常的经济和社会秩序，损害改革发展稳定的大局。因此，公民道德素养问题应当引起全党全社会高度重视。青少年是国家的未来，是社会的希望，在一个清流与浊流并存的社会中，青少年公民道德素养状况尤其值得社会关注。

《纲要》提出，公民道德建设必须以社会公德、职业道德、家庭美德为着力点，在公民道德建设中，应当把这些主要内容具体化、规范化，使之成为全体公民普遍认同和自觉遵守的行为准则。在《纲要》颁布10年之后，上海市青少年公民道德素养状况又如何呢？本研究将从道德认知与判断、道德抉择与践行等方面来考察上海青少年道德素养的现实状况。

第一节　道德认知与判断

道德认知是个体对一定社会的道德关系以及处理这些关系的理论、原则和规范的理解和领悟(李志红，2005)。道德认知是个体在社会化过程中对道德规范进行内化的过程，也是公民道德素养形成的第一个环节。本研究主要从如下方面探讨上海青少年道德素养问题，包括：个人品质、婚恋与家庭美德、职业道德、社会公德、公益意识与奉献精神等。上述划分，主要是根据《纲要》所界定的公民道德素养建设的三大"着力点"——即社会公德、职业道德、家庭美德，并结合"公域—私域"的区分，增加具有基础性意义的个人修养的维度，以及作为"积极的社会道德"的公益精神与奉献意识。以上五个方面的道德认知，从个人到家庭，到职场，再到社会，所涉及的范围逐步扩大。

一、个人品质：基石与起点

个人品质是公民道德的起点，是家庭美德、职业道德与社会公德的基础。我国儒家思想的观念，道德修养的路径是正心、修身、齐家、治国、平天下。即道德素养的养成首先要实现个体的自我完善，在此基础上，管理好家庭，直至治理国家、平定天下。直至今天，个人修养在人们的道德观念中仍然占据重要位置。

儒家伦理所倡导的"仁、义、礼、智、信"，可谓传统道德价值体系最为核心的要素；"温、良、恭、俭、让"也是儒家思想所倡导的个人行为准则，千百年来为中国人所推崇。那么，在当代上海青年看来，做人最重要的个人品质是什么？根据团市委2008年上海市2 116份问卷的统计结果，上海青年的个人道德观在呈现多元化的同时，也体现了一定的共性。过半数的上海青年认为做人最重要的品行是"正直"、"善良"。排列在第三位的是"守信"。这与儒家所强调的"仁、义、礼、智、信"有一定的重合之处。处于竞争激烈的现代社会中的青年人，还比较看重乐观、自信、进取这样一些个人品质。至于谦虚、忍耐、俭朴，这样一些在传统中国被认为相当重要的个人品质，所选择的比例仅为5%左右。在竞争激烈的市场经济社会中，"谦虚"已被青年人置于次要位置；在物质日益充裕的社会中，"俭朴"更是被忽略的品质。

表 2-1　青年认为做人最重要的品质　（%）

品行类别	百分比
正直	57.6
善良	50.6
守信	42.4
乐观	31.1
自信	26.9
进取	25.9
宽容	24.5
谦虚	8.4
忍耐	5.7
俭朴	4.9
刚毅	4.6

数据来源：共青团上海市委. 2008 年上海青年发展报告.

二、婚恋与家庭美德：叛离与回归

婚恋与家庭美德是公民在私人生活领域中的重要道德规范。婚恋观是人们对应当如何处理恋爱、婚姻关系所持有的观点与态度。家庭美德是每个公民在家庭生活中应该遵循的行为准则，涵盖了夫妻、长幼、邻里之间的关系。个体的婚恋与家庭生活，与整体的社会生活有着密切联系。婚恋关系、家庭关系的正确处理，不仅关系到每个个体、每个家庭的幸福，也关系到整个社会的道德弘扬。对于青年人来说，在婚恋家庭领域，重点需要处理的是与恋人、配偶及父母的关系。相应地，青年人的婚恋与家庭美德在横向关系方面首先体现在恋爱观与性观念方面；其次是成家之后的婚姻观；在代际关系方面突出表现为对长辈的"孝"。调查表明，在当前这个快速变迁的社会中，新观念层出不穷，新的行为方式不断突破旧有规范的界限。青年人对这些不同的行为的看法如何？我们又该如何评价青年人在婚恋与家庭领域的道德？

（一）网恋与同性恋

随着现代信息网络技术的快速发展，社会上出现了一种以网络为媒介的全新的"恋爱"方式，那就是网恋。有研究者将网恋分为两种，一是纯粹的虚拟恋爱，即以网络作为载体（例如"虚拟社区"和聊天室等），在网上认识，在网上恋爱，甚至在网上“结婚”，组成网上“家庭”，在现实生活中双方是完全不接触的纯精神性的“网恋”；二是具有虚拟与现实双重特征的恋爱。首先在网络上认识，双方都有进一步交流了解的愿望，这种交流了解慢慢发展为恋情，然后再进行现实中的会面，恋爱或者终结，或开始传统的恋爱过程（曾坚朋，2002）。在一些年轻人看来，“网恋”似乎已经成为“E时代”的时髦话题，但是对于将爱情视为纯洁、高尚的传统伦理而言，纯粹虚拟的网恋无疑对其形成了强烈的冲击——难道连爱情也可以游戏吗？那么上海青年对于这种新兴的非主流恋爱形式持有何种态度？2008年的调查表明，约30%的青年对网恋持认可的态度，持反对态度者占了40.3%。说明对于这种新兴的、在伦理性质上模糊不清的恋爱方式，青年态度的差异程度较高。近10%的青年赞成并愿意尝试，说明当伦理性质尚未明确时，部分青年对新兴事物有强烈的介入兴趣。

同性恋是一种较为特殊的非主流恋爱方式。“同性恋”在我国传统伦理中是不被认可的。但是基于某些国家对同性恋的合法化处理方式，以及国内性社会学研究者对同性恋的理性评析，当前占主导地位的观点，是反对将同性恋与不道德画上等号。面对这种与大多数人的恋爱倾向截然不同的行为，面对有违“传宗接代”的传统道德义务的行为，58.8%的被调查青年表示反对，41.1%的青年对此表示无所谓或认可。说明在当今社会，人们对伦理道德的评价已经越来越多地受到国际文化交流的影响。

表2-2　青年对于“网恋”、“同性恋”的态度　（%）

	赞成并愿意尝试	认可但不会尝试	无所谓	比较反对	坚决抵制
网　恋	9.9	20.7	29.1	28.1	12.2
同性恋	2.8	19.7	18.6	25.0	33.8

数据来源：共青团上海市委.2008年上海青年发展报告.

（二）婚前性行为与婚前同居

随着文化与价值观念多元化趋势的发展，自由开放的观念对青年人的影响也日益增强。表现在性观念方面，就是对婚前性行为的态度更为宽容。2008年上海团市委青年发展报告课题组的调查表明，约半数的青年人对婚前性行为与婚前同居持认可的态度，还有超过两成的青年人表示“赞成并愿意尝试”婚前性行为与婚前同居。另有20%以上的人对此表示“无所谓”，明确表示反对上述行为的被访者也只占了约两成，持“坚决抵制”的强烈态度的还不到一成，见表2-3。

仅仅在10年之前，婚前性行为还是社会舆论所强烈反对的，属于严重的道德过错，有上述行为者一旦被人知晓，便会遭人唾弃，颜面尽失。但是在当代社

表 2-3 青年对婚前性行为和婚前同居的态度 (%)

	赞成并愿意尝试	认可但不会尝试	无所谓	比较反对	坚决抵制
婚前性行为	25.5	30.3	22.5	14.1	7.5
婚前同居	22.8	29.0	22.4	18.2	7.5

数据来源：共青团上海市委. 2008 年上海青年发展报告.

会，人们对婚前性行为或婚前同居已经持有相对宽容的态度。那么，婚前性行为、婚前同居是否依然是不道德行为，或者恰恰相反，可以免于道德判断？可以说，随着社会的变迁，对这个问题的界定已经没有那么简单。判断一种行为是否道德可以有两方面的标准：一是客观的、公认的社会伦理；二是该行为所造成的社会后果。就前一种标准而言，由于社会的快速变迁，婚前性行为的传统伦理已经失去了以往的主导性地位，因而很难使用客观的伦理标准来对此类行为进行衡量。但是也并不能就将婚前性行为简单地归为个人隐私，而排除在伦理评价范围之外。我们还可以通过对上述行为所可能造成的后果来评价其是否符合道德伦理。道德的基本原则是不损害他人的合法利益。婚前性行为与婚前同居属于无法律约束的行为，在上述过程中，当事人双方的权责义务完全凭借自身的责任感与约束力来履行，而青年男女容易受情感冲动的左右，加上外在约束的缺乏、婚前性行为的临时性与尝试性特征，又使得权责的考量缺失，或无机会实现。因此，有可能造成对一方当事人的伤害，当明知会造成伤害，而依然持有无视对方利益的态度，为了个人私欲而图一时之快，则有可能造成不道德后果。由于女性在上述行为中可能造成生理性后果，更可能受到伤害。正因为如此，对于婚前性行为与婚前同居，女青年较男青年而言往往更多地持较为保守和谨慎的态度。

(三)“试婚”与“闪婚”

在传统社会中，婚姻不仅是青年男女之间的事情，也是两个家庭、甚至两个家族之间的联姻。婚姻关系的建立是程式化的过程，从说媒、下聘、定亲到婚礼的举行，需要经历较长的一段时间，种种繁琐的仪式，对于婚姻关系的有效性发挥了强化的作用。现代社会强调青年男女的自主权，“婚姻自主”成了新时代的法律规定与道德规范。然而，在包办婚姻刚刚过去几十年的今天，现代社会又出现了令老一辈人难以接受的事情。青年人兴起了“试婚”与“闪婚”！

“试婚”不是正式的婚姻，只是男女双方在正式步入婚姻殿堂前的一次试验。儒家伦理强调婚姻的严肃性，而“试婚”却将婚姻视为可试验的，并根据“试验”结果而决定是否进入婚姻，直接挑战了传统的婚姻伦理。

2008年上海青年发展报告的数据显示，对于试婚的行为，17.2%的青年表示赞同，约29.0%的青年表示“无所谓”，54.8%的青年表示反对。该统计结果说明，对于试婚现象，反对的势力依然占据主流。但是已经表示赞成的青年也占了近2成，而近3成青年“无所谓”的态度表示他们对此并不排斥。

在伦理规则新旧更替的今天，我们也同样不能因青年人赞成“试婚”而简单地判断其道德意识低下。从功能论的角度看，不谨慎的试婚可能造成当事人的伤害，具有负功能。但是试婚也是具有正功能的。试婚可以看做是以考查婚姻适应性为目标的婚前同居。男女青年在一起生活一个阶段，以求彼此相互熟悉、相互适应。这能够在一定程度上提高婚姻的有效性，降低婚姻失败的风险。

闪婚是闪电式结婚的简称，指男女双方认识不久便以闪电般速度结婚，媒体这样来形容闪婚：“几秒钟可以爱上一个人，几分钟就能谈完一场恋爱，数小时内可以决定终身大事，一周便能踏上红地毯。”①2008年上海青年发展调查显示，有人认为，认识3个月以内结婚的都可以算“闪婚”。对于“闪婚”现象，23.4%的青年表示赞成或认可，其中有5%的青年表示“赞成并愿意尝试”。27.4%的青年表示“无所谓”。而近半数的青年对此仍持保留态度。选择“比较反对”和“坚决抵制”的青年比例分别为31.4%和17.8%（共青团上海市委，2008）。

“闪婚”是否符合伦理？应该说，不区分实际情况就全盘否定是不对的。因为在古代尚有“一见钟情”的现象，在当代社会，由于婚介机构与“电视相亲”等形式的发展，以及信息技术发展所带来的沟通上的便利，也并不能将“闪婚”一概否定。但是总体而言，婚姻是大事，当事人双方从不认识到认识，许多方面需要磨合。“闪婚”所包含的非理性因素较多，因此造成不良后果的可能性也更大。因此有人将闪婚形容为“爱情快餐”，吃太快了容易“消化不良”。然而并不是所有的青年都意识到了这一点。根据网络上的信息，有些青年将“闪婚”看做时尚，像追逐时尚一样来对待“闪婚”，则是责任意识欠缺的表现。这说明部分青年人对婚姻道德的判断存在非理性认知。根据2008年上海青年发展报告，对闪婚的态度与受教育程度的交叉分析，结果显示，学历的高低与青年中选择“赞成并愿意尝试”呈反比关系（共青团上海市委，2008）。这一趋势表明，伴随着学历、年龄的不断增长，青少年对婚恋道德的认知也更加成熟与理性。

上述调查结果表明，传统的包办婚姻忽视个人权利，不符合现代社会的伦理，但是婚姻自主也未必产生符合伦理道德的结果。当个体的自由权利高度张

---

① 3秒钟可以爱上一个人　年轻人“闪婚”闪得人发晕[EB/OL]. 中国新闻社，http://news.cn.yahoo.com/050827/72/2emu3.html. 2005-08-27.

扬的时候，也需要有适度的约束，改变对伦理道德的非理性态度，避免对青年自身、他人以及社会的伤害。

在社会转型的今天，新旧伦理规范相互交织，令人目不暇接，无所适从，社会某些领域处于道德失范的状态，在这样的社会背景下，青年人的道德认知呈现多样化的态势，而道德判断能力参差不齐。这一方面需要社会给予适当的舆论引导，加强外部的约束力；另一方面也需要青年人内心警醒，避免在过度自由的状态下陷入道德的困境。

（四）离婚与婚外恋

近年来，离婚率呈不断上升趋势。根据国家民政部统计，2009 年全国共有 1 145.8 万对夫妻结婚，比上年同期增长 9.1%。而离婚的夫妻则有 171.3 万对，比上年同期增长 10.3%，离婚登记的同比增长率高出结婚登记的同比增长率，或者说每 7 对佳侣新婚燕尔之时，就有一对夫妻将会分道扬镳（向月波、赖晓凡、李建，2011）。上海作为沿海经济较发达城市，离婚率高于全国平均水平。

2004 年上海团市委调查表明，对于离婚问题，有 41.8%的青年认为“合则聚，不合则分，没什么”，这一观点高居首位；认为“不和睦的家庭对孩子的影响很坏，离比不离更好”的人占 10.9%，还有 12.9%的人认为“离婚对孩子的心理打击太大，最好别离”，11.4%的人觉得“既然生活在一起，不管遇到什么事情都有责任共同承担，不能离婚”，还有 23.0%的青年觉得离婚现象“说不清，清官难断家务事”。倾向于赞成离婚的人数比例为 24.3%，显著低于对离婚无所谓的比例。

随着离婚率的逐年上升，人们对离婚的态度是否更加开放了呢？2011 年笔者的调查却显示，同样是那些问题，选择“合则聚，不合则分，没什么”的人数比例却下降到 27.3%，基于责任共担而反对离婚的占 29.7%，为孩子着想而反对离婚者占 16.2%。两者相加已达 45.9%。追求个性自由的上海青年，对离婚的反对声音反而强烈了，见表 2-4。

表 2-4　不同时期的青年对离婚现象的看法比较　（%）

	2004 年	2011 年
合则聚，不合则分，没什么	41.8	27.3
不和睦的家庭对孩子的影响很坏，离比不离更好	10.9	7.6
离婚对孩子的心理打击太大，最好别离	12.9	16.2
既然生活在一起，不管遇到什么事情都有责任共同承担，不能离婚	11.4	29.7
说不清，清官难断家务事	23.0	19.2

2004 年与 2011 年纵向分年龄段交互分析表明，除了 20 岁以下的青年以外，其他各年龄段的青年在离婚看法上有较为明显的差异，主张“责任共担”而反对离婚的比例，2011 年均高于 2004 年。认为“合则聚，不合则分”，对离婚持无所谓态度的人，2011 年的青年显著低于 2004 年，见表 2-5。这说明，除了 20 岁以下的青年以外，其他各年龄段的青年，对于离婚问题的态度都更为谨慎。

表 2-5　青年对离婚现象的看法分年龄段纵向比较　(%)

	调查年度	20 岁以下	21～26 岁	27～32 岁	33 岁以上
合则聚，不合则分，没什么	2004	39.4	43.2	41.0	37.2
	2011	33.3	27.1	28.0	20.8
不和睦的家庭对孩子的影响很坏，离比不离更好	2004	6.1	10.7	12.5	7.4
	2011	6.7	7.2	8.6	5.7
离婚对孩子的心理打击太大，最好别离	2004	13.6	11.4	13.9	20.2
	2011	6.7	17.2	14.5	24.5
既然生活在一起，不管遇到什么事情都有责任共同承担，不能离婚	2004	18.2	11.6	10.1	12.8
	2011	20.0	30.6	30.3	26.4
说不清，清官难断家务事	2004	22.7	23.1	22.5	22.3
	2011	33.3	17.9	18.8	22.6

离婚率日益上升，青年对离婚的态度却更为谨慎，为何会有上述情形发生？或许可以这样来解释：正是离婚率的上升，使得越来越多的青年接触到离婚的家庭，也使得更多的青年看到离婚对家庭成员带来的伤害，从而持有反对离婚的立场。这可以理解为在个性张扬到一定程度以后，基于行为后果的考量，部分青年身上体现出对伦理道德的回归。

婚外恋是导致离婚的重要因素之一，也是在传统观念中被认为极不道德的行为。2004 年上海青年发展报告表明，约有 1/4 的被调查者认为婚外恋虽然不道德，但是可以理解。约有 1/8 的青年对婚外恋表示无可非议或赞成。52%的被调查者认为婚外恋是对家庭不负责任的行为，应当谴责，只有不到 10%的人认为婚外恋是对爱情的亵渎，要坚决反对。

2008 年上海青年发展报告却显示，只有 3.8%的人“赞成婚外恋并愿意尝试”，7.5%的人认可婚外恋但是不会尝试，11.5%的人对婚外恋表示无所谓，占绝对优势的是反对的声音，30.7%的人对婚外恋表示“比较反对”，46.5%的人选择了语气强烈的“坚决抵制”。2008 年还调查了青年对于“包二奶”行为的看法,他们表示了更为反感的态度,“坚决抵制”的比例高出婚外恋 10 个百分点。

可以看出,2008 年与 2004 年相比,对婚外恋表示“坚决反对”的声音是显著增强了,而不是变弱了。虽然社会是日趋开放,青年人的个性也更显张扬,但是对于明显具有负面影响的不良行为,青年的态度发生了转变,他们不是任性地、无原则的主张个体自由。正如电视所曝光的那样,确实有一些年轻的婚外恋者认为“爱一个人是我的权利”,但是更多的青年人意识到,爱一个人不仅意味着权利,也意味着责任。当权利的实现是以践踏他人利益为前提时,绝大部分青年人都表示了反对,甚至是强烈的反对。在婚姻家庭道德上,短短的几年中,青年人的态度不仅体现了对传统的叛离,也反映了伦理道德的回归。孰是孰非,在观念急剧变迁与价值多元化的社会中,尽管很难以固定的标准进行简单的衡量,但是有一点可以确定:绝大部分上海青年在追求新时尚、新生活方式的同时,并没有背离伦理道德的那个最基本原则:不要损害他人与社会的利益。

(五)孝道观念的传承

《纲要》指出:“要大力倡导以尊老爱幼、男女平等、夫妻和睦、勤俭持家、邻里团结为主要内容的家庭美德,鼓励人们在家庭里做一个好成员。”对于青年人而言,在家庭中所承担的角色,最基本的是夫妻与子女的角色。要成为一名好的家庭成员,除了处理好婚姻关系以外,就是要处理好与长辈的关系。

中国有句古话:“百善孝为先”。孝顺是中华民族的传统美德之一,在当代上海青年中,这一道德品质的地位如何?本课题组 2010 年秋对数十名在职青年与在校青年学生进行了个案访谈,其中要求被访者在诚实守信、勤劳节俭、孝敬父母、关爱他人、遵守公德、工作敬业、热心公益等 9 个选项中,选出最重要的两项道德品质。结果表明,几乎所有的被访者都提到了“孝敬父母”,而将“孝敬父母”选项列为“第一重要”的人数比例远远超过了其他各项。许多被访者以深情的言语来强调“孝敬父母”的重要性,而另一些被访者则认为孝顺父母的理由已经是语言所难以表达的了。这主要源于对父母养育之恩的体会,出于知恩图报、亲情回报的心理。

“在道德品质中我最重视的是孝敬父母,父母生我养我,把我养这么大,付出太多,很不容易,他们早出晚归为我奔波,我没有理由不孝敬他们。”

(个案 102-372,女,17 岁,某医药高等专科学校学生)

“我比较看重的是孝顺父母这一品质,父母含辛茹苦地生养了我们,一个连父母都不孝顺的人，还会去关心他人吗？一个孝顺父母的人，我觉得再坏也坏不到哪去。”

（个案102－368，男，20岁，上海海事大学学生）

“孝敬父母是每个做子女所必需的，是应尽的责任，毕竟养育了那么多年，为我们操心了那么多年，父母的爱是我们无法用言语来表达的，所以我们该孝敬他们，让他们幸福。”

（个案102－349，男，24岁，某IT企业员工）

“在所列的道德品质当中，我最重视的是孝顺父母，因为父母将我们拉扯大，一直默默的付出，随着我年龄的增长，一天一天看到父母苍老下去，脸上的皱纹越来越多，心里总是感觉到酸酸的。不能再什么事情都靠父母了，因为我已经长大成人了，而孝顺父母也是我们理所应当的。”

（个案102－354，女，23岁，银行职员）

上述案例表现了青年人对父母深深的感恩之情与表达孝心的强烈愿望。这说明，孝敬父母的文化在青年人中仍然得以传承。不过我们也需要看到，道德认知是一方面，而道德践行又是另一回事。2004年上海青年发展报告就表明：“现代化带来的社会变迁，使得现在的年轻人生活节奏大大加快，工作压力也日益加重，对于老人的照顾往往显得力不从心。”在问卷调查中，分别有7.3%和26.4%的年轻人认为当代青年的孝顺观念“强”与“较强”，超过一半（53.1%）的人认为“一般”。认为孝顺观念“一般”的已经超过半数，说明青年人对“孝”的行为实践也并没有非常满意。

事实上，还有另一个问题，就是“孝”的观念不仅要求孝敬父母，还要求孝敬所有的长辈。在访谈中，当我们以开放式问题的形式让青年人谈论孝顺长辈的事情，他们更多地是提到“孝敬父母”，对此普遍认同甚至高度认同。但是较少提到对祖辈的孝敬。按照中国的孝文化，祖父母或者外祖父母是更值得尊敬与孝敬的，因为他们在家庭中的辈份更高。但是在当代都市社会，由于核心家庭所占比例较高，青年人与祖辈的共同生活相对减少。当父母还有体力的时候，照顾祖父母或外祖父母的事情一般由父母辈承担，青年人很少亲自担当，若参与了一般也只是做父母的帮手。倘若说孝敬父母是出于亲密的情感互动，出于对父母之爱的感激之情、回馈之意，对祖辈的孝敬就不一定有这样自然而然的基础，需要更多地借助于传统孝道观念的约束。青年人的父母大部分还只是“人到中年”，谈到孝敬父母更多的是表达心意，目前还不需要实质性的付出。他们的祖辈才是更需要关注的老年人。在城市社会中，空巢老人、独居老人比例不断攀升,他们相当多的人内心孤独,生活起居出现困难,都在说明当代社会的孝道文化与传统社会是无法比拟的。新一代独生子女在父母的爱心之下很好地保持了孝敬父母的心意,这是值得肯定的。但是对年长老人的关爱才是“孝”文化的核心,行动层面的付出才是孝道文化传承的实质性体现。而在这些方面,当代青年还存在欠缺之处。

三、职业道德:认同与差异

职业道德是从业人员在职业活动中应该遵循的行为准则,反映了职场领域中公民与服务对象、公民与职业团体、公民与社会之间的关系。职业是人们谋生的手段,也是获得物质资源、社会地位的途径。在职业生活中,人们付出资本或劳动力,创造出社会财富,在社会中相互交换,从而获得自己所需的资本,职业道德是对这一过程中多方关系的约束。职业道德可以分为职业规范意识与敬业精神。职业规范意识是职业道德中的基本层次,它要求人们在职业生活中遵守规范,诚实守信,以应有的代价获取应有的报酬。只有这样,公民、职业团体与服务对象等多方的利益需求才能够得到最低限度的满足。敬业精神是职业道德中较高的层次,要求职业团体与从业人员精益求精,提升工作水平与服务质量,为社会奉献出更好的产品。在市场经济的今天,货币成为社会交换的最主要媒介,人们的物质欲望高度膨胀,利己动机也极其强烈。在这样的社会背景下,上海青年的职业道德如何?笔者从工作目的、工作价值理念与职业规范意识等方面考察青年在职业道德方面的一般认知。

(一)工作目的之异同

正如人生目的反映了一个人的人生观,工作目的也在相当程度上反映了一个人的职业观,影响着一个人的职业道德素养。“你工作是为了什么?”这个问题反映了公民在职场领域的主要行为动机。在多项选择的情况下,671 名有效应答者中,80.2%的人选择“为了个人赚钱、谋生”;34.0%的人选择“为了发展个人才智”,28.9%的人是“为了成就一番事业”,20.4%的人选择“为了回报社会”。选择“为了个人赚钱、谋生”的比例高达 8 成,说明青年在职业目标方面的同质性较高。职业原本就是个人谋生的基本手段之一,选择“为了个人赚钱、谋生”无可非议。但是倘若只顾“赚钱谋生”而无其他考虑,则容易产生道德偏差。约 1/5 的青年将“回报社会”列入工作的目的之一,直接表达了他们在职业领域的利他取向。近 1/3 的青年认为工作目的是为了“成就一番事业”。既体现了自我价值实现的愿望,又包含了为社会贡献力量的倾向。但是我们也不得不承认,总体而言,当前青年在职业活动中的利己取向较为强烈。

表 2-6　上海青年的工作目的

	人　　数	净百分比(%)
为了赚钱、谋生	538	80.2
为了发展个人才智	228	34.0
为了成就一番事业	194	28.9
为了回报社会	137	20.4
说不清	23	3.4
其　他	4	0.6

注：有效应答人数 $n=671$.

交互分析表明,不同工作单位的青年在工作目标上存在差异。党政机关、国有企业的青年,选择“为了赚钱、谋生”的比例为 76.1%、66.7%,低于私营企业(90.5%)、个体劳动者(88.9%),而选择“为了回报社会”的比例高于私营企业、个体劳动者约 10%左右。特别是个体劳动者,选择“回报社会”的比例竟然为 0.说明单位性质与职业目的存在相关关系。如何解释上述差异?或许可以这样来理解:党政机关、国有集体企业等体制内的单位组织,国家对组织的管理与控制较强,员工待遇也较有保障。党政机关的员工享受由公共财政支付的工资福利待遇,国有企业往往也是社会福利政策的受益者,因此在上述单位的员工,回报社会的意愿相对较强。私营企业员工与个体劳动者属于体制外员工,国家对他们的直接管理少,在社会福利政策方面享受的益处较少,有的人甚至完全脱离了社会福利体系,因此“回报社会”的意愿也较弱。

年龄也是工作目标的影响因素。“为了发展个人才智”这个目标的选择比例,与年龄段有一定关联。26 岁以下的年轻人,选择该项的比例高于 26 岁以上年龄段者 12.5%。选择“回报社会”的比例与其他年龄段的人没有显著差异。可以认为,初入职场的青年人对职业抱有更强烈的期待,与其他年龄段的青年相比,他们更加关注个人能力的发挥,同时在回报社会方面也与其他群体怀有同样的热情。

(二) 奉献与回报的平衡

职业道德要求人们具有敬业精神。根据社会上一般的说法,敬业就是“干一行爱一行、专一行精一行”。当代学者对此进行的阐释是,敬业意识就是人们对自己所从事的职业和所处岗位的尊重和敬畏。根源于从业者对职业的社会职责及社会价值的认同,以及因此而产生的对职业的热爱和职业理想的追求,是职业道德意识的核心(颜峰、洪兴文,2008)。根据上述观点,职业道德包含人们的社会责任意识,包括对职业的奉献精神。

改革之前,集体主义精神占据绝对主导地位,社会高度倡导“无私奉献”的职业精神。2001 年颁布的《纲要》也依然将“奉献社会”作为职业道德的内容之一。对于这样的职业理念,当今的职场青年中有多少人表示赞同?2011 年的问卷调查表明,在 679 位被调查者中,661 人对此作了有效应答,其中表示“不赞同”的占 16.3%,认为“说不清”的为 34.9%,还有 48.8%的人选择“赞同”。对于工作中“无私奉献”的要求,少数青年表示反对,相当一部分青年感到困惑,近一半的青年还是表示认同,见表 2-7。

表 2-7 是否赞同在工作中要“无私奉献”

	人 数	净百分比(%)
不赞同	108	16.3
说不清	231	34.9
赞 同	322	48.8
合 计	661	100.0

注:有效应答人数 $n=661$.

交互分析表明,不同工作单位的青年对于“无私奉献”的看法存在显著性差异。党政机关、国有集体企业青年认同度高,达到了 6 成以上,而“三资”企业、私营企业与个体劳动者对于无私奉献的认同度均只有三成,见表 2-8。

表 2-8 不同工作单位的青年对工作中“无私奉献”精神的认同 (%)

	党政机关	事业单位社会团体	国有、集体企业	“三资”企业	私营企业	个体劳动者
不赞同	13.3	18.0	12.3	21.5	15.4	0.0
说不清	23.8	42.7	25.3	44.3	40.4	66.7
赞 同	62.9	39.3	62.3	34.2	44.2	33.3
合 计	100.0	100.0	100.0	100.0	100.0	100.0

注:有效应答人数 $n=651$.

由表 2-8 可知,体制性因素再次成为职业道德认知的重要影响因素。当然,我们并不能因此直接推导出职业行为方面的显著性差异,但是至少在认知层面,党政机关、国有集体企业的青年对国家的宣传认同度更高。

访谈表明,不管是赞成“无私奉献”还是不赞成“无私奉献”的青年,都对相应的情境做了限定。这说明,青年人能够认识到无私奉献所带来的精神层面的提升与满足，但是也意识到现实社会生活中有种种物质条件的限制，“无私奉献”不能等同于不要任何经济回报。青年总是根据具体的情况，在奉献与回报之间寻求平衡。如以下案例所示：

“当一个人的生活条件比较充裕的时候，是该考虑一下无私奉献的，以得到精神层面的提升和满足。然而，如果自身都食不果腹的话，无私奉献也就无从谈起了。也许这就是古语中的：‘达则兼济天下，穷则独善其身’吧！”

（个案 101－318，女，22 岁，会计）

“说到无私奉献，生活很现实，社会的生存大环境离不开物质，而人的精力有限，无私奉献可能无法生存或者说生存比较艰难。另外，人是社会群体成员，必须与大环境保持和谐。刚毕业的时候，我是愿意奉献和付出的，这个时候很开心，但是别人用不理解的眼光来评判我的所作所为，久而久之，我也会动摇和改变。”

（个案 101－303，男，28 岁，某私营企业行政主管）

“无私奉献”强调个人对职业的奉献精神，是职业精神的高标准要求。作为一种社会价值理念有其积极意义，但是过度强调“无私奉献”，容易忽略个体的权利与需求。经过长期的宣传与强化，奉献精神至今仍然被相当一部分青年所认可。然而，在市场经济条件下，在奉献与回报之间，青年人更认同另一种规则：“工作与回报相对等。”

调查表明，77.6%的青年表示赞成“工作与回报要对等”，14.8%的青年表示“说不清”，仅有 7.7%的青年表示“不赞同”，见表 2－9。

表 2－9　是否赞同“工作与回报要对等”

	人　　数	净百分比(%)
不赞同	51	7.7
说不清	98	14.8
赞　同	515	77.5
合　计	664	100.0

现在的年轻人尽可能在奉献与回报之间寻找平衡。一方面，他们并不完全否认工作需要奉献精神；另一方面，他们也强调个人权利的满足，但是这种满足并不是不讲原则的索取，而是与工作付出相对等的回报。这就是在奉献与回报

之间，青年人所持有的基本立场。

强调工作应当获得合理的回报，这原本无可厚非。总体而言，“工作与回报相对等”符合市场经济条件下人力资源的管理原则。被访青年意识到，合理地衡量员工的工作水平，从而设置报酬标准，能够提高员工的积极性。但是如果将“工作与回报相对等”理解为“不给钱就不干”，就容易走向片面化、绝对化，不一定符合敬业精神的要求了。工作不仅是个人获利的手段，也意味着社会责任的担当，在一些特殊的情况下，并不是所有的工作都能得到报酬。精益求精的付出，也并不意味着肯定能带来相应的回报。一些青年意识到，一味强调“不给钱就不干活”，在某些特定情境下是敬业精神缺失的表现。

“我觉得当今社会还是很现实的，无私奉献的人有，但不会很多.我个人觉得应当有钱才干活，那些老板应该对我们的辛勤工作给予回报，这样才能提高工作者的积极性。”

（个案 101－302，男，27 岁，某私立学校教师）

“对于‘工作中是不是要给钱才干活’，我觉得这是要具体事例具体分析的。就比如说那个‘挟尸要价’的事例，那种时候就不要再谈钱了，毕竟救人要紧。不过，在别的一些情况下，付出了也是要有相应的回报的，有句话不是说‘钱不是万能的，但是，没有钱是万万不能的。’”

（个案 101－298，女，25 岁，工程师助理）

不同工作单位的青年，对“工作与回报要对等”的看法存在差异。“三资”企业的青年对此规则表示赞同的比例最高，达到 86.4%。其次为事业单位与社会团体、国有与集体企业员工，分别是 81.3%与 78.4%。党政机关比例略低，为 70.5%，个体劳动者较为特殊，赞成“工作与回报对等”的比例仅为 55.6%。上述差异的出现，可能是“三资”企业中工酬对等的制度更为完善，党政机关在工作回报上的影响因素较复杂。而在市场经济条件下，个体户的回报在很多情况下并非与劳动付出成正比，而是与市场环境、资本金以及运营方式直接相关。因此，公民的道德品质并非完全是个人的特征，而是组织环境的产物。

（三）职业规范的遵循

职业规范是职业活动的规则和范式，是对职业活动中所涉及的公共利益的维护与各方利益主体的关系协调。个体利益、组织利益与社会责任，是职业活动所涉及的三种利益类型。为了维护不同主体的利益，保证职业活动的有序进行，不仅需要员工与单位有自律精神，还需要有相关的制度规范对他们的行为进行约束。具体说，这包括职业法规、行业规约和岗位职责等。职业规范的履行程度，对于保证职业水平、维护社会利益具有重要意义。

调查表明，在职青年对职业规范有很高的认同度。81.8%的人赞成“工作上要严格遵守规章制度”，16.2%的人表示“说不清”，明确表示反对的仅占2.0%，见表2-10。

表2-10　是否赞同“工作上要严格遵守规章制度”

	人　　数	净百分比(%)
不赞同	13	2.0
说不清	108	16.2
赞　同	545	81.8
合　计	666	100.0

在单位组织中，任何一名职员只有遵守组织规章制度，才能符合组织的要求，并获得相应的称职评价，取得劳动报酬。因此，对组织规章制度的遵循很容易获得职员的认同。但是也有的青年认为，在市场经济条件下，或人情关系浓厚的氛围下，拘泥于规章制度反而会带来不利的后果，这部分青年选择了“说不清”。正是由人情的束缚、权力的滥用，以及不正当竞争，才使得当前中国出现种种违背职业道德底限的事情。尽管如此，绝大部分上海青年依然意识到，规章制度是非常重要的，是应当严格遵循的。

在这样的高认同度情况下，交互分析表明，工作单位性质与青年在“严格遵守规章制度”上所持的观点仍然有显著关系。党政机关的青年对“严格遵守规章制度”的认同程度最高，达到89.6%。其他企事业单位的青年也达到了8成。唯有个体劳动者，对于“严格遵守规章制度”的认同度仅有55.6%。缺乏组织的个体劳动者，在职业道德的认知上再次体现出与其他群体的差异。

《纲要》指出，随着现代社会分工的发展和专业化程度的增强，市场竞争日趋激烈，整个社会对从业人员职业观念、职业态度、职业技能、职业纪律和职业作风的要求越来越高。要大力倡导以爱岗敬业、诚实守信、办事公道、服务群众、奉献社会为主要内容的职业道德，鼓励人们在工作中做一个好建设者。如前文所述，当前上海青年对职业道德的认知水平整体较高，但是某些群体，尤其是个体劳动者，对职业道德的看法与其他群体存在显著差异，体现为奉献意识的相对欠缺、对职业规范的认同度低下。这个群体缺乏直接的组织化管理，无来自单位组织的道德约束，对职业规范的遵守或者依靠道德自律，或者就是直接面对国家法律法规的制约。因此，在道德建设中，个体劳动者是个值得关注的群体。但是这并非单纯依靠惩戒。因为个体劳动者是市场经济中的弱小群体，抵抗市场风险的能力相对较弱，也容易成为不良行政管理行为的受害者。他们对职业道德的认同度低，一定程度上与自身所处的不利环境有关。只有为他们提供更好的外部支持环境，同时加强管理与约束，才能够真正促使他们提升职业道德水平。

四、社会公德：清醒与迷离

社会公德是公民在公共生活中应该遵循的行为准则。在现代社会，公共生活领域不断扩大，人们相互交往日益频繁，社会公德在维护公众利益、公共秩序，保持社会稳定方面的作用更加突出，成为公民个人道德修养和社会文明程度的重要表现。近年来，随着信息技术的发展，公共领域从现实生活中延伸至网络空间。网络公共空间高速发展，网络的影响力令人震撼。与此同时，网络上的道德行为也日益受到人们的关注。因此，与传统意义上的社会公德不同，本课题组所讨论的社会公德，不仅包括现实空间中的社会公德，还包括网络空间的伦理道德。

（一）现实空间的社会公德

孙抱弘研究员认为，公共伦理可以划分为公共秩序伦理、公共环境伦理、公共场所伦理、公共财物伦理、公共交往伦理和公共关怀伦理等六个方面（孙抱弘，2008）。本研究引用上述分类，并根据本研究的情况进行调整。社会公德与公共伦理的概念有相似之处，但也是有区别的。社会公德是个更为通俗的词汇，常常用于现实的公共生活管理中。因此，可以参考公共管理的实践性视角来确定其内涵与外延。上海市关于社会公德的建设，在1995年上海市文明委发出的《关于在全市开展“大家从我做起、遵守‘七不’规范活动”的通知》的重要文件中指出，提高市民素质，提高城市文明程度，要从基本素质、基本行为规范抓起，要抓好“突破口”。这个“突破口”就是“七不”，即“不随地吐痰、不乱扔垃圾、不损坏公物、不破坏绿化、不乱穿马路、不在公共场所吸烟、不说粗话脏话”。“七不”规范可以视为社会公德的操作性界定，其主要内容主要涉及公共环境伦理、公共财物伦理与公共秩序伦理三个方面。本部分，将从上述三个方面来考察上海青年的公共道德状况。

2009年团市委主编的青年发展报告表明，被调查青年最厌恶的违反社会公德的行为排名前三的依次为宠物扰人或在公共场所随地便溺；随地吐痰、乱扔杂物以及行人、骑车人不遵守交通信号灯、乱穿马路。根据上述调查结果，可以认为，青年对于违反公共环境伦理的反感程度更高，此后是违反公共秩序伦理。2011年本课题组的调查结果表明，九成以上的青年对随地吐痰、不爱护公物、闯红灯等行为都表示了不同程度的反感。总体而言，青年对于违反社会公德的行为有明确的认知，绝大部分人能够正确表示自己的立场与态度。说明青年对社会公德的认知程度高。但是在社会公德的遵守方面，却与道德认知存在较大差距，关于这个问题，笔者将在“道德践行”部分进行深入讨论。

交互分析表明，不同群体的青年对于违反社会公德的行为，在总体观点趋同的情况下，也表现出一定的群体差异。女性对于“随地吐痰”的行为反感强烈程度高于男性，选择“很反感”的比例高达87.4%，而男性该比例为73.0%。对于“不爱护公物”的行为，不同单位性质的青年之间存在一些差异。国有企业与党政机关青年的反感程度最为强烈，选择“很反感”的比例达到75%以上，企事业单位的员工选择该项的比例为60%～65%之间，个体劳动者对此表示“很反感”的比例为44.4%，与其他群体存在较大差异。对于“闯红灯”的态度，则与年龄存在相关关系，33岁以上的青年对此表示“很反感”的比例高于26岁以下青年10个百分点。

青年对于不同类型的违反公德行为，反感程度也是不一样的。其中对随地吐痰的反感程度最为强烈，对“不爱护公物”的反感程度次之，对“闯红灯”的反感程度相对较低。与这三类违反公德的行为相比，“世博会”之前新近倡导的“自动扶梯上左行右立”，人们的反感程度最低，这说明新规则出台之后，从表面上看人们表示接受，但是实际上需要一段时间才能深入人心，见表2-11。

表2-11 对违反社会公德的行为的态度 (%)

	随地吐痰	不爱护公物	闯红灯	自动扶梯上违反“左行右立”
很反感	80.1	68.2	49.7	33.3
有些反感	17.6	27.4	44.0	53.2
不反感	2.3	4.4	6.3	13.5
合　计	100.0	100.0	100.0	100.0

从危害性上看，“闯红灯”的行为所带来的后果可能是最严重的，为何人们的反感程度却不如那些违反公共环境伦理与公共财物伦理的行为？这可以从违规行为所带来的后果的普遍性与可能性角度来分析。公共环境与每一位公民的生活息息相关，并且青年在城市生活中也形成了良好的卫生习惯，因此污

染公共环境的行为能够引起青年的强烈反感。“不爱护公物”的行为影响公民对公共物品的使用,有可能涉及每个人的利益,因此青年人的反感程度也较强。对“闯红灯”行为的反感强烈程度大大低于前两者,是需要反思的。根据上述数据,青年对“闯红灯”的反感程度甚至不如“随地吐痰”。其原因可能在于,“闯红灯”者不一定会给自己带来不良后果,相反在某些时候能够带来一些便利。与此同时,“闯红灯”的负面榜样时时存在,使得青年对此行为反感程度下降。然而,“闯红灯”的行为对于公共交通安全来说是个很大的隐患,在交通繁忙的大都市里更是如此;“闯红灯”也可能造成路人的人身安全,甚至危及人的生命,需要社会给予高度重视。

(二) 网络空间的公共道德

2008 年 7 月 24 日,中国互联网络信息中心(CNNIC)在京发布《第 22 次中国互联网络发展状况统计报告》。报告显示,截至 2008 年 6 月底,我国网民数量达到了 2.53 亿,首次大幅度超过美国,跃居世界第一位。互联网普及率已经达到了 19.1%,宽带网民数达到 2.14 亿人。至 2010 年,CNNIC 发布的第 26 次互联网报告显示,截至 2010 年 6 月,中国网民规模达到 4.2 亿,突破了 4 亿关口;互联网普及率攀升至 31.8%。其中宽带网民规模为 36 381 万,使用电脑上网的群体中宽带普及率已经达到 98.1%。手机网民规模达 2.77 亿,半年新增手机网民 4 334 万,增幅为 18.6%。互联网正在以前所未有的速度迅速覆盖了越来越多的人群。互联网正在影响一代青少年的成长,反过来说,人们在互联网空间的行为也在建构着网络公共道德的现状。

早在 2005 年,国家有关部门就联合人民网、中青网等主流网络媒体,开展了“网络十大不文明行为征集与评选活动”,10 万多人次参与网上投票,评选出“网络十大不文明行为”,诸如传播谣言、散布虚假信息,制作、传播网络病毒,“黑客”恶意攻击、骚扰,论坛、聊天室侮辱、谩骂,网络欺诈行为,网络色情聊天,窥探、传播他人隐私,炒作色情、暴力、怪异之类的低俗内容等都赫然在列。上述现象至今依然存在,损害了网络环境。

2008 年上海团市委以“改革开放与当代青年”为主题的调查中,对青年的网络道德观念进行了考察。当问及“对社会道德冲击最大的网络现象”,2 116 名被调查者中,31.2%的人选择了“人肉搜索”和隐私揭秘,30.4%的人选择了网络色情,此外选择网络恶搞、网络谩骂的分别有 10%左右,见表 2-12。“人肉搜索”行为确实可能造成对个人隐私的侵犯;网络色情不仅是违反公共道德的行为,也可能构成犯罪。可见青年对于网络行为的道德判断持有较为理智的态度。

表 2-12　青年认为对社会道德冲击最大的网络现象　（%）

	百 分 比
“人肉搜索”和隐私揭秘	31.2
网络色情	30.4
网络恶搞	12.5
网络谩骂	10.6
网络红人的出现	8.4
网络虚拟婚姻	6.5

数据来源：共青团上海市委. 2008 年上海青年发展报告.

除了“人肉搜索”与网络色情以外，网络恶搞也一度成为社会关注的热点问题，2006 年在网络空间一度呈现出一种全民狂欢的状态。如今离胡戈的“馒头”恶搞已经过去了 5 年余，网络恶搞仍时而在互联网上出现。有人认为网络恶搞颠覆传统，标新立异，用一种讽刺、幽默、游戏的视角来看所谓的传统和经典①。也有人指出网络恶搞采用的是离经叛道的表现方式和哗众取宠的传播风格，并有可能形成对原作品的侵权，造成对相关人物的侮辱。应当说，网络恶搞行为确实存在一些不道德因素。而青年对网络恶搞的看法存在很大差异。2006 年上海团市委调查表明，近 40%在校学生与逾 60%的在职青年不认为网络恶搞属于道德败坏，31.6%的在校学生与 41.2%的在职青年不同意将恶搞作品定性为侵权行为。可见，在网络空间，由于新兴的现象层出不穷，对社会道德标准的统一性形成了挑战。在这种情况下，青少年难以形成理性的道德认知，道德判断也难以达成一致。

五、公益意识：责任与担当

公民不仅是私域中的活动主体，更是公共领域的积极行动者。在公共领域中，对公民最基本的要求是遵循社会规范，突出表现为对社会公德的遵守。在此基础上，现代意义上的公民还需要具有社会关怀意识，能积极承担社会责任，参与公共活动，包括公益活动与政治活动。可以说，社会责任意识是现代公民素养的核心内容之一。这种意识，不仅体现在公民对社会的关怀意识、对公益活动的参与意愿等方面，还表现为公益活动参与过程中的主体性意识。也就是

① 张锋. “网络恶搞”的青年亚文化特性分析. http：//ipub. cqvip. com/Shop/ProductDetail. aspx? id=2870491. 2010-10-05.

说，现代公民参与公益活动，不是被外部力量强制的，而是出于对自身主体性地位的认知。

（一）社会关怀意识

2005年上海青年发展报告显示，大学生具有较强的社会关怀意识，充分认同在个人利益显性化的同时要兼顾集体利益，55%的大学生对普遍利益或共同利益的优先性表示认同。2011年笔者的调查再次考察了青年的社会关怀意识问题。

公共利益高于个人利益吗？对于这个问题，16.8%的被调查青年表示“非常赞同”，34.5%的人表示“比较赞同”，33.8%的人觉得“说不清”，10.4%的人表示“不太赞同”，4.5%的人“很不赞同”。表示赞同的比例合计达51.3%。这一比例与2005年的数据相差无几。

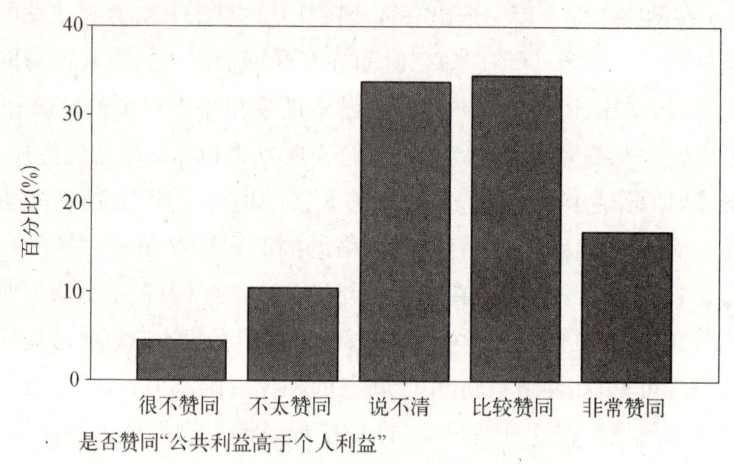

图2－1　对“公共利益高于个人利益”的认同度

“为了公共利益可以牺牲个人利益吗？”这是个很尖锐的问题。现实生活中许多社会事件都涉及个人利益与公共利益的冲突与协调。2011年的调查数据显示，12.7%的人对此表示“非常赞同”，29.7%的人表示“比较赞同”，35.1%的人选择“说不清”，表示“不太赞同”的为16.7%，还有5.8%的人选择了“很不赞同”。表示赞同的比例合计达42.4%，如图2－2所示。

由上述数据可知，当今上海青年对公共利益与个人利益关系的认识具有如下两个特点：首先，青年的主流观念是对公共利益的优先性表示认可，有约半数的青年承认“公共利益高于个人利益”，超过4成的人认为“为了公共利益可以牺牲个人利益”。其次，青年对于公共利益与个人利益关系的认知呈现较高的异质化程度，但并非意味着否定或无视公共利益。少数青年对“公共利益优先

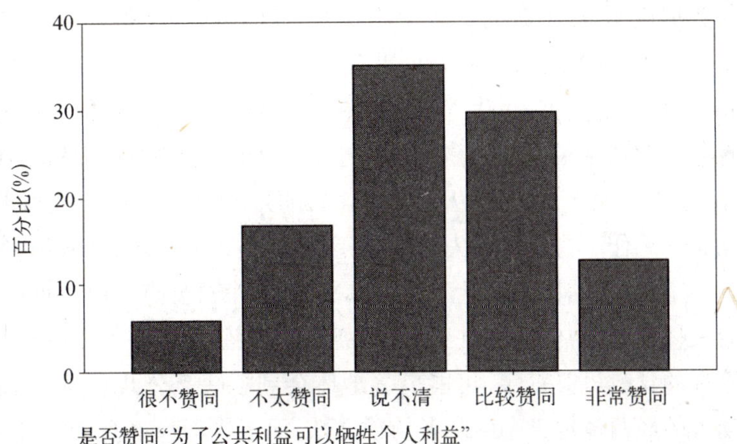

图 2－2　对“为了公共利益可以牺牲个人利益”的认同度

于个人利益”明确表示反对，三成以上的青年认为两者的关系难以说清。然而访谈表明，许多青年人表示，如果条件允许，希望公共利益与个人利益能够同时兼顾。也就是说，在选择“说不清”的青年中，并非完全否定公共利益。总体来说，上海青年对于公共利益还是有较高的认可度。在这样一个个性高度张扬的年代，这是难能可贵的。

中国有一句俗语：“各人自扫门前雪，莫管他人瓦上霜。”这句话含有“事不关己，高高挂起”的意思，强调个人只需关心与自己相关的事情，做好自己的分内事，不要“多管闲事”，不要关注他人的事务与利益。这种观念代表了传统社会中相当一部分中国人的看法。那么，现代的上海青年对此有怎样的认知呢？调查表明，在职青年中，48.7％的被调查者对上述俗语表示“很不赞成”或“不太赞成”。30.1％的人表示“说不清”，倾向于赞同的人为 21.2％。在校青少年的态度略有不同，但是尚未形成显著性差异，见表 2－13。

表 2－13　是否赞同“各人自扫门前雪，莫管他人瓦上霜”　　（％）

	在校青少年	在职青年
很不赞同	23.0	15.6
不太赞同	34.1	33.1
说不清	22.1	30.1
比较赞同	14.1	12.4
很赞同	6.7	8.8
合　计	100.0	100.0

上述数据说明，约半数的青年明确反对那种纯粹关注私人事务，对他人与社会利益缺乏关怀的态度。一方面，我们也要承认，“各人自扫门前雪，莫管他人瓦上霜”的传统观念，对当代青年依然有一定的影响。交互分析还发现，党政机关的青年对此俗语的反对强烈程度高于其他群体，选择“很不赞同”的比例高于平均水平12个百分点。可以说，这一部分的青年有更高的社会关怀度。而个体劳动者与工作不稳定的或失业的青年，对此俗语的反对较弱，明确表示“很不赞成”或“不赞成”的比例则低于平均水平10多个百分点。由此可以推测，青年的社会关怀意识，与他们的自身工作性质与生存状况存在内在关联。从事公共行政管理的党政机关青年，可能更多地体会到了缺乏公共意识的不良后果。个体劳动者的经营体现出小生产者的独立性，而工作不稳定的青年自身生存状态堪忧，上述生存状态都在一定程度上影响了他们的社会关怀程度。

另一个与之相关的问题，是对下述语句的看法：“社会上大多数人都肯帮助别人”。这事实上是衡量青年对社会上一般他人的助人倾向的评价。结果表明，13.1%的青年对此表示“非常赞同”，45.9%的青年表示“比较赞同”，25.5%的青年表示“说不清”，13.0%的青年选择“不太赞同”，表示“很不赞同”的青年仅占2.5%。近6成的青年表示赞同，说明大部分青年对他人的助人倾向表示认可。

（二）公益参与精神

公益参与精神是社会责任意识的具体表现。上海团市委近10年来的纵向调查表明，青年的公益参与精神呈不断增强之趋势。《社会组织与当代青年——2002年上海青年发展报告》的数据显示，58.3%的青年愿意加入青年联合会，67.8%的青年愿意加入青年志愿者协会。至2005年，上海青年发展报告《和谐社会与当代青年》则说明：“上海志愿者协会现在拥有会员100多万人，有服务队3万多支，其中大学生占到相当大的比例。研究显示，有91.4%的大学生愿意参加志愿者活动，40%以上的大学生以各种形式参与过希望工程等活动。”青年大学生参与志愿者活动的热情高涨。

2011年，笔者再次对公益参与精神进行了调查。在职青年中，31.2%的人表示对公益活动“很感兴趣”，52.4%的人表示“较感兴趣”，两者合计占了83.6%。只有14.0%的人“不太感兴趣”，2.4%的人对公益活动“没兴趣”。

笔者通过相关分析来探寻影响公益活动参与兴趣的因素。结果发现，对于在职青年而言，文化程度是其中的一个影响因素。高中、中专及以下者对公益活动“很感兴趣”的人仅占20%左右，而大专、本科或研究生以上者，对公益活动很感兴趣者占30%以上，研究生及以上学历者该比例为41.4%。合并“很感兴趣”与“较感兴趣”两项数据，则发现高中与中专、中职学历者两项合计仅为75%与62.5%，大专及以上文化程度者达到8成以上，研究生及以上学历者更是达到了9成以上。这说明高等教育的经历是影响在职青年公益参与精神的重要影响因素，见表2-14。

表2-14　在职青年文化程度与公益活动参与兴趣交互分析　　(%)

	文化程度				
	高　中	中专、中职	大　专	本　科	研究生及以上
很感兴趣	20.8	21.4	30.4	32.7	41.4
比较感兴趣	54.2	41.1	53.4	53.4	50.0
不太感兴趣	16.7	33.9	15.5	12.0	5.2
很不感兴趣	8.3	3.6	0.6	2.0	3.4
合　　计	100.0	100.0	100.0	100.0	100.0

影响在职青年公益参与精神的另一项因素是工作单位性质。国有集体企业与党政机关青年对公益活动表示感兴趣的比例分别为95.4%与87.6%，事业单位与社会团体青年表示感兴趣的比例为80.8%。“三资企业”、私营企业青年对公益活动有兴趣的比例分别为77.8%与77.0%。个体劳动者感兴趣的比例最低，仅为55.5%。根据兴趣强烈程度由高到低的排列是：国有集体企业青年、党政机关青年、事业单位和社会团体青年，最后是企业青年与个体劳动者。

对公益参与精神的第三个影响因素是政治面貌。“中共党员”对公益活动的感兴趣程度最高，其次是共青团员，最后是普通群众，见表2-15。因此，党团组织的青年对于公益活动的参与更为积极。

表2-15　政治面貌与公益活动参与兴趣交互分析　　(%)

	中共党员	共青团员	民主党派	群　　众
很感兴趣	39.1	34.5	14.3	17.0
比较感兴趣	52.5	49.8	71.4	55.3
不太感兴趣	6.4	13.9	14.3	23.3
很不感兴趣	2.0	1.8	0.0	4.4
合　　计	100.0	100.0	100.0	100.0

2011年初开展的另一项上海在校大学生公益慈善意识调查表明，85.7%的

在校青年认为"媒体报道的有关失学、孤寡、残幼、重疾等请求捐助的事例,人们应当热心给予帮助"。对于上述事例表示"无所谓"的仅占 9.5%。这些数据从另一个角度反映了青年的社会责任感,见表 2-16。

表 2-16　在校青年对公益慈善活动的参与意识　(%)①

	非常赞同	比较赞同	无所谓	不太赞同	非常不赞同
对媒体报道的有关失学、孤寡、残幼、重疾等请求捐助的事例,人们应该热心给予帮助	38.1	47.6	9.5	3.8	1.0
在路上遇到伸手向自己求援的陌生人时我都会热情给予帮助	23.8	30.5	11.4	27.6	6.7

然而,我们也发现,上海大学生对陌生人的帮助倾向却要低很多。对于下列陈述:"对路上伸手求援的陌生人,我会热情给予帮助",只有 23.8%的人表示"非常赞同",30.5%的人表示"比较赞同",两者合计仅 54.3%。11.4%的同学表示无所谓,表示不赞同的占 34.3%。究其原因,可能是由于欺诈性乞讨行为的存在,以及中国传统文化中的特殊主义的关系取向。正如近年来媒体所揭露的,流浪乞讨人员中鱼目混珠,有些是真正需要帮助的,有的是以此为谋生方式的,还有的是以欺骗手段乞讨,或非法挟持他人乞讨牟利的。上述现象的存在导致青年大学生对陌生人的求助心怀警惕与反感,从而助人积极性下降。受传统的特殊主义关系文化的影响,人们对自己的亲人、熟人讲情意,但是对陌生人却较为冷漠。根据上述分析,要进一步提升与保持青年的公益参与意识,一方面要有制度体系的建构,保证青年人的公益热心取得应有的成效,不被误导与利用;另一方面也需要改变文化氛围,引导青年将爱心由特殊的社会成员转向有困难的"一般他人"。

(三) 公益参与的主体性意识

在第一章的理论论述中已经论及,古典共和主义公民观强调公民的公共参与精神与奉献意识,但忽略了公民自主选择的权利。近代以来兴起的自由主义公民观将公民的自由放在首要地位,将重点移至公民的权利,而将公民的义务降至对法律规范的遵循,塑造了消极公民的形象。自由主义公民观的盛行虽然推动了人权的发展,却使得公民参与意识下降,公共精神日益贫乏,对社会发展的实现产生了消极影响,最终以人权为出发点的自由主义立场却为每个人的进

① 注:该数据来自上海青年管理干部学院社工系应秋崇的专题调查.

一步发展设置了障碍。撷取古典共和主义的精华，基于对自由主义公民观的反思，笔者认为，现代意义上的公民应当有社会责任意识与公益参与精神。但是这种精神，并非出于外部强加，而是基于个人与社会关系的理性思考，以及自我实现、自我奉献需求的满足。理想状态的现代公民参与公益活动，不是被动的，而是主动的，有发自内心的需求。

改革之初的一二十年，由于计划经济体制之下全能主义国家影响的遗留，国民较多地依赖国家与单位组织进行各类活动的动员，公民参与公益事业的主体性意识并未得到充分发展。时至今日，情况已经发生了变化。2011年对上海大学生的公益慈善意识专题调查说明，关于“每个人都可以为慈善事业贡献自己的力量”，60.0%的人表示“非常赞同”，36.2%的人表示“比较赞同”，两者合计占 96.2%。只有 2.9%的人表示“无所谓”，1.0%的人表示“不同赞同”①。

2009 年上海青年研究中心对 1 962 名上海青年的调查表明，“超过 7 成的受访青年希望成为世博志愿者”(陆烨，2010)。2011 年的青年调查显示，在职青年中有 67.3%的人做过各种类型的志愿者，在这些人中，有 54.3%的人是自己主动请缨的，在本科学历背景的在职青年中，该比例达到 61.9%。这说明相当一部分青年已经有了公共参与的主体性意识。数据显示，91.0%的在职青年曾经捐过款，其 45.5%的青年在捐款时持有积极主动的心态，31.2%的青年曾经有过积极主动的状态，只有 23.3%的人捐款是“随大流”。

正是在上海世博会的大背景下，上海青年的公益参与的主体性意识有了大幅度发展。2009 年上海青年研究中心的研究显示，在上海青年看来，“公益意识的体现，不是单一的被动义务履行，而是源于个体独立意识的主动承担，不是宏观层面的政治宣传，而是微观层面的日常作为；不是少数人的道德高地，而是普及世俗大众的世俗伦理”(陆烨，2010)。如今已经进入了“后世博”时代，世博会所带来的公益参与精神已经给上海青年打下了深深的烙印，青年的公共参与主体性意识正在进一步发扬。

第二节 道德抉择与践行

道德践行是指将道德认知在社会生活实践中付诸行动的过程，是实践中所体现的道德素养。道德认知与道德践行之间存在内在联系。道德践行建立在

① 该数据来自于上海青年管理干部学院社工系应秋崇的专题调查.

道德认知的基础上，没有正确的道德认知，就不会有相应的道德践行。公民在具有特定的道德认知之后，在很多情况下，这种认知能够直接指导与影响他的行为。然而，在社会失范与行动主体存在矛盾冲突的情境下，道德认知却并不一定能够转化为他的道德行为。因此，道德认知与道德践行所体现的道德素养水平可能是不一致的。从某种程度上说，道德践行更能够反映公民道德素养的实际水平。在当代中国，社会公认的道德观念遭受种种冲击，利益的分化与冲突成为社会热点问题。在这样的社会背景下，公民的道德选择与道德践行往往更为艰难，也从更为真实的层面反映了公民的道德素养。本节内容着重考查的是矛盾冲突背景下公民的道德践行。调查发现，在社会公德、职业道德、公益活动等领域，青少年的道德践行具有更为复杂的特征。

一、社会公德践行：自律与他律

道德的自律和他律是道德实践的两个方面。研究者认为，道德自律即公民基于对自然、生活规律的认知和对道德规范的认同，自觉地指导和约束自己的行为，在实践中体现自身的道德理念。道德他律即公民由于他人的要求或外部规范的制约，摈弃不道德的行为方式，按照社会所倡导的道德规范来行动（王晓虹，2004）。

道德他律与道德自律体现了道德实践的不同层次。道德他律是道德践行的较低层次的形式，是与外部压力、制度建设、惩罚手段相联系的道德选择与行为。道德自律是道德实践的本质特征，也是道德水平的高层次体现。康德认为，自由是道德法则的根据和来源，所谓道德不过是自由意志自身的规律性。黑格尔也说："道德学的意义，就是主体由自己自由地建立起善、伦理、公正等规定"（罗金远，2006）。马克思更明确地指出："道德的基础是人类精神的自律"（马克思、恩格斯，1995）。道德规范是非强制性的社会规范，道德践行的最佳方式，就是将道德规范内化为自己的思想观念，并在社会中付诸实践。这个过程也是道德自律的过程。只有实现了道德自律，才能更好地践行道德规范。

社会公德的践行很大程度上依靠公民的道德自律。在"道德认知"部分，上海青年对随地吐痰、不爱护公物、闯红灯、自动扶梯上违反"左行右立"等行为，表示不同程度反感的比例分别达到了97.7%、95.6%、93.7%、86.5%。说明青年对社会公德的认知程度达到了相当高的水平，大部分人所持的观点与社会所倡导的准则基本一致。但是在道德实践层面却体现出相当程度的不足。从表2-17可见，约有1/6的在职青年承认自己有"随地吐痰"或"不爱护公物"的行为，31.5%的在职青年表示自己曾经违反过自动扶梯上的"左行右立"的规定，更值得注意的是，45.3%的青年承认自己有过闯红灯的行为。在校青年的其他行为与在职青年非常接近，只有"曾经闯过红灯"一项高达58.5%。

表2-17　公德践行的"自律"　　(%)

	在职青年	在校青少年
	本人有过此行为	本人有过此行为
随地吐痰	15.2	12.5
不爱护公物	15.3	13.3
闯红灯	45.3	58.5
自动扶梯上违反"左行右立"	31.5	36.7

由此可知，青年在社会公德的践行与认知之间还存在较大差距。由于上述违规行为一般情况下并不一定会带来惩罚性的后果，因此，社会公德领域的道德践行目前主要依赖道德自律。道德践行方面的不足表现为青年道德自律的不足。

某些特定场景中的参与式观察告诉我们，青少年在社会公德层面的道德自律还存在很大的问题。如以下案例所示：

"2011年5月21日，我和高中老师观看了由徐汇、松江、金山三区联合举办的'穿越90，给力百年——我是90SHOW决赛'，在徐汇区某中学演出。整台演出是给建党九十周年的献礼，可坐在观众席上的来自3区的高中生和学生工作人员的表现，给我的印象极差：很乱、很颓、很随便。让人很难想象的是，他们都是来自市重点的学生。

镜头一：整个礼堂的座位都是事先安排好的，我们拿着邀请函，找到我们就座的区域，发现那里的3个位置已经被学生占领。当我们很有礼貌地和他们说：'同学，不好意思，这边是家长的区域，你们去前面签到处，可以查查你们的位置。'只见那几个女同学，做出一副很不情愿的表情，嘴里还在嘀咕着，这一个小小的细节，很明显地表明，他们心里有抵触情绪，一个高中生，且是通过选拔的市重点的高中生，对于这样一件是非很清楚的事件，没有意识到自己行为的不对。都说现在的孩子以自我为中心，我似乎在当时隐约感觉到了。

镜头二：整台演出将近3个小时。演出开始的时候，场下的观众闹哄哄，讲话的讲话，开玩笑的开玩笑。这场具有重要意义的演出就在这样的氛围中拉开了帷幕；演出的整个过程，更具有戏剧性，面对学生与工作人员的失误，场下的学生们便起哄。或许有人说，这是‘90后’，他们更有风格、更有个性，可我要说，这是对表演者、主持人以及在场领导的极为不尊重。”

在上述案例中，学生们离开了自己的学校参加活动，无校规校纪的制约，也无班主任的在场约束，对会场秩序的遵循主要依靠道德自律。在这样的情况下，这些重点中学的高中生们在道德素养方面表现出令人失望的行动。道德自律的软弱无力，说明青年在道德践行能力方面的欠缺。

在道德自律能力不足的情况下，遵守社会公德的行为在一定程度上要借助于“他律”。“道德他律”有不同的形式，有的是以制度化形式出现，伴随以惩罚措施。在这种情况下，道德与制度的控制手段已经交叉融合。还有一种形式，是由社会成员直接提供道德“他律”。中央电视台在前几年的时空调查栏目中，曾经以观察法与实验法来考察人们的闯红灯行为。在摄像机下，可以发现，在一个交通繁忙的十字路口，闯红灯的人不计其数。在这种情况下，所安排的第一个实验是由志愿者做出遵守红绿灯的行为示范，来考察示范性行为对路人的影响，结果发现效果甚微。第二个实验是以语言直接劝止人们闯红灯，事实表明效果甚佳。这就是道德他律的其中一种形式。在生活中，相当一部分青年表示他们遇见违反社会公德的行为会加以阻止，体现了道德践行的“律他”倾向，见表2－18。在职青年与在校青少年对于违反社会公德的行为加以制止的比例非常接近。青年的“律他”行为，形成了道德他律的一种动态形式。

表2－18　公德践行的“律他”行为　　（%）

	在职青年	在校青少年
	对违反公德的行为加以制止	对违反公德行为加以制止
随地吐痰	24.1	23.9
不爱护公物	38.4	34.1
闯红灯	21.5	19.7
自动扶梯上违反“左行右立”	21.0	21.1

与现实生活中的社会公德相对应，网络道德主要也是一种自律性道德。当前关于互联网的法律法规尚不完善，网络道德的维持对个体自律的依赖程度更高。然而由于网络的匿名性，在虚拟空间更容易发生“知行脱节”的行为。网络色情、网络谩骂等不道德甚至违法犯罪的行为时有出现。2006年上海青年发展报告表明，35.4%的青年曾经遇到入侵系统、破坏数据、散布病毒等黑客行为，

28.4%的青年曾经遇到网上盗取账号、密码的行为，17.6%的青年遇到过网上色情淫秽活动。2008年上海青年发展报告显示，在青年看来，对社会道德影响最大的网络现象是“人肉搜索”和隐私揭秘、网络色情。网络空间存在种种不道德现象，亟须净化。

网络恶搞存在一定的不道德因素。但是2006年上海青年发展报告表明，56.1%的在校学生与60.3%的在职青年曾经向朋友介绍过网络上流传的恶搞作品，见表2-19。

表2-19　青年网民传播网络恶搞内容的状况　　(%)

	缺　省	从　不	偶　尔	很　少	经　常
在校学生	1.7	43.9	31.2	18.1	6.8
在职青年	2	39.9	38.3	15.4	6.6

数据来源：共青团上海市委.2006年上海青年发展报告.

调查还显示，两到三成的被调查者认为“如果技术条件和个人能力允许，我也想恶搞一下”；只有约4成的青年对此表示反对。在校青年倾向于恶搞的比例略高于在职青年，见表2-20。

表2-20　青年网络恶搞意愿度　　(%)

	如果技术条件和个人能力允许，我也想恶搞一下					
	缺省	同意	比较同意	一般	不太同意	不同意
在校学生	0.8	14.2	18.4	22.9	20.7	23.1
在职青年	2.3	10.0	14.9	23.9	19	29.8

数据来源：共青团上海市委.2006年上海青年发展报告.

上述统计数据说明，在新鲜刺激、滑稽搞笑、叛离传统的信息引诱下，青年人有可能会忽略网络行为的道德意义。与在职青年相比，年龄更轻、阅历更简单的在校青年受到诱惑的可能性更大。

在互联网迅速普及的情况下，种种社会现象能够在极短的时间内引起人们的高度关注，演变成为社会热点问题。应该说，网络公共领域的发展能够对不良行为迅速曝光并施加舆论压力，有利于纠正不道德行为。但是网络的言论自由本身就是一把双刃剑。在道德自律欠缺的情况下，容易引发种种非理性行为，网民在网络空间追求刺激、发泄情绪，对不符合大众口味的现象群起而攻之。对问题看法片面化，观点极端化，对某些当事人造成隐私的侵犯或人格的侮辱。网络空间的种种非理性行为,表明人们在这个领域中的道德自律程度较为低下。

二、职业道德践行:诱惑与冲突

最近网络流传着一条关于食品安全的热帖,点击率非常高:

"早起,买两根地沟油油条,切个苏丹红咸蛋,冲杯三聚氰胺牛奶,吃完开锦湖轮胎的车去上班。中午,瘦肉精猪肉炒农药韭菜,再来一份人造鸡蛋卤注胶牛肉,加一碗石蜡翻新陈米饭,泡壶香精茶叶。下班,买条避孕药鱼、尿素豆芽、膨大西红柿、石膏豆腐,回到豆腐渣工程房,喝点甲醇勾兑酒,吃个染色馒头。然后躺在甲醛四散的床上,盖上黑心棉棉被心满意足地睡个好觉。"①

上述内容看似幽默搞笑,却反映了一个非常沉重的社会现象:种种问题食品在当今中国已经非常普遍,令人防不胜防。温家宝总理对此给予了严厉的谴责:"近年来相继发生'毒奶粉'、'瘦肉精'、'地沟油'、'彩色馒头'等事件,这些恶性的食品安全事件足以表明,诚信的缺失、道德的滑坡已经到了何等严重的地步。"②

面对职业道德严重滑坡的社会现实,上海青年能否做到"出淤泥而不染"?职业道德的最低要求是符合制度与法规。在当代社会,职业道德方面出现的种种问题意味着组织或从业人员违反了规章制度。如前所述,道德认知方面的问卷数据表明,绝大部分青年人都赞同严格遵守规章制度。但是道德认知并不意味着道德践行。在利益诱惑与矛盾冲突的情境下,青年人还能够严格遵守道德立场吗?

(一)金钱诱惑下的道德选择

每个消费者在面对不规范的食品市场时,都有可能成为受害者。青年人站在消费者的立场,也必然能够反对诸如此类违反职业道德的事情。然而如果换一种情境,倘若青年人本身就是生产者,依靠经营某种食品而谋生,他们还会有如此坚定的立场吗?在市场经济条件下,有多少人是属于"有钱就赚,不顾其他"的群体呢?

---

① 食品安全不应挑战群众"心理底线". 来源:中国共产党新闻网 http://cpc.people.com.cn/GB/64093/64103/14600898.htm,2011-05-10.

② 温家宝:恶性食品安全事件表明道德滑坡何等严重. 新华网 http://news.ifeng.com/mainland/special/shipinanquan/content-2/detail_2011_04/17/5794763_0.shtml.

2011年本课题组的问卷调查表明，679名在职青年中，659人对"有钱就赚"做出了回答，其中259人表示赞成上述做法，占39.3%；209人表示"说不清"，占31.7%。明确表示反对"有钱就赚"的191人，占29.0%，见表2-21。

表2-21　是否赞同"有钱就赚"

	人　数	净百分比(%)
不赞同	191	29.0
说不清	209	31.7
赞　同	259	39.3
合　计	659	100.0

上述数据说明，在职青年对于"有钱就赚"的态度呈现出高度的差异性。近4成的人表示赞同，表明这些人在考虑自己牟利时并未重视他人、社会的利益。其中有的人在一定的情境下难免成为见利忘义之徒。

交互分析表明，不同性别、年龄段、文化程度的在职青年在上述问题上并无显著性差异。但是单位性质与是否赞成"有钱就赚"存在相关关系。"三资"企业青年表示赞成的比例最低，为27.8%。事业单位、党政机关青年对此表示赞同的比例较低，分别为31.7%与35.3%。国有、集体企业青年表示赞同的比例最高，达到54.9%。个体劳动者的该项比例为44.4%，见表2-22。

表2-22　单位性质与"有钱就赚"交互分析　　(%)

	党政机关	事业单位社会团体	国有、集体企业	"三资"企业	私营企业	个体劳动者
不赞同	46.2	34.0	21.6	20.3	30.8	11.1
说不清	22.1	30.7	23.5	51.9	31.7	44.4
赞　同	31.7	35.3	54.9	27.8	37.5	44.4
合　计	100.0	100.0	100.0	100.0	100.0	100.0

上述数据说明，"三资企业"青年对"有钱就赚"的态度所包含的不道德因素更为敏感，在道德选择上更为积极。其次为党政机关与事业单位青年。国有集体企业青年与个体劳动者更容易受金钱的诱惑，对职业行为的道德性考量相对较少。

(二) 利益冲突下的道德践行

20世纪80年代，美国著名经济学家、诺贝尔经济学奖获得者约瑟夫·斯蒂格利茨曾经提出一个经济哲学范畴的概念，即“道德风险”。这一概念指的是从事经济活动的人在最大限度地增进自身效用的同时做出不利于他人的行动(王晖,2009)。事实上，道德风险不仅出现在合同践行、金融交易等经济活动之中，也存在于社会的其他领域。只要涉及利益的矛盾与冲突，行动者就需要在“利己损人”与“损人利己”两个方面进行抉择。利益需求的强度越大，利益实现的可能性越小，则道德选择的风险性越大，行动者常常表现为两种相反的行为取向：或者自我牺牲的可能性越大，或者损人利己的可能性越大。

职业道德的践行在特殊的情景下会面临个人利益的丧失，甚至要面对个人生命的威胁。在这样的情境下，青年人主张如何进行抉择？团市委 2008 年上海青年调查中，曾统计了人们对地震中弃学生率先跑出的教师“范跑跑”的评价。2000 多名被调查者中，20.5%的青年认为“很可耻，我决不会这样”；58.1%的青年认为“可以理解，但我不会这样”；此外，13.5%的青年选择了“说不清”，7.9%的青年认为“我如果是他，也会这样”。在一场轰轰烈烈的关于“范跑跑”道德评价的论战之后，“范跑跑”被解聘了，38.1%的青年觉得大快人心，全力支持这一结果，他们认为范跑跑的言行让教师蒙羞，让学生家长寒心；42.4%的青年则对“范跑跑”满怀同情，认为他并没有大错，应该批评教育但不应该解聘；还有 19.4%的青年觉得这个问题实在说不清。

在强烈地震发生的极端情境中，个人的生命安危与教师的职业道德形成了强烈的冲突。个人对自身安全的强烈欲望促使当事人尽快离开教室，而教师的职业道德则要求他们必须关注学生的安危。对自身安全的渴望越大，道德风险发生的可能性也越大。“范跑跑”现象只是极端情境下道德风险的一种表现形式。

然而，道德风险的存在并不能成为个体不践行职业道德的理由。“道德个体的风险意识及其取向，绝不是单纯的事实判断，而且首先是一种对个体与社会之间的利益关系的价值判断。实质上是社会生活中利益冲突在伦理观念上的反映”(潘自勉,1992)。矛盾冲突情景下的道德抉择，是个体道德素养的试金石，也是反映了人们对个体与社会利益关系的根本看法。“范跑跑”现象及其社会反响至少说明，传统文化中“舍生取义”的信念不见得是当代青年群体集体认同的道德观。在个体与他人、社会的利益关系上，当代青年对个体利益高度重视，他们希望在个体与社会之间实现一种平衡：在不损害自身利益的前提下维护社会的利益。

然而现实生活中并不是事事都能如人所愿。职业生活中很多人都可能面临利益关系矛盾冲突的情景。其中一种常见的情形，就是当单位的行为不符合社会的道德规范要求时,作为员工的青年人该如何抉择。现实生活中,不管是"瘦肉精"还是"染色馒头",不管是非正当收费还是私设小金库,都是在单位组织层面发生的违规行为。根据媒体报道,处于职业活动中的员工常常是了解自己单位的不规范行为的。在这样的情境下,青年人倾向于如何抉择呢?

表 2-23 如何对待工作单位不符合社会规范的行为 (%)

	人 数	净百分比
家丑不可外扬,要保密	79	11.8
做好自己的分内事,分外事不管	377	56.3
建议单位停止违规行为	192	28.7
对外发布信息,借助外部力量制止	22	3.3
合 计	670	100.0

如表 2-23 所示,选择比例最高的是"做好自己的分内事,分外事不管",占 56.3%。这再次说明,"各人自扫门前雪,不管他人瓦上霜"的行为在现实中还相当有市场。为什么食品安全问题屡屡出现,与员工的这种心态也有一定关系。就如"染色馒头"事件,当员工知晓自己所生产的食品不符合安全要求时,他们的做法是"不吃自己所做的食品",至于销售给顾客会造成什么后果,他们就不管了,因为那不是他们的"分内事"。更值得注意的是,11.8%的在职青年选择了"家丑不可外扬",为单位保密。另有 28.7%的人会建议单位停止违规行为。还有 3.3%的人会对外发布信息,借助外部力量制止。反对自己的工作单位,可能对自身造成影响,有上述的选择是难能可贵的。

交互分析表明,对于本单位不符合社会规范的行为,不同工作单位的青年所持的态度存在差异。党政机关的青年选择"建议单位制止"的比例最高,达到 43.1%。其次为"三资"企业员工,为 33.3%。私营企业与国有集体企业青年该项选择比例较低,分别为 26.9%与 22.0%。统计分析还显示,关于如何应对本单位不符合社会规范的行为,政治面貌也是一个重要形象因素。党员选择"建议单位制止"的比例最高,为 35.4%,普通群众选择该项的比例为 26.9%。然而,党员里选择"家丑不可外扬"的比例高于群众。说明党员对于通过组织内部的力量制止组织自身的不良行为有着更高的信心,同时也更倾向于将问题在单位内部解决,以免影响组织或党的形象。

上述数据说明,当工作单位出现了违反社会规范的行为时,由于反对本单位的行为可能直接引发单位对自己的压力,导致个人利益的损失,因此在个人利益与公共利益之间，大部分青年选择了“事不关己，高高挂起”的态度。尽管许多青年在理论上承认公共利益的优先性，但是在面对公共利益与个人利益的冲突之时，大部分青年还是选择了明哲保身。道德风险由此就出现了。

三、公益践行：主动与被动

在理想状态下，公益行为是建立在个体自愿基础上的利他行为，是个人对社会责任的主动承担。公益参与源于个人的使命感，是个人内心自由意志的主张。在现代社会中，公民把慈善当做个人的责任与义务，是社会慈善文化被个人内化的结果，这种内化也是建立在自愿的基础上，而不是一个强制的过程。

调查发现，上海青少年的公益践行体现出主动与被动兼而有之的特征。一方面，单位组织的力量是促使青少年参与公益活动的重要影响因素；另一方面，在公益活动的发展过程中，公益精神发扬光大，青少年公益活动的主动性初步形成。

在职青年中，67.3%的人曾经做过志愿者，91.0%的人曾经捐过款。在校青少年中，41.3%的人做过志愿者，91.7%的人捐过款。在定性研究中，可以发现高校中各类青年志愿者活动不断推出，青年参与公益活动已经成为一种风气。

在参与志愿活动的青年中，54.3%的在职青年是“自己主动要求的”，47.4%的在校青少年主动要求参加志愿活动。说明在半数青年身上体现了公益活动的主动性。与此同时，工作单位与学校是当前上海青少年参与志愿活动的重要促进因素。由单位或学校安排参与志愿活动的情况，在职青年为54.1%，在校青少年为69.0%。社区也是公益活动组织化的一种方式，约有1/4的青年通过社区组织来参与各种志愿活动。相比较而言，在校青年更多地依赖学校的安排，而在职青年由于年龄、阅历的增长，在志愿活动的参与方面对单位组织的依赖性降低，主动性增强，见表2-24。

表2-24　参与志愿活动的组织形式　(%)

	在职青年	在校青少年
自己主动要求的	54.3	47.4
单位/学校安排的	54.1	69.0
社区组织的	26.3	25.1
其　他	5.0	1.7

注：多项选择.

交互分析显示，单位性质与在职青年是否做过志愿者存在相关关系。8成左右的党政机关与事业单位青年曾经做过志愿者，“三资企业”青年的该项比例约有7成，国有集体企业的青年约为6成，私营企业青年仅有5成，个体劳动者更低。单位组织与政府的关联程度与青年参与志愿活动直接相关。

党团组织也是青年参与志愿活动的重要推动力量。在职青年中，75.4%的党员做过志愿者，70.6%的共青团员做过志愿者，而普通群众该项比例仅为50.6%。

在职青年的受教育程度与是否做过志愿者也有着密切关系。高中、中专及以下者参与过志愿活动的比例在3成至5成，大专及以上者参与志愿活动的比例约在7成。在校青少年中，大专及以上在校生参与志愿活动的比例也显著高于中学生。可见高等教育是青年参与志愿者活动的重要影响因素，高等院校是志愿精神孕育与发扬光大的重要场域。

在捐款方面，青少年所体现的积极性不如志愿活动。45.5%的在职青年表示自己的心态是积极主动的，在校青少年中，39.6%的人表示自己捐款时是积极主动的。其余的人或多或少有“随大流”的心态，见表2-25。

表2-25　捐款时的心态　　(%)

	在职青年	在校青少年
积极主动	45.5	39.6
随大流	23.3	30.3
两种情况都有	31.2	30.1
合　计	100.0	100.0

访谈表明，在各种形式的捐款活动多了之后，青少年捐款的积极性下降。然而究其原因，并非是青少年的爱心缺失，而是捐款机制方面存在问题：首先，组织化捐款使他们感受到自己是“被捐款”，因而部分青少年存在反感心理；其次，捐款的去向如何，使用效果怎样，他们并不知晓，捐款反馈性信息的传输中断，造成对捐款行为的正向刺激缺失。在另一项小规模调查中，39.0%的在校青年认为是由于“学校的组织化形式没有给人们自由选择的空间”。69.5%的在校青年认为一些学生捐款不积极的原因是“不知道钱会用到哪里去”[①]。

在我国公益事业的发展过程中，政府发挥了强有力的支配和指导作用。政

① 数据来源：上海青年管理干部学院社工系应秋崇的专题调查.

府领导下的单位组织在动员青少年公益参与方面发挥了重要功能。这种由上而下的组织化的公益参与模式，一方面能够在短期内动员大批青少年投入到公益活动之中，并可以在全社会营造公益参与的氛围，但是也造成了部分青少年在公益活动方面对组织的依赖性，并导致部分自主意识强的青年积极性受影响。公益参与是现代意义的公民素养的重要组成部分，但是却并非强制性的，而是自愿性的，以个体对公益奉献的自发性认同为基础。只有当公益践行的自愿性、主动性获得长足发展，青少年的公益精神才真正成长。

第三章　上海青少年法律素养现状

青少年是国家和社会未来发展的中坚力量，他们的法律素养高低直接影响着社会主义物质文明、精神文明、政治文明的建设进程，关系到我们国家和民族的长远发展。因此，青少年法律素养的状况对我国当前和未来一个阶段的法制建设具有重要的导向作用，对贯彻实施依法治国基本方略、推动我国法制进程、建设社会主义和谐社会，都将产生积极而深远的影响。

那么何谓素养？如前述"指通过个人社会化而获得的观念、意识与能力，是后天学习和教育形成的素质"，其实质是指人们在学习和日常生活中所获得的知识的内化和融合。具备一定的知识并不等于具有相应的素养，只有把所学的知识通过内化和融合，并真正对思想意识、思维方式、处事原则、行为习惯等产生影响，才能上升为某种素养。那么法律素养作为个人素养的重要组成部分，是"通过个人法律社会化而获得的观念、意识与能力，是后天学习和教育形成的法律素质"。当然这样界定对法律素养所构成内容阐述仍不够清晰，下面将对法律素养进行规范完整的界定。

目前学术界对于法律素养的认识尚有争议，有的学者认为法律素养是指认识和运用法律的能力或素质；有的学者认为法律素养是指个体所具有的法律知识、法律意识以及自觉地运用法律规范处理问题和解决问题的基本能力和技能。虽然学者们对法律素养的概念没有一个标准统一的定义，但笔者结合本文提到的"素养"定义，认为法律素养应该具备以下几点基本要求：

首先，法律素养是一种通过后天努力而习得的，并非先天所具有的，要想具备基本的法律素养必须学习相关法律知识。

其次，法律素养的形成离不开现实生活，法律素养是人们依据一定的法律知识对现实生活中的法律关系、法律现象所产生的一定的心理体验、主观评价和态度倾向等。

最后，不管拥有法律知识的多少，不管法律意识是强是弱，法律素养最终必须通过运用法律规范的行为表现出来，可以说运用法律的能力强弱是个人法律素养的高低标志。

综上所述，法律素养应该是个体通过对法律知识的学习，使其在头脑中经过深思熟虑和融会贯通后内化的法律情感、法律理念、法律意志、法律评价和法律信仰并据此形成的运用法律的能力。

根据法律素养的基本要求，我们可以认为法律素养主要包括下面三个方面：① 要有丰富的法律知识。这是衡量法律素养高低的重要标准，主要由法律理论知识和法律感知的知识构成；② 要有合理的法律意识结构。这是影响法律素养提高的关键因素，其结构体系主要是由法律情感、法律理念、法律意志、法律评价、法律信仰五个部分组成；③ 要有良好的法律运用能力。这是法律素养重要的外显标志和最终目的，它是个体在立法、执法、司法、守法活动中体现的能力素质的综合，主要包括法律的判断能力和法律的运用能力。

法律素养的三个构成要素之间以法律知识为基础，以法律意识为核心，以用法能力为外显标志形成整合功能的有机整体，具有以下几方面的特点：

第一，整体性。所谓法律素养构成要素的整体性是指三者之间有机结合，各部分之间相互依存、不可或缺，三者之间达成一个和谐运作状态。由于三者之间是一个有机的整体，缺少任一方面个体的法律素养就会出现问题。例如，个体欠缺法律知识，则根本无从寻找法律依据，其呼喊的"法律意识"也是"无根的浮萍"；个体欠缺法律意识，虽具法律知识，但根本不会用法律知识来规范自己的法律行为，做出违法犯罪的行为也不足为奇；个体欠缺用法能力，就是具备法律知识和法律意识，也仅仅是纸上谈兵，遇到相关法律问题仍是手足无措，不能用法律的方式合法保障个体权益或者解决相关法律问题。

第二，多样性。所谓法律素养构成要素的多样性，指个体的法律素养在质的方面具有多样性的特点。在法律素养构成要素的三方面中，法律知识是法律知识运用和法律意识形成的基础，没有法律知识，不可能谈到用法能力以及法律意识的形成。我们看到，法律素养的多样性在不同人的身上的表现是不同的。有的人不但具有法律知识以及运用法律知识的能力，而且还具有较强的法律意识。也有的人虽掌握了较多的法律知识以及运用法律知识的能力，但法律意识却很差。

第三，层次性。所谓法律素养构成要素的层次性，是指人的法律素养在一定质的基础上所表现出来的量的差异性。人的法律素养在构成要素方面不仅在质上存在一个有无的问题，而且在量上还存在一个多少、强弱或高低的问题。从理论上讲，就一般情况而言，法律知识占有较多的人，运用法律知识能力和法律意识应当较强或较高。然而，事实情况有时也并不全是如此。我们看到，有的人虽然占有很多法律知识，但其运用法律知识的能力和法律意识并不是很强或很高。

通过法律素养的构成要素的特点可以看出，要进一步考察目前上海市青少年的法律素养的现状，不仅从法律素养三个构成要素分别进行阐述与分析，同时更需要从综合的角度对上海市青少年的法律素养展开全面整体的思考。

第一节　上海青少年法律知识现状

法律素养培育离不开法律知识的传授，法律知识的学习是法律素养的重要依托，也是法律意识和法律行为的重要条件。通过对法律知识的学习、掌握和运用，能更好地培养青少年对法律的神圣情感和坚定信念。关于法律知识的定义，目前学术界仍未有一个统一规范的界定。刘旺洪认为，法律知识是人们关于社会法律现象科学认识活动结果，它是人们关于法的一般理论和法律发生发展的历史过程及其规律，以及一个国家和地区现行法律的内容和特点等方面的知识的总和(刘旺洪，2000)。肖文淦认为，法律知识是对法律现象科学认识的结果，不仅包括关于现行的各种法律规定、法律概念、法律术语等的认知，还包括对法的性质、价值、功能、作用和法律的发生、发展历史过程以及发展规律的了解(肖文淦，2008)。黄巧蓉认为，法律知识是人们关于法的一般理论和法律发生发展的历史过程及其规律以及现行法律的内容和特点等方面的知识的总和，是公民形成法律意识的知识和理性基础(黄巧蓉，2004)。周洁认为，法律知识是指人们对法律的性质、目的和作用的认识和了解，对法律内容的把握以及对法律的良好运用(周洁，2010)。上述仅仅介绍了部分学者对法律知识的界定，从中可以看到这些对法律知识的界定都比较抽象与笼统，我们认为要对法律知识有更为清晰的界定，可以从法律知识包含的内容着手分析。

一、青少年法律知识的内容要素

关于法律知识包含的内容，有人认为由四个方面构成，有人从三个方面加以介绍，也有人认为可分为两个方面。刘旺洪认为，法律知识由四个方面构成，具体包括：① 关于法律的历史运动、概念、价值、功能，法律与社会经济系统、政治体系和文化传统之间的关系等方面的知识和观点；② 关于法律形式和运作过程的有关知识，如法律规范、法律渊源、法律规范的结构、法律秩序等方面的知识；③ 法律的运作过程的有关知识；④ 一个国家现行法律的主要内容以及相关的外国法和国际法知识等(刘旺洪，2000)。郭晓亮则认为，法律知识由三个方面构成，具体包括：① 基本法律知识主要指法理和宪法，以关于法一般理论知识和宪法当中国家的性质、公民的权利义务的一般知识为主;② 专业法律知识主要指法律职业者在工作当中运用的部门法、法规法条以及相关的司法解释等;③ 实践性法律知识主要是指包含在基本法律知识和专业法律知识当中,但是能被公民所熟知在社会生活当中能经常接触、运用的法律知识(郭晓亮,2007)。相比法律知识的四方面说和三方面说的观点,较多的学者将法律知识分为两个方面内容。曹红卫认为,法律知识由如下两个部分构成:法律感知和法律理论两大部分。法律感知主要是指主体对法律和法律现象的感知和知觉,它是通过个体在社会生活中实际体验所获得的对法律或法律现象的一些表面的、零碎的、肤浅的感性认识。法律理论是指揭示法律和法律现象规律的系统化的理论或学说,它是通过主体的学习才具有的对法律和法律现象的理性认识(曹红卫,2008)。李琼瑶等认为,法律知识的具体内容为:一是制定法中关于规则的知识,即所谓的法律条文体系;二是法律学中关于原理的知识,即所谓的法律原理或法律理论(李琼瑶、范志华,2006)。肖文淦则认为,现阶段法律知识主要包括法定权利义务的认知和推定权利义务的认知两部分。① 法定权利义务的认知是指个体对现行法律规定的权利义务的认知,对法定权利义务的认知能使人们充分了解、认识到法律明确赋予自己的权利义务,明确自己应当做什么,可以做什么、不应当做什么,比较准确地预见到自己行为相应的法律后果,从而采取有效的行为方式最大限度地保护自己的合法权益和履行自己应尽的义务;② 对推定权利义务的认知主要是指对隐含在法律规定之内的可推定的权利义务的认知。如根据占有推定规则可以推定动产的占有人在法律上是动产的权利人,可以行使对动产占有、使用、收益和处分的权利;又如根据诚实信用原则可以推定悬赏广告中悬赏方单方允诺时有兑现的承诺义务(肖文淦,2008)。

上述学者从不同角度对法律知识的内容要素进行了划分,根据青少年应具备的法律知识的具体特征,我们更倾向于赞同曹红卫将法律知识分为法律感知和法律理论两大部分的观点。由于青少年正处于学习知识、完善自我的重要时期,也正处于法律知识学习的重要阶段,很多青少年在成长过程中并没有接受过完整系统的法律知识学习,在校非法律专业大学生对法律知识的接触也仅仅接受过学校部分法律普及课程《思想道德修养与法律基础》学习,对法律知识掌握处于一知半解状态。因此,青少年们对法律知识的了解更倾向于法律感知的感性认识,而法律理论知识部分的理性认识相对较薄弱。

二、上海青少年法律知识现状

法律知识是法律意识和法律运用的基础,一个对法律一无所知的人,很难形成对法律的情感，也不可能形成对法律的信任，形成法律至上的观念，产生法律信仰，从而在生活和工作中也不会产生对法律的需求，并主动地运用法律。与此同时，人们法律知识的程度决定了其自觉运用法律的程度。因此对青少年法律知识的考察在一定程度上为下文法律意识和法律运用能力的分析奠定了前提条件。本部分将分别从青少年对自身法律认知的评价与需求、青少年学习法律知识的主要途径和青少年法律知识的拥有量三个部分进行论述。

（一）对自身法律认知的评价与需求

要考察青少年对自身法律认知的评价与需求，可以从青少年接受法制教育的程度，对自身拥有法律知识丰富度的主观评价和对学习法律知识的需求度来展开分析。

1. 接受法制教育的程度

青少年可以通过各种学习途径掌握一定的法律知识，法制教育是最为重要的方式之一。课题组问及"您有没有接受过全面深入的法制教育"这个问题时，在职青年和在校学生分别有14.1%和7.3%表示经常性参加法制教育学习，仅有一成左右的青少年接受过全面深入的法制教育；有31.6%和34.1%表示有时参加法制教育学习；有40.8%和42.8%表示为偶尔，这是参加调查对象中所占比例最高的；仅有13.5%和15.7%从没有接受过法制教育，见表3-1。从这组数据中可以看出大部分青少年接受法制教育的程度较低，也说明了我国法制教育的影响力和普及度都有待加强。在中国的教育体系中，中小学课程体系里没有开设一门完整的法律课程，大部分青少年在此阶段是通过电视媒体等非系统化的学习方式获取基本的法律知识；步入大学非法律专业的青少年对法律知识的学习也仅仅是通过《思想道德修养与法律基础》这一门课程；离开学校而参加工作的在职青年更是没有正式的途径来进一步获取法律知识，往往只能通过自学或者电视媒体来学习。因此，让青少年接受全面深入的法制教育是一项任重而道远的工程。

表3-1　是否接受过全面深入的法制教育　（%）

	在职青年	在校学生
经　常	14.1	7.3
有　时	31.6	34.1
偶　尔	40.8	42.8
从　不	13.5	15.7

2. 拥有法律知识的丰富度

法律知识是构成法律素养的基础，法律知识拥有量是青少年法律素养高低的重要尺度之一。在问及青少年对自身法律知识拥有量的主观评价中，在职青年和在校学生分别有6.3%和6.1%认为很丰富，15.5%和16.1%认为比较丰富，对自己法律知识丰富度评价较高的比例分别有21.8%和22.2%；认为自己法律知识"一般"的比例分别为54.5%和57.1%；而对自己法律知识丰富度评价较低的比例则分别有23.8%和20.6%，见表3-2。由此可见青少年对自己法律知识丰富度的自我主观评价比较低，尤其是超过五成的青少年对自己法律知识拥有量表示"一般"。就如上文所提的大部分青少年没有接受过全面深入的法制教育，由于缺少系统化的法律知识学习，这在一定程度上导致了青少年法律知识欠缺的现状。

表3-2　对自身拥有法律知识量的评价　(%)

	在职青年	在校学生
很丰富	6.3	6.1
比较丰富	15.5	16.1
一　般	54.5	57.1
比较欠缺	20.5	17.5
很欠缺	3.3	3.1

3. 学习法律知识的需求度

青少年们对自身法律知识的拥有量不是很满意，在进一步询问"您认为自己是否需要多学点法律知识?"这个选题时，在职青年和在校学生分别高达91.5%和94%表示需要再多学点法律知识，见表3-3。绝大多数青少年对学习法律知识表现出较为强烈的动机和意愿。

表3-3　对学习法律知识的需求情况　(%)

	在职青年	在校学生
需　要	91.5	94.0
不需要	8.5	6.0

综上所述，青少年对目前自身法律知识的评价不是很高，这不仅表现在有78%的被调查青少年认为自己法律知识量不足，而且有92.7%的调查对象表示出对法律知识学习的需求。

（二）法律知识的学习途径

上文中我们看到青少年对学习法律知识表现出较高的需求，那么可以通过哪些途径来学习法律知识呢？除了学校教育之外，大众传媒、社会宣传等各种途径都能在一定程度上接触到法律知识。根据课题组的调查，发现在职青年学习法律知识的前五位途径依次为电视(51.3%)、网络(51.1%)、专业书籍自学(38.1%)、学校教育(36.1%)和报纸(34.8%)；在校学生学习法律知识的前五位途径依次为学校教育(56.5%)、电视(55.1%)、网络(42.7%)、专业书籍自学(31.2%)和报纸(19%)，见表3-4。两类人群所选择的学习途径是一致的，主要的区别在于在校学生对法律知识的学习首位是依靠学校教育，而在职青年首位依靠电视。大众传媒(主要包括电视、报纸、互联网、广播等)在法制宣传教育中的作用越来越突出，尤其是电视对法律知识的宣传和传播起着非常关键的作用。目前各类以案说法等栏目和节目(如“今日说法”、“法庭内外”、“案件聚焦”等)结合了人们身边的鲜活实例，同时又深入浅出地分析法律知识，起到了法律知识普及的作用，因此受到了广大青少年的欢迎。

表3-4　学习法律知识的途径　　(%)

	在职青年	在校学生
学校教育	36.1	56.5
通过专业书籍自学	38.1	31.2
电　视	51.3	55.1
网　络	51.1	42.7
报　纸	34.8	19
工作实践	13.3	4.9
亲戚朋友	3.2	8.2
社　区	4	4.1
街头宣传	6.9	4.5

（三）法律知识的掌握程度

社会环境的复杂性、个性的差异性和变化性，使当代青少年对法律的认知和判断出现了空前的多样化和复杂化：有些青少年的法律观念、法律行为正确而积极，能够结合我国的社会现实，对法律现象得出客观、理性的结论，也能拿起法律武器积极维护自身和他人的合法权益；而有些青少年则受到我国传统法律文化消极因素的影响，轻视法律的作用，对法律“学而不用”、“知而不信”，甚至于在现实生活中，他们的行为完全与法律规定背道而驰，出现青少年违法犯罪的现象；有的青少年用双重标准看待自己和他人，对自己的法律标准则比对他人的要宽松很多，这些青少年往往只关注他人的法律行为，而忽视了自己的行为是否合法，以至于自己的行为触犯法律而不能认识。俗话说"专业知识不足的是废品，法律知识不足的则是危险品"，因此考察青少年对法律知识的掌握尤为重要。上文我们将法律知识分为法律感知和法律理论两个部分，下面分别对此展开深入分析。

1. 法律感知情况

法律感知主要是指主体对法律和法律现象的感知和知觉，它是通过个体在社会生活中实际体验所获得的对法律或法律现象的一些表面的、零碎的、肤浅的感性认识。法律感知是属于法律知识的感性认识部分，因此对法律和法律现象的感知主要来源于个体的生活经验，带有较强的个体主观性判断。2005 年共青团上海市委员会主编的《和谐社会与当代青年——2005 年上海青年发展报告》曾对青少年关于部分社会现象是否属于违法犯罪行为的判断展开了调查，见表 3－5。在此次调查中发现青年在法律感知方面总体情况是良好的，具有一定的法律问题判别能力，但是仍有进一步加强的空间。

表 3－5　青年对有关行为是否违法、犯罪的判断　　(%)

	不违法	违法但不犯罪	犯　罪	不清楚
未婚同居	57.3	34.3	1.9	4.9
因自行车道严重堵塞，骑车人在确保安全的前提下骑上人行道	27.6	65.7	1.7	3.3
没有婚前体检就结婚、生育	67.5	22.2	4.1	4.7
在网上大量兜售色情光盘	3.3	13.4	79.7	2.1
利用电脑黑客技术侵入一个重要单位的网络，造成其系统瘫痪	2.6	7.4	86.7	1.8
在林区野营不小心引起森林火灾，虽然主动扑救，还是造成重大损失	5.6	28.1	59.2	5.7
因急需一笔钱，悄悄用了单位里的 5 万块钱公款，随后很快还给单位	2.7	14.4	79.3	2.2
子女拒绝赡养年老父母	3.9	43.9	48.4	2.3
在银行贷款但不按时还贷	9.5	58.2	26.2	4.4
政府部门接到申请，半年多没有答复	17.3	46.8	16.8	17.1

在以上这组数据中，回答较为理想的是“在网上大量兜售色情光盘”、“利用电脑黑客技术侵入一个重要单位的网络，造成其系统瘫痪”、“因急需一笔钱，悄悄用了单位里的5万块公款，随后很快还给单位”这三个题目，分别有79.7%、86.7%和79.3%作出了正确的回答。这几类犯罪事件性质较为严重，也经常有类似事件在相关法律电视频道里播放，因此大部分青少年能够作出正确的区分。回答大致正确的主要是“没有婚前体检就结婚、生育”、“因自行车道严重堵塞，骑车人在确保安全的前提下骑上人行道”这两道题。“没有婚前体检就结婚、生育”法律并有没有强制规定，这仅是个人自愿行为，因此并不属于违法犯罪行为，有67.5%回答正确。“因自行车道严重堵塞，骑车人在确保安全的前提下骑上人行道”这道题是违反交通安全法规定的，是属于典型的违法行为，65.7%的人作出了正确的回答。回答并不是很理想的是“子女拒绝赡养年老父母”、“政府部门接到申请，半年多没有答复”、“在林区野营不小心引起森林火灾，虽然主动扑救，还是造成重大损失”、“未婚同居”、“在银行贷款但不按时还贷”这五道题目。“子女拒绝赡养年老父母”是属于典型的违法行为，仅有43.9%的人作出了正确回答，值得我们注意的是竟然有48.4%的人认为这是属于犯罪行为。“政府部门接到申请，半年多没有答复”这道题其实涉及的是行政法规，仅有46.8%的人作出了正确的回答，此题的答案也颇有戏剧性，认为此行为是不违法的和犯罪的分别为17.3%和16.8%，回答不清楚的也占有17.1%。“在林区野营不小心引起森林火灾，虽然主动扑救，还是造成重大损失”，不管当事人是否属于过失导致森林火灾，导致森林失火都是属于违反刑法的行为，属于犯罪，而此道题只有59.2%的人回答正确。“未婚同居”并不属于法律问题，“未婚同居”仅是一种不受法律保护的社会关系但是并非违法更不是犯罪，仅有57.3%的人回答正确。“在银行贷款但不按时还贷”属于违法行为，但并未构成犯罪，也仅有58.2%的人回答正确。

根据上述青少年对部分社会现象的法律判断，我们发现青少年法律认知存在诸多问题，特别是在对违法和犯罪两方面的区分较为模糊。课题组对青少年关于违反与犯罪两个方面的关系判断展开调查，调查发现在职青年和在校学生分别有24.6%和24.4%同意“违法就是犯罪”，57.7%和68.8%认为“违法不一定犯罪，犯罪一定违法”，36.4%和45.1%赞同“犯罪是触犯《刑法》的行为”，17.7%和11.8%认为“盗窃数额不大，情节轻微的，可以不构成犯罪”，见表3-6。从这组数据我们可以看出近三成的青少年对违法与犯罪两个基本的概念没有一个清晰的认识，仅有近四成的青少年对“犯罪是触犯《刑法》的行为”作出正确的判断，而对“盗窃数额不大，情节轻微的，可以不构成犯罪”的判断仅有一成多的人作出正确判断，从中可以看出青少年对违法与犯罪两个概念的区分上较为模糊。在职青年和在校学生两个群体在对违法和犯罪关系的判断上，在校学生比在职青年更胜一筹。

表 3-6　对违法与犯罪关系的认识　（%）

	在职青年	在校学生
违法就是犯罪	24.6	24.4
违法不一定犯罪，犯罪一定违法	57.7	68.8
犯罪是触犯《刑法》的行为	36.4	45.1
盗窃数额不大，情节轻微的，可以不构成犯罪	17.7	11.8

2. 法律理论知识

法律理论是指揭示法律和法律现象规律的系统化的理论或学说，它是通过主体的学习才具有的对法律和法律现象的理性认识。法律理论是属于法律知识的理性认识部分，是需要经过个体系统学习并内化而形成的客观知识。对法律理论的掌握主要基于对我国目前基本法律的认知与关注。人们比较关注的法律也是人们认知较多的法律。法律关注与法律认知是相互联系的，人们关注法律必然会促使其去认知法律，而认知法律也有助于其关注法律。孙育玮等对上海市民的法律认知和关注的调查发现：上海市民知道的法律主要有《婚姻法》、《宪法》、《刑法》、《劳动法》、《民法》、《诉讼法》、《交通法》、《经济法》、《合同法》、《行政法》、《青少年保护条例》和《消费者权益保护法》等（孙育玮等，2007）。从这个调查中可以发现上海市市民对法律种类的了解相对较为齐全，其中学生这个特殊群体对这几类法律从最熟悉到不熟悉的依次排序如下：《宪法》、《婚姻法》、《刑法》、《民法》、《劳动法》、《经济法》、《合同法》、《诉讼法》、《交通法》、《行政法》。上海市民所关注的法律中居于前三位的分别是《经济法》（含《合同法》）占 22.8%，《劳动法》占 22.1%，《婚姻法》19.8%。从孙育玮等的调查中可以看出人们对法律认知和关注度呈现出较强的实用性和功利性倾向。青少年在法律认知和关注方面也同样呈现出这种倾向，他们对与自己相关的法律知识比较感兴趣，诸如教育、经济、劳动就业、婚姻家庭等方面的法律法规，而对于其他方面的法律法规则较为淡漠，甚至有的人对与自己的关系不大的法律知识采取“学亦可，不学亦可”的态度。

周洁关于大学生法律知识方面的调查发现：大学生对我国一些基本法律知识掌握比较清楚，知道“具有最高的法律地位和法律效力，国家的一切法律、法规和规范性法律文件都不得与之相抵触的国家根本法”是《宪法》的大学生达100%；知道“我国最高权力机关”是全国人民代表大会的达到93.5%。但是对于实际生活中涉及的一些具体法律问题掌握较差，比如，在“你认为在理发店洗头剪发也是一种合同现象吗?”这一问题的回答中，高达61.3%的大学生选择了“不知道”或“不是”这一错误选项，只有38.7%的学生选择了正确答案“是”。在另一道判断某行为是否属于民事法律行为的问题中，错误率更是高达72.1%(周洁，2010)。从这项调查结果可以看出作为青少年主要主体之一的在校大学生法律知识仍然比较薄弱，法律基础知识不是很扎实，对一些重要的法律知识点仍是模棱两可，甚至出现错误的判断。

作为学生学习法律的重要途径之一——学校教育，对法律知识的讲授缺乏长期系统性，仅仅通过《思想道德修养与法律基础》这门课程，而非法律专业的学生也不愿意静心钻研法律知识，对法律知识的学习倾向于看法律案例、听老师讲法律故事，缺乏对法律理论知识的深入理解，因此不能真正掌握法律知识，并以此指导规范自己的生活实践，一旦遇到涉法事件，便不知所措。而在职青年们离开学校后，往往只能通过大众传媒或自学的方式来学习相关法律知识，大众传媒对法律知识的宣传往往通过以案说法的形式展开，缺乏对整个法律体系系统性的讲解；而自学的方式也难以对法律知识形成一个完整而系统的认知体系，最终导致他们无法掌握较为全面的法律理论知识。综上所述，青少年的法律理论知识呈现出以下两个特征：① 青少年法律理论知识结构性的不完善，存在实用性和功利性倾向；② 青少年法律理论知识缺乏完整性和系统性。

第二节　上海青少年法律意识现状

法律意识是社会意识的一种，是指人们在一定的历史条件下，对现行法律和法律现象的心理体验、价值评价等各种意识现象的总称。它包括人们对法的本质和功能的看法、对现行法律的要求和态度、对法律适用的评价、对各种法律行为的理解、对自己权利义务的认识等，是法律观点和法律观念的合称(赵震江、付子堂，1999)。在法律素养的构成要素中，法律意识是法律素养的核心与灵魂，因为在整体法律素养中，人们的法律意识观念不但是法律知识的内化、凝聚和升华，而且它以法律世界观、价值观、方法论的形态直接支配、影响着人们的法律行为。

要对法律意识概念有更为具体的理解，可以认为法律意识具有如下的特点：

第一，法律意识属于社会意识的范畴，是一种特殊的社会意识体系，是人们对法和法律这种特殊社会现象的观点、看法、情感、意志、态度和信念等各种主观心理因素的总和。

第二,法律意识是与社会主体相联系的,是社会主体对社会法律现象的认识和把握,因此法律意识具有个体性。这就是说,在现实生活中,每个人都有其特殊的对法律的看法、体验和态度,我们很难找到两个法律意识完全相同的社会主体。这种法律意识的个体性使社会法律意识呈现出复杂多样性。

第三,法律意识在一定范围内是社会主体法律意识共同性的体现。人总是生活于一定的社会条件和一定的社会群体之中的,不同社会主体的相互交往、相同的社会经济政治地位、相同社会群体中的人们共同的社会生活和法律实践的经历、共同的群体利益要求、共同的法律文化背景和教育背景等,使人们的法律意识在一定时期和一定的群体中又具有共同性和一致性,从而形成了一定社会集团、阶级和阶层的法律意识。

第四,法律意识的具体内容和表现形式是多方面的。从法律意识的具体内容来说,法律意识既包括人们的法律思维方式、法律感情、法律理念、法律意志、法律评价、法律信仰,还包括法律心理、法律观念和法律意识形态等多方面的因素和内容。从法律意识的内部表现形式来看,法律意识的各个具体内容和因素的相互关系或法律意识的结构是不尽相同的,这种法律意识内部结构的差异性使各个不同国家和民族的法律意识呈现出质的不同;从法律意识的外部表现形式来看,法律意识可以表现为人们的法律行为、语言、法律评价以及法律思想体系等。

第五,法律意识的内容受到多方面因素的影响,如物质条件、社会文化和法律等因素的影响,而其中最根本的决定性因素是社会物质生活条件。

通过上文对法律意识涵义的分析,我们可以得出青少年法律意识是社会意识的一种特殊形式,是在我国建设市场经济和构建和谐社会背景下,青少年这个特定的群体关于法律和法律现象的思想、观点、知识和心理的总称。它表现为青少年对现行法律的情感和评价,青少年的法律动机、法律理念、法律意志和法律信仰,对自己权利和义务的认识,对法、法律制度的了解、掌握、运用等等。

一、青少年法律意识的结构要素

法律意识是社会主体对社会法的现象的主观把握方式和反映,是一种特殊的社会系统。在这一系统中,法律意识的内容或构成因素就是其构成要素,而法律意识的各构成要素之间的相互联系、相互制约和彼此互动的关系及其所形成的法律意识的有机系统则是法律意识的结构(刘旺洪,2001)。我国学术界为了对纷繁复杂、丰富多样的法律意识的内容进行系统整理和归类，长期以来对法律意识的结构进行了有益的探讨，提出了许多有创建的理论观点。

有的学者(孙国华，1994)认为，法律意识的结构从人的认识过程分为感性认识和理性认识的角度，可以划分为法律心理和法律思想体系。有的学者(张文显，1988)认为，法律意识是与群体或个体(个性)心理特征相联系的、人们关于法现象的认知、情绪、意志的总和，而这种关于法现象的认知、情绪和意志过程是有着不同的层次或阶段的，既表现为人们关于法现象的心态、观念、理论三个层次；又由于人们关于法现象的认知、情绪、意志活动总与一定民族(这种特定群体)因历史积淀而成的固有的心理、观念和思维态势相联系，便又有第四个层次：法文化。有的学者(王勇飞，张贵成，1992)认为，把法律意识分为法律心理和法律思想体系两大部分，只是从宏观方面加以考察，但很难说明和了解个体的法律意识状态以及怎样调整人们的行为，认为法律意识的微观结构是由法律认知、法律情感、法律评价三要素所构成的，并形成相互作用、相互渗透的机制。有的学者(王勇飞、张贵成，1992)认为，法律意识是由法律知识、法制观念和法律观点三要素组成的有机整体。有的学者(王勇飞、张贵成，1992)认为，法律意识的结构可以作进一步的分析，它由法律认识、法律评价、法律情感体验以及法律行为的外化(即对行为的法律调节)四个要素，组成一个相互作用、相互影响、相互渗透的动态结构。有的学者(刘旺洪，2001)认为从人类对社会法律现象的主观把握方式的角度来看，法律意识包括法律知识、法律理想、法律情感、法律意志、法律评价和法律信仰；从横向的角度来看，这些要素的有机整合就构成法律意识的有机的结构系统。从法律意识的纵深结构来看，主要由三个层次所构成：即法律心理、法律观念和法律意识形态，它们形成由深层到表层的法律意识的结构体，体现了法律意识逐步定型化、稳定化和理论化的过程。关于法律意识结构的构成分析还有许多专家学者从不同的角度进行分类，本文在此并不一一列举。

从上文所列举的国内目前关于法律意识结构分类的情况来看，关于法律素养结构从“意识”本身所具有的“认识发生论”的特征进行分类较多，主要区别是对“认识发生过程”的要素的划分。“法律意识”是个体对法律知识学习内化后而从表面地、直观地、感性地反映和把握社会法律现象，上升到理性认识的阶段，对社会法律现象的内在的、本质的、系统完整的认识。而要完成这个认识过程，也正是法律意识的结构要素参与其中的过程。青少年法律意识的形成和发展也是“同化”与“顺应”社会法律制度及其运行的结果。青少年通过接受法治教育把相关的法律知识等刺激信号输入到大脑，经过大脑筛选，思维的加工，就

"内化"为自身的法律意识,也就是"同化"过程;青少年又将其法律意识支配、指导各种行为,这种由内而外的"外化",就是"顺应"过程。青少年经过反复地"同化"与"顺应",就能建立良好的法律意识"内部心理图式",具备社会主体应当具有的法律品质。因此,要对青少年法律意识的结构要素进行分类,结合上文法律素养三个构成要素的"三维结构"的划分(即法律知识、法律意识、法律能力),本文将对青少年法律意识结构具体化为法律情感、法律理念、法律评价、法律意志和法律信仰五项具体要素。

青少年法律意识结构的五项具体要素中,其中法律情感是主体基于对法律的认识的基础上所产生的对法律的情感体验,是法律意识的情感因素和心理动力,是属于法律意识的感性范畴;法律理念相比法律情感,它主要属于法律意识的理性范畴,是人们在对法律的理性认识基础上产生的理性心理体验,是法律认识和法律情感的升华,是以民主、自由、平等、人权等价值追求为依归的法律理想与法律信仰,表明了人们实现法制的意志、理念追求和价值评价。法律评价是社会主体基于自己对法律的认识和法律的情感体验而产生的评价法律的标准体系以及根据自己对法律的评价尺度对一定时期和一定国家的具体的法律和法律制度的主观判断,具有强烈的价值指向性;法律意志是法律意识结构体系中的意志因素,它是社会主体不畏强暴、不畏利诱、勇于同违法犯罪行为以及自己内在的消极法律意识因素作斗争的心理基础;而法律信仰则是上述各种法律意识因素共同作用的结果,是以理性为基础的主体对法律的全身心的认同,是理性化了的法律激情和激情化了的法律理性。这五项要素也正体现了法律意识的形成是从感性认识上升至理性认识,并最终内化为个体独一无二的意识体系指导个体的具体行为。

二、上海青少年法律意识的现状分析

党的十六届五中全会通过的《中共中央关于制定国民经济和社会发展第十一个五年规划的建议》明确提出,要"贯彻依法治国基本方略,全面推进法制建设"。中国法制建设应是一场精神革命,这一精神革命的关键在于树立一种意识,即法律意识(曾维菊,2006)。作为一个法治国家的公民必须具备基本的法律意识。青少年是国家公民的重要一员,他们正处于人生观、价值观和世界观的形成时期,在他们成长过程中培养其法律意识,不仅可以造就一代守法公民,而且可以进一步推动我国民主法制化的历史进程。因此,了解我国目前青少年法律意识的现状,不仅可以对我国目前青少年法制教育的效果进行评估,同时也为进一步更有效地培育青少年法律意识提供建设性的方向。根据上文对青少年法律意识结构要素的分类，下面将分别从法律情感、法律理念、法律评价、法律意志和法律信仰五个方面对青少年法律意识现状展开调查与分析。

（一）法律情感

法律情感是社会主体对法现象的主观心理态度或心理反应，它既可表现为对法的关切、喜爱、信赖、依恋和寄托，也可表现为对法的漠不关心、厌恶、怀疑、疏远和鄙视等思想感情（刘旺洪，2001）。这种表现出来的个人喜好的心理体验，正是反映了人们对法律规则、法律制度的意义和效力的直观心理体验，直接影响着人们对法律的权威认知以及人们对法律的服从。由此可见，法律情感在法律意识体系中具有十分重要的意义和价值，良好的法律情感会对人们的法律生活产生积极正面的影响，不良的法律情感则会对人们的法律生活产生消极负面的影响。当今我国青少年的法律情感的基本状况构成了我国社会法治的重要社会情感与心理基础，也将直接影响着我国对法治建设的信心。

从上文刘旺洪对法律情感的界定来看，法律情感带有强烈的个人喜好倾向。为了将这种个人喜好倾向的情感进行区分，有人（肖文淦，2008）就认为法律情感常常是以“亲法”、“恶法”和“冷法”的心理体验体现出来。“亲法”表现为人们对法律的关切、喜爱、崇尚和信任与依托的情感态度，在这种情感的驱动下，人们希望生活在法治的环境下，接受与服从法律的治理，自身也积极守法，依法行事、享受权利并履行义务。当自身的权利遭受非法侵害时，自觉地运用法律来保护自己的权益；当自身的权利与他人权利发生冲突时也以法律的准则来寻求合法的解决办法。“恶法”表现为人们对法律的厌恶、猜疑甚至敌视情感，这种情感把法律视为束缚、妨碍个人自由的枷锁，把守法视为沉重的负担，对法律失去信心和信仰。具有这种情感的人们守法是迫于国家强制力的威慑而守法的，对他们来说是一种痛苦的体验。“冷法”表现为人们对法律的漠视、冷淡和疏远，往往将法律束之高阁而不用，在这种情感的支配下，主体习惯于被动守法、消极适法，即使卷入法律的纠纷中，也常常喜欢用非法律的方式，如“私了”、忍气吞声等方式加以解决。

针对这三种不同的法律情感体验，课题组对青少年基本的法律情感体验展开了调查，调查结果发现：大部分青少年存在“冷法”的情感体验，极少数表现为“恶法”。青少年法律情感的表现我们可以从他们面对具体法律问题时所采取的态度和行为来进行判断，因此课题组对此做了调查和分析。

当我们对某些法律现象或者法律事件充满着积极正向情感时，自然而然地愿意积极关注某些法律现象或者积极参与某些法律事件。因此，对在职青年问及“人大在立法时，会征求公民对法律草案的意见，您是否有意愿反映您的意见”，有36.5%的人明确表示“没有意愿”，56.1%表示“有意愿但是没有反映过”，仅仅只有7.5%“有意愿并且反映过”，见表3-7。从数据中我们不难发现，91.7%对“我国人大立法提供意见”这件关系自身利益的事件表现出较为冷漠的态度与被动的行为，仅仅不到10%的青少年真正付出行动有较强的权利意识。当然有人表示自身是非常愿意向人大反映自己的意见的，但是不知道可以通过何种途径实现或者感觉自己反映的信息可能无法到达某些相关人士，所以也就不白费力气。不管是何种理由或者借口，从调查结果中我们可以看出青少年在目前“法律参与”的情感体验上表现得较为冷漠与被动，存在着较为明显的“冷法”情感体验。

表3-7　向人大立法时反映自己意见的情况　(%)

	比　例
没有意愿	36.5
有意愿但是没有反映过	56.1
有意愿并且反映过	7.5

青少年在对“法律参与”行使自身权利的情感体验中表现出“冷法”的情感，在课题组的进一步调查中发现，青少年面对“纠纷”事件时，也更喜欢用“私了”的方式解决。在我们调查中，问及“当您面临纠纷，可以‘私了’，也可以向法院起诉时，您更倾向于哪种方式”，在职青年问卷中，有66.8%的人选择“私了”这种非法律途径的方式解决面临的纠纷，而仅有24.1%仍然选择“起诉”的方式来保护自己的合法权利，选择“私了”的人群竟然是选择“起诉”人群的三倍之多；在校学生中也同样存在更倾向“私了”的现象，63.6%选择“私了”，28.6%选择“起诉”，见表3-8。进一步了解这些行为背后的具体原因，有的人认为通过法律途径维权的过程付出的代价很大，可能得不偿失；有的人认为通过法律途径解决问题太麻烦了，能私了就私了。从“厌诉”的行为中，我们可以进一步看到大部分青少年法律情感中的“冷法”态度。

表3-8　面对纠纷，选择私了还是起诉　(%)

	在职青年	在校学生
私　了	66.8	63.6
起　诉	24.1	28.6
其　他	9.0	7.8

同时在我们调查中发现，在职青年问卷"当与工作单位发生纠纷时，采用何种解决的方式"选题中，居于前三位的有"自己与单位据理力争"(53.5%)、"向政府主管部门投诉"(31.1%)、"去法院打官司"(27.7%)，同时目前比较流行的通过网上发帖曝光和新闻媒体反映的方式也分别有 18.9%和 15.5%，仍有 4.3%的选择忍气吞声，也有非常小的比例(2.4%)会用"非正常手段解决"，见表 3－9。超过一半的人在面对与自己利益息息相关的具体纠纷事件中，过分相信自己并依赖自己的"谈判能力"去与单位评理，从某种角度来讲也是"私了"解决方式的一种表现形式。愿意采用"打官司"这种法律途径来保障自己的合法权益的仅有 1/4 左右的人，2002 年共青团上海市委员会编写的《社会组织与当代青年——2002 年上海青年发展报告》的调查中也发现：当上海职业青年与工作单位发生纠纷时，仅有 4.7%的青年会"去法院打官司"，比例也不是很高。由此可见，上海市在职青年面对具体纠纷时，用法律来保障自身利益的意识处于比较低的水平。

针对在校学生的具体情况，问及"您对学校的管理或处理方式有意见时，您会如何做"选题中，向教育主管部门投诉的有 52%，在网络上发帖引起关注的有 36.4%，自己与学校据理力争的有 32.8%，忍气吞声的有 31.7%，同时选择上访和去法院打官司的分别有 11.2%和 3.6%，用非正常手段解决的也有 7.7%，见表 3－9。在校学生在处理与学校的纠纷时，我们可以看出他们在维护自身权益方面更倾向于借助外部的力量，例如通过"投诉"和"网络发帖引起关注"，这

表 3－9　当与工作单位(学校)发生纠纷时的解决方式　(%)

	解决方式	比例		解决方式	比例
在职青年	自己与单位据理力争	53.5	在校学生	自己与学校据理力争	32.8
	向政府主管部门投诉	31.1		向教育主管部门投诉	52
	去法院打官司	27.7		去法院打官司	3.6
	上访	8.7		上访	11.2
	自己忍气吞声算了	4.3		自己忍气吞声算了	31.7
	在网络上发帖引起关注	18.9		在网络上发帖引起关注	36.4
	向新闻媒体反映	15.5		向新闻媒体反映	0.4
	用非正常手段解决	2.4		用非正常手段解决	7.7
	托人向领导说情	25.5			
	向党团组织或工会反映	8.8			

与在校学生自身的社会经验较少、个人力量较弱有较大的关系，尤其是选择“忍气吞声”高于在职青年27.4%，据理力争的比例低于在职青年20.7%。除此之外，在校学生采取“去法院打官司”的比例非常低，仅有3.6%，而选择“用非常手段解决”的比例则高达7.7%，由此可见，在校学生在自己的合法权益受到不法侵害时，相比而言更不懂得用法律的手段来维护自己的权益，在对法律情感的表现上，甚至有一小部分存在“恶法”的情况。

综上所述，目前青少年在法律情感上的表现为大部分青少年存在“冷法”的情感体验，极少数表现为“恶法”。这些法律情感对于青少年的法律行为、社会法律制度和法治秩序的形成都会具有直接重要的影响。法律应当具有最高的权威，是社会的价值标准和尺度，是青少年解决社会纠纷的首要途径，但假如青少年存在大量的“冷法”和“恶法”的情感体验，那么将非常不利于推动我国的法制建设，因此，在我国法制教育中，我们应当努力把“亲法”的法律情感注入每一个青少年的内心深处，使他们亲近法律、信奉法律并产生浓厚的法律情感，这样才能使青少年自觉地遵守法律、执行法律，带动整个社会追求法治、崇尚法治。

（二）法律理念

十七大报告中要求“加强公民意识教育，树立社会主义民主法治、自由平等、公平正义理念”，这种理念也正体现了法律理念的核心内容。所谓法律理念即法律的理性观念，是人们在对法律的理性认识基础上产生的理性心理体验，是法律认识和法律情感的升华，是以民主、自由、平等、人权等价值追求为依归的法律理想与法律信仰，表明了人们实现法制的意志、理念追求和价值评价。正确的法治理念能驱动个体理性守法，积极推动宪法和法律实施，自觉维护社会公平正义，维护社会主义法制的统一、尊严和权威，积极实现法治目标。青少年通过教育学习从对法律情感的感性体验上升为理性的法律理念并将这部分理念内化为自己世界观、人生观和价值观。一般而言，当代青少年其法律理念应该包含以下几个方面的内容：首先，法律就其目的而言不是异己的、束缚自己的力量，而是保障权利的有力武器，法律不应当是束缚人、控制人的规则而是社会力量的体现，是限制、约束权利，保障权利的有力武器。其次，法律就其内容而言应当包含民主的精神，能够满足或者应当满足青少年对秩序、安全、平等、正义等价值的追求。再次，“法律至上”应当得到普遍的认可（肖文淦，2008）。针对青少年法律理念所应包含的内容，课题组对此展开了调查研究。

1. 对“法治”含义的理解

法治包含两个部分，即形式意义的法治和实质意义的法治，是两者的统一体。形式意义的法治，强调“以法治国”、“依法办事”的治国方式、制度及其运行机制。实质意义的法治，强调“法律至上”、“法律主治”、“制约权力”、“保障权利”的价值、原则和精神。形式意义的法治应当体现法治的价值、原则和精神，实质意义的法治也必须通过法律的形式化制度和运行机制予以实现，两者均不可或缺。根据上述法治的含义，人们是否能够正确理解“法治”的含义在一定程度上也体现了个人是否拥有正确的法律理念。课题组在调查青少年对“法治”的理解中发现，在职青少年中有37.9%的人认为“国家立法，人民守法”，45.2%的人认为“用法律来规范政府权力和公民行为”，9.8%的认为“政府管理要依据法律”，同时也有极少数的(4.9%)调查对象认为是“当官的用法律统治社会”；而在校学生中分别为40.6%，43.9%，6.4%和4.4%，见表3-10。由此可见，青少年对“法治”的理解近半成能领悟其中的实质含义，认为不管是政府权力还是公民行为都应以“法律”为依据，强调“法律至上”的理念；在全体参与调查的对象中有8.1%的被调查者强调政府管理需要以“法律”为准绳进行规范管理。但同时也有近四成的人将“法治”仅作为对公民行为的约束，却缺乏对“权力”的制约；甚至极少数的人错误地认为法治仅仅是政府官员进行统治的工具。

表3-10　对“法治”含义的理解　　(%)

	在职青年	在校学生	全体对象
国家立法，人们守法	37.9	40.6	39.2
用法律规范政府权力和公民行为	45.2	43.9	44.6
当官的用法律统治社会	4.9	4.4	4.6
政府管理要依据法律	9.8	6.4	8.1
不清楚	1.6	4.2	2.9
其　他	0.4	0.6	0.5

2. 对维护“罪犯”权利的态度

当代正确的法治理念，诸如自由、平等、公平、正义、公正、文明、秩序、和谐、效率、透明度、公信力、公众参与度等，体现了现代法治和社会主义法治价值的基本概念。这种正确的法治理念中所指到的“平等、公平、正义、公正、文明”等一系列的理念是适用于社会所有个体，包括罪犯。在人们固有的思维里，往往认为“罪犯”是罪有应得的一群人，他们理应为自己的错误付出代价，相应地也将失去某些权利。“罪犯”虽然因自身的犯罪而需受到法律的制裁，但是个体自身所应有的合法权利却并因此而丧失，因此对罪犯合法权利的尊重与保护更是衡量一个社会、地区法治水平的标尺之一。我们在调查中发现，在职青年和在校学生中分别有43%和53%的人非常赞成"保护罪犯的合法权利"，31.9%和29.6%表示"比较赞成"，持肯定态度的有74.9%和82.6%；而表示不赞成态度的仅为8.6%和4.9%，同时有16.5%和12.5%表示"说不清"，见表3-11。从这些数据中我们可以发现，青少年对"罪犯"的态度相对比较客观，也正体现了"平等、公平、正义、公正、文明"等一系列的法律理念在青少年中已深入人心。

表3-11　对维护"罪犯"权利的态度　(%)

	在职青年	在校学生
很不赞成	4.4	1.6
不太赞成	4.2	3.3
说不清	16.5	12.5
比较赞成	31.9	29.6
非常赞成	43	53

3. 对情、权、钱与法关系的分析

第一，对情与法关系的分析。人情历来是中国人都具有的普遍的价值观念，它不仅是中国人生存和发展的特殊模式，而且是极其重要的待人处世之道。众所周知，传统中国是一个礼俗社会，个人与他人的社会交往主要是对一种规矩、情义和习惯的依赖，而不像西方法理社会那样对契约、对法律十分重视。中国人在家内注重血缘亲情的整合作用，在外则讲交情、重义气，而西方人却比较重视个人权利和法律平等。由于过分突现人情的制导而忽视法纪的调控，使中国形成了尚情不尚理、尚礼不尚法的伦理文化。在中国，人情与法律是一对矛盾体，人情讲求的是"人性化非法律性"，而法律则讲求的是"法律化非人情性"，在中国这个特殊的文化背景下，每个人都在不自觉地受到"人情文化"的影响，讲求法外有情，有时候甚至出现情比法重。因此，在对青少年关于"当代中国存在的人情大于法理现象"的感知进行调查时发现在职青年和在校学生分别有30.9%和32.5%认为"很严重"，33.5%和33.2%认为"比较严重"，认为"严重"的比例达到64.4%和65.7%，仅有8.5%和7.6%表示为"不太严重"以及2.2%和2.5%表示为"不严重"，见表3-12。进一步调查青少年对"在人情关系面前，有时依法办事确实很难"情况的认识，调查结果发现：在职青年和在校学生中，同样分别有69.9%和66.1%的人表示了“赞成”，仅有14.8%和13.9%的人表示“不赞成”，见表3-13。这两个选项的回答表现了高度的一致性，我们可以发现在职青年与在校学生对我国目前“人情大于法理”的现象严重度绝大多数人持肯定的态度。

表3-12　对“人情大于法理”现象的感知　(%)

	在职青年	在校学生
不严重	2.2	2.5
不太严重	8.5	7.6
说不清	24.8	24.3
比较严重	33.5	33.2
很严重	30.9	32.5

表3-13　对“在人情关系面前，有时依法办事确实很难”的认识　(%)

	在职青年	在校学生
很不赞成	6.5	5.6
不太赞成	8.3	8.3
说不清	15.3	20.1
比较赞成	44.2	39.7
非常赞成	25.7	26.4

课题组对此问题进一步展开了个案访谈，访谈对象对我国的“人情”问题也纷纷谈了自己的看法，大部分访谈对象表示出与我们问卷调查一致的结果。下面来看部分访谈对象的心声。

男，35岁，企业员工：人情大于法理的情况还是蛮多的。现在有不少人遇到法律纠纷，首先想到的是托人情、走捷径。一些执法者迫于人情压力，执法不严，甚至徇私枉法，其后果是为极少数人的利益践踏了法律公平和威严。

男，26岁，企业员工：当代中国社会人情大于法理的现象比较严重，讲人情并不错，关键是看人情是否符合法理，许多违法乱纪的事就是在人情左右下发生的，许多人由此走向了腐败。

女，26岁，人民教师：当代中国社会，人情味确实很重，找工作要托关系，拍马屁也要托关系。人情和法理应当法理在前，而后人情，决不能人情大于法理。

女，26岁，企业员工：在当代的中国社会，人情大于法理的现象是非常严重的，像去年那个酒后驾车事件，本来要判他死刑，结果又因为人情，才将他判为无期徒刑。

女，33岁，律师：中国的“人情大于法理”的现象还是挺严重，并且产生了很大的负面影响。中国是个人情社会，人情充斥社会各个层面和角落，维系着社会运转。只要有人的地方，就有人情存在和影响。每个人身边都有一个由亲情友情乡情等织成的网，轻易是摆脱不了的。只要是中国人，就不能不讲人情。讲人情并不错，关键是看人情是否符合法理，两者相背离时，是以人情为重，还是以法理为重。对此理论上易解决，但理论上解决不等于实践解决。现实生活中，在人情网的影响下，人情大于法理成为正常的事，许多违法乱纪的事就是在人情左右下发生的，许多人由此走向了腐败。分析中国腐败就不能离开国情，必须看到人情社会的负面影响。

女，27岁，在读博士生：人情大于法理的现象很严重，因为在社会中的所谓“情”就是在法律的基础上相互利用、相互依靠的一个过程。

女，20岁，在读学生：在当代中国社会中，人情大于法理的现象还是挺严重的，尤其是在落后、偏远的地区。

女，17岁，在读学生：当今的中国人情大于法理的现象太严重了，在我生活中也见过很多这样的现象。

上述青少年对情与法的关系纷纷提出了自己的看法，在此基础上我们对青少年对“打官司需托关系吗？”的态度展开了进一步的调查。在调查中发现在职青年有43.7%的人表示“需要”，而在校学生不到三成比例为28%，而选择“不需要”的比例在校学生有32.9%，在职青年为19.5%，见表3-14。在职青年和在校学生在对“打官司托关系”的事件上出现了分歧，较多的在职青年注重在打官司过程中“人情关系”的运用。

表3-14 对“打官司托关系”的态度 (%)

	在职青年	在校学生
需要	43.7	28
不需要	19.5	32.9
看情况而定	30.8	32.5
不知道	6.0	6.7

在本调查中大部分青少年对我国"人情大于法理"的现象表示不满,但是在面对具体的"打官司"事件时,有些人自己却希望能够通过"关系"来进行保障,这是一种非常矛盾的现象。据此,课题组在进一步访谈中发现,大部分青少年虽然反对"人情高于法理",但是在中国特殊的人情文化传统的影响下,也不得不入乡随俗,随大流。有部分人持了反对态度,觉得可用事实说话,托关系只是画蛇添足,也有部分人觉得依据具体情境再做决定。下面我们看看部分受访者是怎样理解"打官司托关系"这个问题的。

男,20岁,在读学生:我觉得需要,因为现在中国的法律还不算健全,人脉关系还是很重要的。虽然我并不支持,不过还是要现实一点。打官司托关系现在挺普遍的,要打赢官司就要找个好律师,这还是要托人找找关系才行。

女,22岁,在读学生:我觉得打官司是要托关系的,现在社会这都是约定俗成的。如果不去托人就不会有胜算,这是大家公认的。升学、住院治病、打官司都要托人,这样才会比较有把握。如果不去托人反而会觉得心里不踏实。这是社会的问题所在。大家都觉得只有托人才能好办事,认识人就可以帮着解决问题。

男,20岁,在读学生:需要。因为现在的法律不健全,法官也不怎么公正,所以现在的人打官司都走后门、托关系。

女,19岁,在读学生:就我个人而言,托关系是一种很可耻的手段,但就现在的社会来说,你不托关系不行,这是社会因素导致的,不是我个人能改变的。

女,28岁,企业员工:当今社会一定是需要托关系的,不托关系根本就赢不了的。要是人家不托关系当然我们也不要托关系,但是摆明了人家一定会托,我们难道就等输啊,再说现在的法官我们也是吃不准到底人品怎样的,托关系总让人放心些。

男,18岁,在读学生:我觉得需要。当下中国社会不正之风盛行,在利益的驱动下,有些人人为地织起了一张张关系网,人们相互利用,互惠共赢。一旦某件事涉及自己的利益了,他们就会尽可能地使用可用的关系,打官司也一样,我不托关系保不准对手也不托关系,既然决定要打官司那就得想法子让自己胜出,能托关系的地方就托。偌大的社会中,如果不想办法搞点关系,自己可能就是他人的鱼肉了。

男,35岁,企业员工:不需要。托关系这种行为只会往自己身上抹黑,如果说万一被人发现了,我托关系,那这场官司肯定是赢不了,只会让赢这场官司增加困难，因为对于这场官司已经造成不公平了。更何况如果你身正的话，根本不需要托关系，靠自己一样可以赢得官司。

男，20 岁，在读学生：我觉得打官司不要托关系。虽说律法不外乎人情，但犯罪是事实，比如说杀人偿命、贩毒是死刑，托不托关系都是死罪，木已成舟的事情托关系也没用。

女，26 岁，教师：打官司需不需要托关系，这其实和医生给病人开刀，家属要不要托关系是一样的问题。不托关系律师和法官一样会秉公执法，这是他们的职业赋予他们的义务和责任。现在的社会中确实存在很多类似的不正常迹象，需要社会关注和重视。

男，26 岁，企业员工：打官司要看和什么人打，对于那些难搞的，不讲理的人打官司还是需要托关系的，不然自己的合法利益就要被破坏了。

第二，对权与法关系的分析。公元前 221 年，秦始皇统一全国建立了中国历史上第一个统一的中央集权制封建帝国，中国开始翻开了漫长的两千年的封建社会的历史。在封建时代，皇帝是最高的立法者，同时，又可以根据“事有时宜”自由权断，不受法律约束。皇权支配着法律，法律是权力的附庸。因此，对权力的追求自然意味着可以支配一切。这种“权力至上”的导向使我国缺乏法治的传统，人治甚于法治，法在治理国家中的地位低微，基本上是权力支配法律。新中国成立以来，“实行依法治国，建设社会主义法治国家”成为国家基本方略和全社会共识。坚持依法办事，正确行使权力，是我国实现四个现代化建设的根本保证。正确理解权与法的关系，坚决贯彻党的“以法治国”的方针，为人民掌好权、用好权，是加强我国社会主义法治建设的一项艰巨任务。但目前我国社会现实中，却存在着有法不依、违法不究、以权压法、以权代法的现象，这种现象的存在也影响了人们对我国建设法治国家的信心。在对青少年关于“权力大于法律”现象进行判断的选项中，调查发现在职青年和在校学生对此现象的态度是非常一致的，在职青年和在校学生分别有 38.8%和 42.9%表示“权力大于法律”现象很严重，分别有 32.5%和 34.4%表示比较严重，认为“严重”的比例高达 71.3%和 77.3%，而认为不太严重的比例仅为 3%和 3.4%，不严重的更少至 2.2%和 1.2%，见表 3-15。由此可见，相比“人情大于法理”现象的评价，青少年对“权力大于法律”的现象持更为肯定的态度。同时问及“执法者违法”这个现象时，在接受调查的所有青少年中，有 36.9%选择很严重，32.9%选择比较严重，选严重的有 69.8%，而认为不严重的有7.7%，见表 3-16。

表 3－15　对“权力大于法律”现象的感知　（%）

	在职青年	在校学生	全体对象
不严重	2.2	1.2	1.7
不太严重	3.0	3.4	3.2
说不清	23.4	18.1	20.7
比较严重	32.5	34.4	33.5
很严重	38.8	42.9	40.9

表 3－16　对“执法者违法”现象的感知　（%）

	在职青年	在校学生	全体对象
不严重	3.1	1.8	2.4
不太严重	3.9	6.7	5.3
说不清	25.9	19.0	22.4
比较严重	37.8	28.1	32.9
很严重	29.3	44.4	36.9

进一步对“官员违法，在法律允许的范围内还是要给点方便”这道带有权大于法的人治特征的题目进行提问，在职青年和在校学生分别有 62.2%和67.9%表示不赞成，同时也有 21.9%和 17.2%表示赞成，见表 3－17。虽然大家对社会中存在的“权大于法”的现象深恶痛绝，但是在面对实际问题时，仍有 1/5 的人对此大开方便之门，这是个值得深思的问题。

表 3－17　对“官员违法，在法律允许的范围内还是要给点方便”的认识（%）

	在职青年	在校学生
很不赞成	35.9	49.5
不太赞成	26.3	18.4
说不清	15.8	14.9
比较赞成	13.2	9.6
非常赞成	8.7	7.6

有关青少年对“权力大于法律”现象的感知，除了上述调查数据的显示，我们可以进一步从部分访谈对象的语言中来看他们对此现象所流露出的真实情感。

女，24岁，企业员工：权大于法的现象比较普遍吧，现在有相当的一部分都是有权就等于有法律，再说了，贪官也是永远都抓不完的，不论是在当代的中国还是古代，我也认为在将来的很长一段时间都还会是这样的。

女，22岁，在读学生：当今社会存在着许多不公平的事，甚至象征着国家权力的一些国家机关也徇私枉法而做出一些不合乎道德和法律的事，会让很多人觉得国家机关是不值得信任的，造成了人民的信任危机。对于我国是否存在"权大于法"的现象我是非常赞同的，当官的一些领导利用自己的职务便利去谋取私利是非常普遍的事，有了权力会让他们的整个家庭受益。"权大于法"的情况产生将在一定程度上导致社会上不公平现象的发生，既不利于国家的发展，更不利于甚至损害政府在人们心中的形象，甚至会导致更为严重的社会问题。

男，35岁，企业员工：权大于法的现象很严重，一些贪官们往往仗着自己的权力徇私枉法，这样子对真正的受害者是不公平的。所以我认为我们要抵制这种不良风气。

男，26岁，企业员工：权大于法相当严重，有了权就为所欲为，不把法放在眼里，滥用权力，不但不为百姓服务，反而损坏百姓的权益，社会变得腐败黑暗。

女，22岁，企业员工：这种现象很严重，可能是封建时代的残留。现代社会很多官员领导，包括各省市主要领导，这些人有要求，底下人一定会满足，没有所谓的法律约束。咱们的法律是需要完善啊，不然这个很危险的。

男，18岁，在读学生：我觉得在当代中国社会中，人情大于法理和权大于法的现象都很严重。比如上回那杭州的富二代酒后飙车撞死人，判的也太轻了，如果不是网民的刨根问底，或许那富二代现在还不知道在哪里快活呢？还有上次某中国公民因为自动取款机故障多拿了十几万，开始时就被判无期，但是地方官员因贪污而被判的刑罚就轻得多，这很难让老百姓们接受。又比如前几次打黑活动中揭露的高官当黑势力的保护伞等，都体现了这种阴暗面。

女，17岁，在读学生：在当代中国社会中，人情大于法理的现象不是很严重吧，但是权大于法的现象可是很严重，这样的事例也比比皆是，就是因为这种现象很多人都不惜花重金去买官做，因为有了官就差不多有了钱，有了钱就可以收买很多人，就是这种情况了。

女，26岁，企业员工：权大于法的现象比情大于法的现象更加严重，就比如说，最近很红的一句话"我爸是李刚"，从中就可以看出来，权力绝对高于法律，要不是我们百姓对于他的谴责，他也肯定不会认识到他自己所犯的严重错误。

男,20岁,在读本科生:在当代中国社会中,人情大于法理的现象不是很严重,但权大于法的现象很严重。重庆打黑除恶的案例就很好地说明了这个问题,公安局的局长一手遮天,包庇犯罪团伙并参与犯罪,这就是权大于法的现象的有力证明。

男,25岁,企业员工:人情大于法理的现象并不是很严重。权大于法的现象就比较严重了,经常是官官相护。

第三,对钱与法关系的分析。权与钱犹如一对孪生兄妹存在着千丝万缕的关系,权力能为自己获得更多的金钱,同时金钱又能为自己带来更多的权力,两者互为因果,密不可分。在中国人情文化的影响下,人们讲求"找关系"、"走后门",这样就不可避免地出现以权谋私、权钱交易等不公平的现象。正如我们的一位访谈对象提到"当今的中国,人情大于法理的现象太严重了,在我生活中也见过很多这样的现象,人情大于法理,权大过法,好像有权就有了一切,权可以包庇,金钱也可以达到某种目的,很多人认为有权就等于有钱"。

上文对青少年关于目前中国"情大于法"和"权大于法"的现象的感知分析,青少年纷纷表达了不满。那么,与情和权紧密联系的金钱和法律的关系,他们对此又是什么态度呢?在问及"金钱腐蚀法律"现象的感知时,在职青年和在校学生分别有34.2%和52.8%表示很严重,34.2%和28.3%表示比较严重,25.4%和14.2%表示说不清,2.5%和1%表示不严重,都有3.7%认为不太严重,见表3-18。由此可见,青少年对"金钱腐蚀法律"的现象仍是给予了肯定,尤其是超过五成的在校学生认为此现象非常严重。

表3-18　对"金钱腐蚀法律"现象的感知　　(%)

	在职青年	在校学生
不严重	2.5	1
不太严重	3.7	3.7
说不清	25.4	14.2
比较严重	34.2	28.3
很严重	34.2	52.8

人们常说金钱不是万能的,但现实生活中确有许多人认为金钱万能,俗话说"有钱能使鬼推磨",有些人为了金钱可以不择手段,有些人也会利用金钱来实现自己的各种目的。大部分青少年认为我国存在着"金钱腐蚀法律"的现象,

那么在法律面前金钱是否可以为所欲为，甚至可以用金钱来摆脱法律纠纷呢？在问及“法律纠纷可以用钱来摆平”的选题时，在职青年和在校学生分别有38.5%和52.8%表示“很不赞成”，20.3%和15.3%表示“不太赞成”，持否定态度的分别占58.8%和68.1%，而持肯定态度的分别占19.5%和14.4%，见表3－19。由此可见，大部分青少年对法律的严肃性表示出认可与尊重，法律应是追求平等、公平、正义、公正，金钱不能轻易践踏法律。但同时我们也不能忽视仍有近20%的调查对象在对法律认识上有所偏差，甚至存在着“金钱至上”、“金钱万能”、“金钱可以买法”等不良的价值取向。

表3－19　对“法律纠纷可以用钱来摆平”的认识　(%)

	在职青年	在校学生	全体对象
很不赞成	38.5	52.8	45.8
不太赞成	20.3	15.3	17.7
说不清	21.7	17.6	19.6
比较赞成	9.9	7.1	8.8
非常赞成	9.6	7.3	8.5

4. 对契约精神的理解

契约精神是西方文明社会的主流精神，在民主法治的形成过程中有着极为重要的意义，一方面市民社会私人主体的契约精神促进了商品交易的发展，为法治创造了经济基础，同时也为市民社会提供了良好的秩序；另一方面根据私人契约精神，上升至公法领域在控制公权力、实现人权方面具有重要意义。契约精神对我国社会主义法治国家的构建和社会主义市场经济的良性运转都有着积极作用。在法治建设中，契约精神不仅是法治建设的重要内容，而且还是判断一个国家是否达致法治的重要标准之一。只有在个体恪守契约精神并以之为行为指导的前提下才有法治可言，契约精神应是法治建设的灵魂。契约精神与市场经济有着十分密切的内在关系，契约精神是近代资本主义时期随着市场经济的发展而逐渐成熟的，而契约精神的发展又进一步促进主体遵循市场经济运行要求的公平交易规则并注重诚实信用，从而进一步推动市场经济健康有序的发展。由于我国市场经济发展才刚刚起步不久，交易规则不健全，法治环境也不完善，并且我国长期受到传统的人情文化影响，因此作为法治建设灵魂的契约精神相对比较匮乏。

上海作为我国市场经济发展相对较为完善成熟的城市，青少年是否在潜移默化中形成了一定的契约精神？课题组对此展开了调查。在职青年和在校学生中分别有28.4%和28.7%对“亲戚、同学之间借钱、写借条就伤了情面”这道选题表示认同，对“涉及较大的经济利益时，亲戚也应该签合同”则分别高达66.4%和69.5%，对“与人签订合同以后，我一定会按照合同履行”也分别高达63.3%和72.5%，而同时也分别有48.7%和43.1%的人认为“现在社会中，违反合同的情况很多”，见表3-20。从调查结果的数据来看，大部分青少年具有一定的契约精神。

表3-20　对契约精神的理解　（%）

	在职青年	在校学生
亲戚、同学之间借钱，写借条就伤了情面	28.4	28.7
涉及较大的经济利益时，亲戚也应该签合同	66.4	69.5
现在社会中，违反合同的情况很多	48.7	43.1
与人签订合同以后，我一定会按照合同履行	63.3	72.5

由于传统中国是一个礼俗社会，个人与他人的社会交往主要是对一种规矩、情义和习惯的依赖，而不像西方法理社会那样对契约法律十分重视。中国传统的人情社会与市场经济社会有着本质的区别，主要表现为：① 在经济要求方面，市民社会以市场经济为主导，而人情社会以小农经济为依托；② 在价值理念方面，市场经济社会由民主、平等、自由等构成，而人情社会以礼俗宗法为底蕴；③ 在对政治的要求方面，是市场经济社会呼吁民主与法治，而人情社会却对人治情有独钟（苗连营，2005）。市场经济的核心精神便是契约精神，但由于受到人情社会的影响，中国人总觉得在与自己的亲戚朋友讲“契约”时很伤感情或者没有面子。因此在课题组的调查中还是发现共有28.6%的人觉得借钱写借条伤情面，而“欠条”正是契约书面化的重要形式。同时我们也发现68%的人赞同“涉及较大经济利益时，亲戚也该签合同”，从中还是可以看出来虽然人情文化对我们中国人影响深远，但是随着市场经济规范有序发展，人们也逐步开始接受亲戚朋友之间签订合同制定契约的行为方式。

契约精神首先有契约意识，但是契约实施更强调主体的诚信意识，要求契约订立者必须诚实守信，遵守契约，而不能擅自违背自己的诺言。诚信是契约精神的基础，也是市场经济的基础，没有诚信就不可能建立起统一规范、竞争有序的市场。在市场经济条件下，诚信已经成为每个人立足社会不可或缺的无形资本，恪守诚信也成为市场主体必须遵守的生存准则。在一个健康有序的市场里，所有的交易都以诚信为纽带联结起来。因此对此展开的进一步调查中，68.1%的青少年具有较高的诚信意识，表示“与人签订合同以后，一定会按照合同履行”。但是同时出现一个奇怪的现象，近五成的青少年认为“现在社会中，违反合同的情况很多”，由此可见我国目前存在着一些诚信缺失的现象，从而造成了人们的诚信危机。这种诚信危机与我国失信行为得不到严惩有直接关系，正是因为法律信用不足，背信弃约才屡屡发生。因此，法治建设不仅要依靠法律体系的建立和法律制度的完善，还需要提高人们的法律意识和增强人们的法治观念。契约精神作为法治观念的集中体现，应成为我们法治建设的观念基础。

（三）法律意志

法律意志是社会主体维护法律的尊严，勇于同违法犯罪行为作斗争的主观心理基础，它是社会主体的法律意志品质，表现为主体在任何情况下都不畏强暴、不畏胁迫的坚强的守法精神和护法品格（刘旺洪，2001）。关于法律意志，耶林指出：当权利被侵害时不管什么样的权利人都不得不直面如下问题，即必须斗争，抑或为逃避斗争而对权利见死不救？谁都不能够逃避这一决断。无论结果如何，这一结果毫无例外地伴随着牺牲。一种情形是权利成为和平的牺牲，另一种情况是和平成为权利的牺牲（鲁道夫·冯·耶林，1994）。法律对行为的强制性需要法律意志来应对，人的法律意志是动态可变的，它内含理性成分而不是纯非理性的，法律意志的强弱可以预测未来法律行为走向。法律意志是培养法律意识的重要内容，是检验法律情感和法律理念的实践标准。法律意志可以通过行为体现出来，因此课题组以青少年现实生活中可能发生的案例为内容设计了调查题目。

1. 与违法犯罪行为作斗争的勇气

法律意志是个体法律动机冲突中的张力，这种张力直接影响个体法律行为的选择意向。较强的法律意志会让个体在面对违法犯罪行为时勇于与此作斗争，反之则会对此袖手旁观。对此，笔者分别对与青少年自身关系密切的单位或学校发生不符社会规范行为时他们的态度以及与他们没有直接关系的路人与扒手搏斗事件的认识展开了调查。

（1）对单位或学校不符社会规范行为的态度。青少年大部分时间在学校里度过，当离开学校步入社会与之接轨的便是工作单位，单位和学校与青少年有着密切的联系，同时单位和学校跟学生又存在着密切的利益关系。笔者问及“如果您的工作单位（或学校）中有不符合社会规范的事情，您的态度是什么？”，在职青年和在校学生分别有56.3%和47.2%选择了“做好自己分内事，分外的事不管”，11.8%和7.8%会采取“保密”的方式，同时有28.7%和33.9%选择“建议单位（或学校）制止”，3.3%和11%会“对外发布信息，借助外部力量制止”，见表3-21。从中我们可以看出，五成左右的调查对象对单位或学校的违反规范行为采取“事不关己，高高挂起”明哲保身的态度，甚至还有一成左右的调查对象缺乏基本的法律知识，选择“保密”给予包庇。

表3-21　对单位或学校不符合社会规范行为的态度　（%）

	在职青年	在校学生	全体对象
“家丑不可外扬”，要保密	11.8	7.8	9.7
做好自己分内事，分外的事不管	56.3	47.2	51.6
建议单位（或学校）制止	28.7	33.9	31.4
对外发布信息，借助外部力量制止	3.3	11	7.3

（2）对陌生人与扒手搏斗时自身会采取的行动。假如说因为受中国传统人情文化影响，对单位与学校不符合社会规范行为进行揭露或斗争不符合中国人的人情规则，那么当遇到与自己没有任何人情关系的陌生人与扒手进行搏斗，青少年们又会做出什么反应呢？笔者对此设计了一题“在公交车上，有人抓住扒手，正与扒手搏斗，您会选择？”，在调查中发现在职青年和在校学生分别有70.1%和53.9%的人选择“打电话通知110”，9.4%和10.5%的人会参与“帮助抓扒手的人制服小偷”，8.3%和15%的人会“建议司机将车开到附近派出所”，仅有11.7%和19.1%的人表示“不管”，见表3-22。从这组数据中我们可以发现，青少年面对跟自己不相关的陌生人犯法的情境，倾向于采取相对较为理性的行动，有近六成的调查对象选择将此事件及时告知110，近一成的调查对象建议司机直接将车开到派出所附近，交由公安部门来处理此事，而直接参与搏斗和袖手旁观的人所占比例都约为1成左右。

表3-22　陌生人与扒手搏斗时自身会采取的行动　（%）

	在职青年	在校学生	全体对象
打电话通知110	70.1	53.9	62
不　　管	11.7	19.1	15.5
帮助抓扒手的人制服小偷	9.4	10.5	9.9
建议司机将车开到派出所附近	8.3	15	11.7
其　　他	0.4	1.5	1

从对上述两个事件的分析中我们可以发现,青少年们的法律意志较为薄弱,尤其是与自身关系较为密切的集体或个人出现不符合社会规范情况时缺少与之斗争的勇气,甚至还有部分青少年对此还给予了默认与支持。虽然在面对扒手被抓事件中表现出较为理性的行为,但是仍然不可忽视共有15.5%的人是袖手旁观,在校学生要比在职青年高出7.4%的比例。

2. 对违反法律或社会规范事件的态度

社会规范和法律都是制度的主要表现形式,即在本质上它们都属于规范,通过规则来协调人们之间的行为,实现一定的社会秩序和社会共识,并维护主流的价值观念。社会规范与法律的最主要区别体现在执行机制上。法律是由作为第三方的政府、法院或者专门的执行机构来执行的,如民法、刑法等。社会规范是社会中普遍认可和遵守的行为准则,它的执行机制是多元化的,我们称之为"多方执行"。因此法律往往具有强制性,你不遵守法律必然受到法律的制裁,而社会规则不具有强制力,但不代表不具有约束力,你一旦违反社会规范将受到社会的制裁。法律的有效性依赖于社会规范,因此个体对社会规范的遵守从某种角度来说是维护法律尊严的体现。

对青少年关于目前我国存在的一些违反法律或社会行为规范事件态度的调查可以看到,在职青年和在校学生分别有45.3%和58.5%有过闯红灯行为,有15.2%和12.5%存在随地吐痰现象,有15.3%和13.3%有过不爱护公物的行为。这告诉我们目前青少年中还是或多或少存在着不遵守法律或社会行为规范的现象,尤其是"闯红灯"这个选项中,高达五成的青少年曾经有过这个行为。我们认为这个调查数据相对比较保守,在实际生活中"闯红灯"的行为较为普遍,甚至不分男女性别、学历高低和年龄大小。2006年4月底上海市曾有一则报道:一名海归女硕士因闯红灯并当场与交警发生冲突,结果被行政拘留10天,因此该女硕士还丢了工作。这个事件是在上海市进行"知荣辱、讲文明、迎世博"不乱穿马路的倡议,相关执法部门进行严管"乱闯红灯"的行为背景下发生的,暂且不说该女硕士正好撞在枪口,但是当场交警对其闯红灯行为给予劝阻她并不知错的态度正是对交通法规的藐视。从表3-23中我们可以进一步看到,闯红灯的行为与个人学历的高低关系不大,甚至在调查中发现在校学生中大专及以上的学生闯红灯比例远远高于高中及以下学历。从总体调查对象来看,每个学历层次的青少年都有五成人群有闯红灯的经历,存在一定的普遍性。其他两种违反社会规范的事情,如随地吐痰和不爱护公物相对于闯红灯行为比例稍低,这两个社会规范被较多人所执行。

表 3-23　闯红灯行为与学历高低的交互分析　　　　(%)

	有过闯红灯行为比例		
	在职青年	在校学生	全　体
初中及以下	42.9	49.7	49.2
高中(或中专职校)	44.3	51.3	47.7
大　专	46	68.5	54.1
本科及以上	45.4	61.5	50

进一步问及青少年"假如看到他人有下列行为,你是否会制止?",针对闯红灯行为,在职青年和在校学生分别有78.5%和80.3%表示不会制止;针对随地吐痰现象,也分别有75.9%和76.1%表示不会制止;针对不爱护公物现象,则分别有61.6%和65.9%的人采取干预制止,见表3-24。从这组数据中可以看到青少年们在面对社会中违反社会规范的一些行为,大部分人处于无作为的状态。

表 3-24　是否制止过下列违反法律或社会行为规范的行为　　　　(%)

	在职青年		在校学生	
	是否会去制止此类行为			
	会	不会	会	不会
闯红灯	20.8	78.5	19.7	80.3
随地吐痰	24.1	75.9	23.9	76.1
不爱护公物	38.4	61.6	34.1	65.9

3. 对假钞处理的选择

法律意志常表现为行为控制力的强弱,面对各种诱惑,法律意志无疑是一道门槛。意志是人的主观能动性的最突出的表现,这也是人和动物在本质上相区别的特点之一,人类通过意志,通过内部的意识事实向外部动作的转化,达到认识世界、改造世界的目的。当个体自身面对外在各种利益诱惑或者人情羁绊的情境时,能够始终坚持做到守法,这正是法律意志所起的重要作用的充分体现。对此课题组问及"如果您收到一张50元的假钞,您会采取何种行为?"的题目时,在职青年和在校学生分别有23.2%和22.6%采取"想办法花掉",24.8%和27.9%选择"保存起来",18.9%和11.6%选择"撕毁",31.4%和34.3%选择"交给银行",见表3-25。制造假钞和使用假钞的人固然可恨,但是当自己收到假钞时选择继续使用还是停止使用，个人法律意志起着关键的作用。我国法律条文中明确规定对持有和使用伪造、变造的人民币而构成犯罪的，将会依法追究刑事责任；而对尚不构成犯罪的，由公安机关处以拘留和罚款。因此持有和使用伪钞本身就是违法的行为，在本课题组的调查中可以看到近五成的调查对象对这50元的假钞采取使用或者持有的处理方式。

表3-25　对假钞处理的方式　(%)

	在职青年	在校学生	全体对象
想办法花掉	23.2	22.6	22.9
保存起来	24.8	27.9	26.4
撕　毁	18.9	11.6	15.2
交给银行	31.4	34.3	32.9
其　他	1.7	3.7	2.7

针对假钞处理方式，课题组对访谈对象进行的访谈中发现，大部分青少年基于不让假钞出来再害别人心理或者以此作为经验教训来提醒自己，而将假钞在家保存起来；部分青少年内心想把假钞用掉，但又觉得这种行为不道德。这两种处理方式的基点都是从道德的角度出发，但却没有人认为持有和使用假钞是属于违法的行为。下面可以看看部分访谈对象对假钞处理的方式。

男，20岁，在校学生：如果我收到一张100元的假钞，我会选择放在家里保管起来，假钞能少一张是一张，不让它再出来害人。

男，18岁，在校学生：如果我收到一张100元的假钞，我只能自认倒霉了，回头会把那张假钞挂在家里，随时提醒自己以后办事不能马虎大意，也作谨防自己上当受骗的警钟。

男，24岁，在职青年：假如我收到了一张100元的假币，我会留在家里做纪念，我不会像一些人一样，想尽办法用出去。

女，23岁，在职青年：收到假币的情况我也遇见过一次呢，是被骗子骗了，不过我没闲工夫去警局，拿去用的话又觉得良心不安，只好自认倒霉，就自己收起来放着了。

女，28岁，在职青年：我收到过一张100元的假钞，我珍藏着。理由倒也简单。首先，己所不欲，勿施于人，我受到损失了，不悦，但是我不忍心让假钞再去坑害别人；其次，提醒自己以后小心，引以为戒。

女，21岁，在校学生：我会把它收起来，准确来说是珍藏起来。因为它就只有那么一点价值了。如果让我把它拿出去用的话，我真的没有那么大的胆子。被人家发现了的话，那就真的不只是挨一顿打的事了，说不定还要见警察呢！收到假钞后就已经很倒霉了，如果再见警察的话，就只能是更加的倒霉了。

男，20岁，在校学生：如果收到一张100元的假钞，如果是以前的话，我可能会选择想办法花掉它，因为不花掉太浪费了。但放到现在应该不会这么做了，毕竟大学生了嘛，道德觉悟也应该有所提高了，宁愿自己吃点小亏，也不愿意去做违背自己良心的事，那可会是一辈子的污点呢。更何况，现在验钞机那么厉害，拿去花肯定也要被验出来的，多尴尬啊！

男，23岁，在职青年：我收到假钞后，有时就扔在家里，有时就顺便拿到银行里去上交。当然，下次收钱的时候，我肯定会看仔细的，以防再收到假钞。

男，28岁，在职青年：如果我收到一张100元的假钞，我会把它交到银行去，不能使用这种假钞，让假钞再害人了。

男，32岁，在职青年：如果我收到一张100元的假钞，我想我还是会用掉的，那毕竟是100元，无缘无故少了100元我还是很心疼的。

女，25岁，在职青年：如果买东西收到100元假钞，我的第一反应是回过头去找他，如果那个人觉得被发现了，向我道歉，并收回那100元，我也不是不讲理的人，我会给他台阶下，就当作什么事情都没发生。如果那个人翻脸不认账，我就会毫不犹豫地打110，让警方处理这件事。

（四）法律评价

所谓法律评价是指社会主体基于自己的法律知识、法律情感、法律理念和法律意志对法律以及一个国家的法律制度是否能够有效保障社会主体的正当合理的权利，是否能实现社会正义，是否能有效维护社会秩序，以及是否有利于社会生产力的发展和社会文明的进步所作的主观判断（刘旺洪，2001）。法律评价在社会法律意识体系中也占有十分重要的地位和意义，它直接关系到人们对法律和国家法律制度的主观心理态度，决定了社会主体对法律以及国家法律制度是否认同，决定了社会主体特别是统治者对社会调整和控制方式和手段的选择，决定了社会主体对法律是否尊重，以及社会主体是否愿意以法律作为自己的行为准则、自觉守法用法，决定了国家法律是否具有社会心理支持或心理阻力，从而决定了法律的实际运作效果等。

由于法律评价不仅凝聚和表现着主体对法律现象的认知和感受，而且可以透视出其价值取向和理性认识的程度，所以它不仅是了解人们法律意识和法律素质的重要方面，而且客观中肯的法律评价往往会有力地促进法律的改革和社会的进步。法律评价的标准与个体的法律理想有着密切的关系，而法律理想与的个体的法律价值观有关。我们可以从法律评价的标准中看到个体对法律的理想和法律价值观。上海师范大学孙育玮教授等所做的“都市法治文化与市民法律素质研究”的课题中，对上海市市民的法律素质展开调查，调查显示：69.2%的上海市民对我国目前的法律感到比较满意和非常满意，其中非常满意的占6.1%。上海市民评判法律满意的标准依次为：法律是否反映了人民群众的要求(56.5%)、法律的完备程度(10.3%)、法律是否具体和可操作(9.6%)、法律是否适应新的形势(6.4%)、法律稳定性程度(5.4%)和法律之间无矛盾(4.1%)(孙育玮等，2007)。从这组数据中可以看出，上海市民对目前中国的法律制度给予了肯定的评价。上海市青少年是市民的重要组成部分，上海市民对我国目前法律的满意度在一定程度上也包含了青少年的评价。在此基础上，本课题组对青少年开展了深入的访谈，在问及“您觉得法律应该成为解决社会冲突的首要渠道吗?”的这道题目中，共有73位访谈对象对此作了回答，其中63%的人回答是肯定的，27.4%回答为否定，9.6%认为要看具体情况而定。从访谈对象回答的这组数据中，可见大部分青少年对法律在解决社会冲突方面的功效给予了较高的评价。下面来看看部分访谈对象对此问题的具体回答。

1. 对法律的功能持积极肯定评价

女，22岁，在校学生：我觉得法律对于现实生活是很重要的，所有人都想在一个法治的、和谐的社会中生活。法律必须成为解决现实生活中的问题的首要途径。这样才可以使大家的生活工作学习步入正轨，才能够创造出更多的社会财富，国家更好地发展。法律在解决社会问题上要发挥首要的作用。

女，26岁，在职青年：我觉得法律是解决社会冲突的首要渠道，因为法律面前人人平等，最公平公正，无论是什么样的人为了什么样的事而产生冲突，法律是最好的解决依据和解决方法，冲突双方也都得到公正的结果。

女，23岁，在职青年：既然身边存在着有利且方便我们的较为公正的法律，那么我们就应该有理由充分相信法律，所以作为首要渠道无可厚非。

男，26岁，在职青年：法律对于人们都是平等的，所以法律应该成为解决社会冲突的首要渠道，因为每个人都是受法律保护的，对于有伤害到自己利益的事情，我们就应该拿起法律武器来保护自己。

女，20岁，在校学生：法律应该成为社会冲突的首要渠道。每个人想干什么就干什么那还得了。社会必须有法律来约束人们的行为，社会必须有一套准则，社会才能正常运行下去。

女，17岁，在校学生：我觉得法律应该成为解决社会冲突的首要渠道，这样就不会有用权力压倒正义了，就讨厌用金钱权力去压倒好人。

男，32岁，在职青年：我认为法律应当可以成为解决社会冲突的主要渠道之一。人生下来就有自私心，那是从古至今都没有变过的。人可以通过后天的教育来优化自己，但又有谁能够真正地接受教育呢？那是因为他们受到外在的压力。法律，能够更好地提供这种压力，能规范人们的行为，从根本上解决社会的矛盾。

男，28岁，在职青年：我觉得法律应该成为解决社会冲突的首要渠道，法律是约束公民的一种手段，它公平公正，保护公民的利益，可以帮助解决社会冲突，应该成为首要渠道。

女，19岁，在校学生：关于法律是不是我们采取的首要渠道的话，我觉得法律应该成为解决社会冲突的首要渠道，如果我们不靠法律的渠道来解决的话，那这个社会不就没有了方圆，法律就像是做游戏定的游戏规则一样的，我们是要遵守的，没有了法律我们就不知道如何来判断谁错谁对了。

男，21岁，在校学生：法律应该是一个社会的标准，它当然应该是解决社会冲突的首要途径。因为一个社会要安定地发展下去，就要有一个公正合理的制度、规则体系来维持，而法律就是这样的一项体系。

2. 对法律功能持中立性评价

男，25岁，在职青年：这个要看情况的。现在社会的一些冲突，法律并不能很好地解决，可能只会引发更大的矛盾。我觉得要根据情况，选择最佳解决办法。

女，20岁，在校学生：不一定的。法律更是为了规范我们每一个社会成员的，法律的神圣不可亵渎，并不是为了解决社会的冲突而存在。

男，35岁，在职青年：不是首要途径，但是非常好的途径。当我们遇到一些冲突的事情时，我们先选择和解，但是往往有些人会用暴力和不讲道理的手段，这个时候，法律是解决这些冲突的最好途径，所以说法律不是首要途径，但是非常好的途径。

3. 对法律功能持消极否定性评价

女，20岁，在校学生：不应该，社会矛盾单靠法律强制性是无法解决的，最重要的是道德教育,这才是消除矛盾的根源。

男,19岁,在校学生:我觉得法律并不是我们解决冲突的首要渠道,因为这只是一个治标不治本的方法,我们所需要的是每个人的道德素养的提高,道德修养是引发冲突最根本的原因,所以只要提高了每个人的道德约束力,社会的冲突问题也就迎刃而解了。

女,27岁,在职青年:我认为法律不应该成为解决社会冲突的首要途径,因为以法律途径解决问题是十分伤感情的,特别是在家庭纠纷中,有可能会因为打官司而使亲情沦丧,因此我认为在这些问题上应该尽量的大事化小,小事化了,能不打官司就尽量不要去打官司,这样才能让社会更加和谐。

女,19岁,在校学生:不是,法理之外还该有人情,如果单纯的以法律途径来解决社会冲突会将人与人之间的情感切断,有些事虽然合法但不一定合理,这样也会影响人与人之间的情感,搞不好使人与人之间的矛盾激化得更严重。

女,27岁,在职青年:我认为法律不应该成为解决社会冲突的首要渠道,谈到法律的话就上升到了一个高度了,法律的话就意味着要负法律的责任,而有些社会冲突是很小的事情没有必要提高到这样的一个高度,解决社会冲突的首要条件应该是调解。

男,20岁,在读学生:我不觉得法律应该成为解决社会冲突的首要渠道。公道自在人心,每个人心中都会有一杆秤,有自己的价值标准来明辨是非曲直,这种主流社会的价值观会影响着社会的价值取向,这种约定俗成的价值取向会左右人们的态度。法律是强制性手段,而不是首选途径。

女,17岁,在校学生:我觉得不是,法律仅仅是规范人们的行为和惩治一些犯罪分子,社会冲突很多,要解决这样的问题还得以理服人,要通过沟通和协商才能真正解决,而法律并不能做到这些。

(五)法律信仰

信仰是人类永恒的本质,是人类的情感寄托,是人类最高的意识形态,是人们行为的强大动力和力量源泉。法律信仰是人们对法律毫无怀疑的绝对的信服与崇拜,并以此作为行为的最高准则,是在社会主体对社会生活、社会秩序公平正义的理想追求和情感体验基础上,油然而生的一种心悦诚服的认同感和依归感,表明社会主体对社会法律现象的神圣感情及愿意为法而献身的崇高境界(谢晖,1997)。卢梭曾说过:一切法律之中最重要的法律既不是铭刻在大理石上,也不是铭刻在铜表上,而是铭刻在公民的内心里。它形成了国家的真正的宪法,它每天都在获得新的力量,当其他法律衰老或消亡的时候,它可以复活那些法律或代替那些法律，它可以保持一个民族的精神（卢梭，1980）。

关于法律信仰，谢晖进一步提出有三个方面的内涵：首先，是一种主体对法律的心理状态；其次，是社会主体对法律的行为拜从；再次，是主体与法律之间的关系范畴。法律信仰的主体与对象之间应是一个双向作用的过程。一方面，只有法律能导致主体的强烈信服感，才会产生法律信仰的主观机制，如果法律不能引起主体的心理信服，便不可能有法律信仰；另一方面，只有主体能用心体验法律价值，感受法律的作用，才会使法律成为信仰对象，如果主体目中无法，也便不会形成法律信仰（谢晖，1997）。刘旺洪进一步指出法律信仰具有下列价值底蕴：① 法律信仰是人的信仰体系的有机构成部分，归根到底源于对人和社会生活的终极价值和目标的追求；② 法律信仰是对一定社会应有秩序的信仰，同时也包含着对人类能够运用长期经验和理性发展的法律工具系统有效实现这种应有秩序的坚信，而不是对具体法律规范的信仰；③ 法律信仰同时意味着对现实的法律制度能够获得重生的信仰；④ 法律信仰还体现为人类对合乎正义、理性和秩序要求的法律规范体系的心理认同和自愿服从（刘旺洪，2001）。人的法律信仰的形成与固化，是人们信奉法律、依赖法律规范、追崇法治，对法律产生了神圣的、不可侵犯的、至高无上的权威观念的结果。伯尔曼曾说过法律必须被信仰，否则它将形同虚设，它不仅包含理性和意志，而且还包含了他的情感，他的直觉和献身，以及他的信仰（哈罗德 · J. 伯尔曼，1991），这成了所有崇尚法治的人们确信的一条真理性原则。

就社会而言，人们对法律的信仰生成相当重要，它是一个国家法治化的关键性要素。就个人而言，人们出于对法律的信仰，将会坚信法律能够有效地保护他们的正当的、合理合法的权益，获得现实的安全和心灵的平静；通过法律，能得到人生的幸福，体验到人的价值、尊严乃至生命的意义；有对法律真诚的信仰，就会坚信可以依靠法的力量去实现人的价值，坚信法能够有效地实现社会正义和社会安宁。由于我国目前社会上存在一些司法腐败及政治腐败的丑恶现象，在一些枉法的执法者那里，不是把人民赋予的权力当作责任，而是变成他们发家致富、寻欢作乐的“护身符”。加之有请客送礼的不良社会风气等，一定程度上权力的大小、职位的高低成为财富多寡的象征，导致部分青少年对法律产生不信任感，对法治缺乏信心，也进一步影响了人们法律信仰的构建。因此，要对青少年法律信仰进行调查，我们将从他们对我国建立法治国家的信心度展开调查分析。

党的十五大把依法治国、建设社会主义法治国家，确定为党领导人民治理国家的基本方略。作为国家发展的中坚力量的青少年对我国建立法治国家的信心程度将影响我国法治建设的顺利进行。当问及“对我国建立法治国家的信心”一题时，在职青年和在校学生中分别有15.8%和21%表示“很有信心”，49%和52.2%表示“比较有信心”，共有64.8%和73.2%对此表示出肯定的态度；同时又分别有31.3%的在职青年和21%的在校学生认为“不太有信心”，仅少数3.9%和5.8%认为“没有信心”，持否定态度的比例分别为35.2%和26.8%，见表3-26。从这组数据我们可以看到持肯定态度的人数是持否定态度人数的2倍之多，大部分的青少年对我国的法治建设还是充满希望。

表3-26　对我国建立法治国家的信心　（%）

	在职青年	在校学生
很有信心	15.8	21.0
比较有信心	49.0	52.2
不太有信心	31.3	21.0
没有信心	3.9	5.8

为了进一步来说明，我们再听听青少年是怎样深入评价我国建立法治国家的。课题组的深度访谈表明，不同青少年对我国建设法治国家的信心存在差异：

女，22岁，在校学生：我国的法制建设在建国之后发生了巨大的改变，许多方面的法律也在慢慢健全和发展。人民对法律的了解也越来越多，法治的观念也越来越强。所以我对实现国家的法制化是有信心的。大家对法律也比较的重视，遇到问题的时候也会想到运用法律的手段去解决，国家也正在朝着法治社会一步步的发展。

女，26岁，在职青年：我对我国实现法治国家是很有信心的，只要我们做到有法可依，执法必严，违法必究，坚持依法治国，依法行政，我们就一定能建设成为法治国家。我国实现法治国家要全国人民共同努力啊，作一个守法的好公民。

男，20岁，在读学生：我对我们国家实现法治国家还是很有信心的。因为我国现在处于社会主义初级阶段，一切事业还都刚刚起步，相对不完善。物质基础决定上层建筑，当我们填饱了肚子以后，就开始思索我们的精神文明建设，法制与德治是相结合的，我们也在致力于依法治国这一方面的努力，我很有信心。

男，26岁，在职青年：我国实现法治我当然有信心。虽然我国的法律还有不少漏洞和空白，但随着法律的修改和制定，正在得到逐步完善。

女，17岁，在校学生：我觉得每一位公民都应该对我国实现法治国家充满信心,如果一个公民对自己的国家都没有信心,那么他的生活将难以想象,我们是一个大家庭,我们每一个公民应该团结起来,凝聚成一股力量,这样我们国家才会更壮大,才能建立法治国家。

男,32 岁,在职青年:我对国家实现法治国家很有信心。现在的中国的政府,已经有了很强大的执法部门,使人知道不能犯错,同时加强道德教育,使人知道对错,双管齐下的效果是十分显著的。但前提是要杜绝不合法的执法行为。

女,23 岁,在校学生:我对我们实现法治国家抱有很大的希望,因为现代的中国在不断完善,以人为本,把广大人民的根本利益放在首位,加之中国现在国际地位不断提高,人民的生活水平不断提高,在不久的将来一定会实现法治国家的,只是时间的长短而已。

男,19 岁,在校学生:对我国实现法治国家我很有信心,因为我国现在法律制度正在一步步完善,个人权利的维护也有了很大的提高,所以我坚信我国会在不久的将来实现法治国家这一目标的。

男,28 岁,在职青年:我对我国实现法治国家还是蛮有信心的,我国的法治正在健全中,法治是和谐社会的必备要素。法治,无论是作为治国方式,还是作为依法办事的原则,最终都要表现为一种秩序。达到某种秩序,既是法治的目标和结果,也是检验是否践行法治的一个重要指标。法治是维持社会秩序的重要手段,良好的秩序是和谐社会的基本标志,法律的功能和使命就是通过有效地解决纠纷、防止纠纷来形成和维持秩序。只有实现法治我们的社会才能更加和谐美满。

男,25 岁,在职青年:我觉得实现法治国家是没有问题的,只是需要时间,我们必须给政府足够的时间来完成这个目标。

女,23 岁,在职青年:实现法治国家的理想与初衷很好,但是实际执行有难度,挑战也是相当的大,说有信心,同样也很担心。

男,21 岁,在读学生:会很坎坷曲折吧。就现状来看,我们有期待也有疑惑,好多不公正的断案让我们不坚定了,但还希望法制社会更健全,这样才能保证一个安定、团结、稳定的社会秩序,我们能安稳的生活。

女,20 岁,在校学生:对我国实现法治国家我仍心存忧虑,结合我国的国情,社会形势,区域文化以及发展情况,中国在实现法治国家的同时,凸现出来的社会问题很多,虽然我国当前的发展情况很乐观,法律的制定应该多吸纳和接受人民的意见,这样的法律才是稳固的,只有民固,才能国稳啊!

女,19 岁,在校学生:我对中国建设法治国家没信心,一点信心都没有,我对这方面是很悲观的。我觉得吧,中国目前权大于法的现象还是太多了。当官的先要把自己的行为管管好呀。自己都没管好，怎么有资格管人家呀。你看看那些当官的，自己都要犯法的，比如受贿，别说还要去管其他人了。所以说，是当官的自己先管好自己，然后再来管我们。

第三节　上海青少年法律能力现状

青少年的法律能力是青少年在长期的法律知识学习和法律生活实践中逐步形成的，并且将随着法律知识的增长和法律实践经验的丰富而不断提高。当遇到涉法问题时，选择什么样的方式解决，最能看出青少年是否真正信仰法律和是否有能力运用法律。法律能力是体现青少年法律素质的一个重要标志，主要包括法律判断能力和法律运用能力。法律判断能力部分，本文主要以一系列容易引起异议的违法犯罪现象为对象，考察青少年的识别能力与判断逻辑；法律运用能力则重点分析青少年守法能力和维权能力。

一、上海青少年的法律判断能力

（一）对考试作弊行为的判断

考试作弊行为主要指在监考者通过书面、口头提问或实际操作等方式考查参试者所掌握的知识和技能时，参试者通过不正当途径参试、考核过程中在考核不允许的范围内寻求或者试图寻求答案，与公平、公正原则相悖的行为。我国教育部颁布的《国家教育考试违规处理办法》中对考试作弊行为做了处罚的规定。考试作弊行为虽然构不成法律问题，但是却违背了个人的诚信精神和考试的公平公正性，因此将受到相关部门的惩罚，如不得参加考试，记过甚至开除学籍等。虽然考试作弊在各个学校中都有很严厉的惩罚措施，但是每个学期考试总会或多或少出现学生考试作弊情况，甚至现在考试作弊的手段也越来越高科技化，让人防不胜防。针对目前存在的学生考试作弊现象，调查组询问青少年们对此的态度。调查结果中，在职青年和在校学生中分别有 62.3％和 59％对学生考试作弊行为表示不能接受，其中表示完全不能接受的比例分别有 18.5％和 25％，表示不太能接受的比例分别有 43.8％和 34％；表示比较能够接受分别有 25.4％和 27.6％，完全能够接受的也分别有 12.3％和 13.4％，见表 3－27。从这组数据中可以看到青少年对学生考试作弊现象的判断立场是不够坚定的，虽然有六成的调查对象对此现象表示出否定的态度，但是其中却仅有 20％左右的调查对象对此表示出斩钉截铁的否定判断，还有超过 10％的人对此给予了支持。

表 3-27 对"学生考试作弊"现象的判断 (%)

	在职青年	在校学生	全体对象
完全不能接受	15.8	25	21.8
不太能接受	43.8	34	38.8
比较能够接受	25.4	27.6	26.5
完全能够接受	12.3	13.4	12.9

（二）对大学毕业生不按期偿还助学贷款现象的判断

国家助学贷款是党中央、国务院在社会主义市场经济条件下，利用金融手段完善我国普通高校资助政策体系，加大对普通高校贫困家庭学生资助力度所采取的一项重大措施。国家助学贷款是由政府主导、财政贴息、财政和高校共同给予银行一定风险补偿金，银行、教育行政部门与高校共同操作的专门帮助高校贫困家庭学生的银行贷款。借款学生不需要办理贷款担保或抵押，但需要承诺按期还款，并承担相关法律责任。借款学生通过学校向银行申请贷款，用于弥补在校学习期间学费、住宿费和生活费的不足，毕业后分期偿还。我国的国家助学贷款政策有效地解决了贫困大学生"上不起学"的问题，发挥了重要积极的作用，但是却也衍生出了另一个问题，即大学毕业生在毕业后不按期偿还助学贷款。大学毕业生不按期偿还助学贷款不仅给银行带来了重大的损失，甚至出现了银行不愿意给贫困大学生进行助学贷款的情况，同时也引发人们对大学生诚信精神和感恩之心的讨论。针对贫困大学生的国家助学贷款应是政府、银行、贫困大学生三方形成的契约关系，三方分别承担着自己的权利与义务，最终受益者为贫困大学生。政府在履行着保障公民受教育的义务，银行承担着履行社会责任的义务，贫困大学生在校期间已经享受了正常的教育权利毕业离校后理应承担准时偿还助学贷款的义务，但是部分大学毕业生却只享受了权利却不履行义务，已经违背了契约精神，需要承担相关的法律责任。针对此现象，在职青年和在校学生分别有 74.6%和 71.4%对"大学毕业生不按期偿还助学贷款"表示不能接受，其中表示完全不能接受的分别有 30.8%和 23.7%，不太能够接受的分别有 43.8%和 47.6%；表示比较能够接受的有 18%和 21.8%，完全能够接受的仅有 7.4%和 6.8%，见表 3-28。由此可见，大部分青少年们对大学生毕业不按期偿还助学贷款这类有悖于诚信的社会事件给予了否定，但同样也存在着立场不够坚定的情况，仅有近三成的调查对象对此表示出斩钉截铁的否定判断。

表 3-28 对"大学毕业生不按期偿还助学贷款"现象的判断 (%)

	在职青年	在校学生	全体对象
完全不能接受	30.8	23.7	27.2
不太能接受	43.8	47.7	45.8
比较能够接受	18	21.8	20
完全能够接受	7.4	6.8	7.1

（三）对使用盗版软件现象的判断

对于使用盗版软件是否构成了侵权的问题，有学者认为只要以营利为目的，使用未经授权的软件就应视为侵权，也有学者提出不论是否以营利为目的，未经所有人同意的复制，使用侵权软件一律视为侵权。不管何种观点，国务院于2001年12月20日发布了《计算机软件保护条例》(国务院令339号)，该条例将计算机盗版软件的侵权行为主体的界限从制造者、销售者、出租者延伸到最终用户。根据《计算机软件保护条例》第30条规定："软件的复制品持有人不知道也没有合理理由应当知道该软件是侵权复制品的，不承担赔偿责任但是应当停止使用、销毁该侵权复制品。如果停止使用并销毁该侵权复制品将给复制品使用人造成重大损失的，复制品使用人可以在向软件著作权人支付合理使用费用后继续使用"。由此可见使用盗版软件是一种侵权的违法行为，不管是用于何种目的，都应当制止。针对"使用盗版软件"这个现象，在职青年和在校学生分别有75.5%和64.5%对使用盗版软件表示能够接受，其中完全能够接受的分别有26.9%和24.6%，比较能够接受的分别有48.6%和39.5%；而表示不能够接受的比例分别为24.5%和35.5%，见表3-29。这组数据与对"学生考试作弊"和"大学毕业生不按期偿还助学贷款"两个现象的判断完全相反，调查对象中高达69.9%对此表示能够接受。这个问题与大部分中国人缺少版权观念和爱贪小便宜的心理密切相关。当大部分人都有这种行为，就算是有明确的法

表 3-29 对"使用盗版软件"现象的判断 (%)

	在职青年	在校学生	全体对象
完全不能接受	5.7	15	10.5
不太能接受	18.8	20.5	19.7
比较能够接受	48.6	39.9	44.2
完全能够接受	26.9	24.6	25.7

律规定，往往也会形成法不责众的社会心态，这样人们不仅不会对此行为给予制止甚至还会以身试法。

（四）对工薪阶层奖金不报税现象的判断

《中华人民共和国个人所得税法》（2007年12月29日第五次修正）中规定个人所得应纳个人所得税，包括：① 工资、薪金所得；② 个体工商户的生产、经营所得；③ 对企事业单位的承包经营、承租经营所得；④ 劳务报酬所得；⑤ 稿酬所得；⑥ 特许权使用费所得；⑦ 利息、股息、红利所得；⑧ 财产租赁所得；⑨ 财产转让所得；⑩ 偶然所得；⑪ 经国务院财政部门确定征税的其他所得。其中工资、薪金所得主要包括是指个人因任职或受雇而取得的工资、薪金、奖金、年终加薪、劳动分红、津贴、补贴以及与任职或受雇有关的其他所得。因此个人在任职或受雇期间所获得各类奖金应该属于个人所得的一部分，按照《个人所得税法》理应缴纳个人所得税。目前工薪阶层中部分人为了少缴纳个人所得税而故意隐瞒奖金收入或者受雇单位以其他的方式发放奖金以避免缴税，针对此现象，笔者问及青少年“对工薪阶层奖金不报税”的态度时，在职青年和在校学生分别有24.3%和13.1%表示完全能够接受，39.9%和28.8%表示比较能够接受，表示赞同态度的比例分别有64.2%和41.9%，在职青年比在校学生高出22.3%；而表示不太能接受的比例分别为26%和37.2%，完全不能接受的比例分别为9.8%和20.9%，表示不赞同态度中，在校学生在两个层次的选项中比在职青年分别高10%左右，见表3-30。此题中，在职青年和在校学生的判断有较大的区别，进一步探究其原因，我们认为在职青年对“奖金”纳税更为感同身受，这与他们的个人利益息息相关，因此在涉及奖金扣税将大大减少自己个人所得时，更多人会选择不报税的方式。而在校学生由于未参加工作，个人经济生活依赖于家庭，所以对个人收入的多少并没有什么概念，所以更多的人愿意严格按照法律规定执行奖金报税。由此可见，个人在面对法律问题时，作出选择时会有利己的倾向。

表3-30　对“工薪阶层奖金不报税”现象的判断　（%）

	在职青年	在校学生
完全不能接受	9.8	20.9
不太能接受	26	37.2
比较能够接受	39.9	28.8
完全能够接受	24.3	13.1

（五）对厂家商家偷税漏税现象的判断

税法是一种由国家制定的社会规范，是调整人们经济利益和收入分配的重要杠杆。它使人与人之间和企业、个人与国家之间的分配关系规范化、制度化、法律化，规定了纳税人在税收征纳中的权利和义务（李伟刚等，2003）。作为企业，既有按照税法规定向国家纳税的义务，也有根据税法保护自己利益的权利。但是偷税、逃税则是违法行为，要受到打击和严惩。偷逃税是纳税人伪造、变更、隐藏、擅自销毁会计账簿、记账凭证，或者在账簿上多列支出或者不列、少列收入，或者经税务机关通知申报而不报或者进行虚假的纳税申报，不缴或少缴应纳税款的。纳税人欠缴应纳税款，采取转移或者隐藏财产的手段，妨碍税务机关追缴欠款的行为就属于逃税（陈英，1998）。针对厂家商家偷税漏税的现象，在职青年和在校学生分别有48%和58%表示完全不能接受，35.4%和26.5%表示不太能接受，表示出赞同的比例分别为83.4%和84.6%，见表3-31。由此可见，绝大多数青少年们对偷税漏税的行为有正确的判断，并且在职青年和在校学生对此态度较为一致。

表3-31　对"厂家商家偷税漏税"现象的判断　（%）

	在职青年	在校学生
完全不能接受	48	58
不太能接受	35.4	26.6
比较能够接受	9.2	8.8
完全能够接受	7.4	9

（六）对官员受贿现象的判断

官员受贿等腐败现象是困扰中国现代化进程的一个突出问题，有效控制受贿等职务犯罪，建设公正、廉洁、高效的政府，是当今政治家和法学家面临的艰巨使命，也是司法工作者肩负的重大任务。我国《刑法》第385条规定："国家工作人员利用职务上的便利，索取他人财物的，或者非法收受他人财物，为他人谋取利益的，是受贿罪。国家工作人员在经济往来中，违反国家规定，收受各种名义的回扣、手续费，归个人所有的，以受贿论处。"受贿罪属于犯罪行为，按照我国《刑法》第383条，犯受贿罪的根据受贿数额和受贿情节将予以承担刑事责任。青少年们面对"官员受贿"这个问题时，在职青年和在校学生分别有69.9%和68.1%认为完全不能接受，近七成的人对此给予了完全否定的判断；17.6%和18.8%表示不太能接受，分别共计87.5%和86.9%对此问题给予了否定，见

表3－32。从中可以看出，大部分青少年们对“官员受贿”这个问题有较为正确的认识。

表3－32　对“官员受贿”现象的判断　（%）

	在职青年	在校学生
完全不能接受	69.9	68.1
不太能接受	17.6	18.8
比较能够接受	5.1	6.8
完全能够接受	7.4	6.3

综上所述，青少年在法律判断能力总体良好，大部分青少年能够较好地区分出违法犯罪的行为，在面对与自身利益息息相关的法律问题时，表现出利己的倾向。

二、青少年的法律运用能力

青少年法律运用能力主要是指青少年在遵守法律的前提下，运用法律来维护自身的合法权益，因此主要包括守法能力、维权意识两个方面。

（一）守法能力

守法能力是法律实现的社会基础，法律只有在被普遍遵守的前提下，才可能对少数违法者予以有效的制裁。大部分青少年均认同遵纪守法的重要性，但是我们也不得不正视日趋严峻的青少年违法犯罪的问题。根据最高人民法院有关部门提供的数据显示，2000年到2005年7月，我国的未成年人犯罪呈明显的上升趋势，从2000年到2004年，全国各级人民法院判决生效的未成年人犯罪人数平均每年上升14.18%，2005年比上年同期上升了23.96%。青少年犯罪总数已占全国刑事犯罪总数的70%以上，其中十五六岁的少年犯罪案件又占到了青少年犯罪案件总数的70%以上(王利霞，2006)。由此可见青少年们虽然主观认识到遵纪守法的重要性，但是在实际行为中表现出守法能力较低的特征。青少年违法犯罪率增加与青少年自身生理心理发展的不成熟有着密切的联系，主要表现为自己的合法权益受到侵害时不能采取合法的方式去解决，而是采用极端的违法行为；或者出于好奇心，以身试法；或者因人格发展的缺陷，而在情急之下失去理性而犯罪；或者因缺失基本的人性道德，对人生命的藐视而犯下大罪。如浙江大学农学系毕业生周××由于“乙肝小三阳”而未能通过体检，不能录取为公务员后持刀杀死一名负责招录工作的经办人惨案；2002年清华大学刘××先后用火碱、硫酸泼熊导致五只熊烧伤，致使其中一头黑熊双目失明；2004 年震惊全国的马××残杀 4 名同宿舍同学的惨案；2010 年药××驾车撞人后又将伤者刺了八刀致其死亡的惨案。从近几年青少年违法犯罪率日益增高的数据及发生的一系列大学生违法犯罪的惨案，青少年的守法能力有待进一步加强。

同时有学者（颜素珍，刘桂占，2007）指出，大学生在道德和法律边缘地带守法能力较差。在本课题组对青少年的调查中也发现同样的问题。如在对青少年关于是否有过"闯红灯"行为时，在职青年和在校学生分别有 45.3%和58.5%有闯红灯行为，闯红灯行为是违背了我国的交通道路安全法规的规定，但由于缺乏严厉的惩罚措施，更多依赖于个人的自觉性，但仅有五成的青少年自觉遵守。在使用盗版软件的问题上，在职青年和在校学生分别有 75.5%和64.5%对使用盗版软件表示能够接受，在实际生活中也是较多的人倾向于使用盗版软件而不是支持正版软件，由于使用盗版软件的最终个人用户往往具有一定的隐蔽性，相关执法部门也无法一一打尽，因此更多强调个体的自觉抵制，但是在调查中有七成左右的青少年赞成使用盗版软件。在笔者的深入访谈中，在问及"李四想买一辆来历不明但价格便宜的自行车，你怎么看？如果是汽车呢？"近 1/3 的青少年会选择购买一辆便宜的"黑"自行车，但是对于汽车由于管制较严、价格也较高因此大部分不支持购买。综合上述情况，青少年们面对处于道德和法律边缘地带的问题时，会因为个人私利而放松要求，此类问题的守法能力较差。

（二）维权意识与能力

青少年维权意识，是指青少年对自我利益和自由的认知、主张和要求，以及对他人认知、主张和要求利益和自由的社会评价。它涉及两个方面，一是个体对自我权利的认知、主张和要求，二是个体对他人认知、主张和要求权利的社会的评价。随着我国法制的进一步完善和公民法制观念的增强，对权益的认知和维护也必将成为个体价值观念的重要组成部分受到人们的重视。青少年维权意识是其运用法律来保障自身合法权益的重要体现，也是青少年维权能力强弱的具体表现。课题组对青少年关于维权途径的熟悉度展开了调查，调查结果发现在职青年和在校学生分别有 8.3%和 5.9%表示为很熟悉，45.8%和 53.8%认为基本熟悉，超过了五成的调查对象对我国的维权途径有所了解，见表 3-33。

2008 年由共青团上海市委员会编写的《改革开放与当代青年——2008 年上海青年发展报告》中，曾对青年"遇到权益受到侵害情况时，首先想到的解决

表 3-33　对维权途径的熟悉度　(%)

	在职青年	在校学生	全体对象
很熟悉	8.3	5.9	7.1
基本熟悉	45.8	53.8	49.8
不太熟悉	45.9	39.7	43.1

办法?"进行调查,调查结果发现:32.0%的青年会找律师或有关法律机构解决;26.2%的青年会找政府有关部门解决;22.2%的青年会私了,如请家人出面或请同事帮助或请朋友帮忙;7.3%的请新闻单位曝光;找单位领导解决、找工会、共青团或妇联组织的比例都不超过4%,自认倒霉的比例仅为5.3%。从这组数据中可以看出,上海青年会通过多种途径对自身权益进行维护,但法律是众多途径中比例最高的一种。课题组对此展开进一步提问,当问及"在平时的生活中,您注意运用法律手段维权吗?"在职青年和在校学生分别有10.7%和10%表示经常使用,62.5%和67.3%表示很少使用,同时也分别有26.8%和22.8%表示没有使用,见表3-34。虽然众多维权途径中,法律手段相比其他途径被较多人所采用,但法律也是众多维权途径中表现最为激烈的方法。由于受到中国人好面子讲交情等文化的影响,因此当个体遇到与他人有矛盾或者个人权益受到损害的情况下,较多人会选择先调解的方式进行自我权益的维护。从目前上海电视台的柏万青的新老娘舅这类调解节目受到广大百姓喜欢可见一斑。因此,在课题组所进行的调查中,仅有10.3%的青少年会经常使用法律手段进行维权。

表 3-34　运用法律手段维权的情况　(%)

	在职青年	在校学生
经　常	10.7	10
很　少	62.5	67.3
没　有	26.8	22.8

进一步了解青少年的维权能力,课题组在问及"是否每次在合法权益受到侵害时都进行维权?"的选题时,在职青年和在校学生分别有26.5%和19.1%回答"是",47.2%和57.8%回答"偶尔",26.2%和23%回答"从不",见表3-35。从这组数据中我们可以看出超过二成调查对象的维权意识较弱,没有对自己的合法权益给予保障,仅有二成左右的调查对象有较强的维权意识,对损害自身合法权益的事情能够采取坚决的维权行为。

表 3-35 每次合法权益受到侵害时进行维权的情况 (%)

	在职青年	在校学生	全体
是	26.6	19.1	22.8
偶尔	47.2	57.8	52.6
从不	26.2	23	24.6

综上所述,青少年守法能力和维权意识虽然总体表现较为积极,但是仍有不足之处,需要进一步加强。

第四章　上海青少年政治素养现状

政治素养是公民素养的重要组成部分，也是公民素养最为古老的内涵。公民政治素养的发展程度既是国家迈向现代化的基础，又是国家民主化的标志，是公民与政治国家关系状态的反映。青少年政治素养的现状事关国家政治民主的发展方向，对于社会系统中各组成部分之间的沟通、协调与平衡具有重要意义。

"公民政治素质是公民的政治意识和政治行动的统一。"（时延春，2005）总体而言，公民政治素养包括政治意识与政治参与两大方面，其中政治意识又可以分为偏重于理性知识的"政治认知与理念"，和反映情感与偏好的"政治信仰与态度"。"政治参与"则是政治素养在政治行动层面的体现。本章将从政治认知、政治信仰与态度、政治参与三个方面分析上海青少年政治素养的现状。

第一节　政治认知与理念

一、政治认知与青少年政治社会化

政治认知是指个体对政治现象及其本质的领悟与判断，它包括对政治概念的理解、政治选择、政治信仰的确定、政治观念的形成等（荣复康，2002）。然而，政治认知并不是与生俱来的能力，而是个体从小到大通过各种方式和途径逐渐习得的。这种政治认知能力的习得过程，被称为人的政治社会化，它是人的社会化的重要组成部分之一。按照《中国大百科全书·政治学》中的定义，政治社会化一般是指一个社会内政治取向和社会政治模式的学习、融合、传播、继承的过程，或一定的政治文化形成、维持和变化的过程。就个体而言，是指社会成员学习、接受现存政治制度所肯定的政治信念、政治知识、政治情感和价值观即政治文化、形成稳定的政治态度和政治行为的过程（陈婧，2007）。

政治学者通过对政治社会化过程进行研究发现，一个人对于国家和政治团体的认同，大抵成形于求学时期的青年时代。以人生的发展阶段来看，大致上为 12 岁至 22 岁之间这十年的黄金岁月（惠冰、张英魁，2005）。由此可见，青年时代是一个人政治社会化的关键阶段,它对于人们政治认知的形成具有决定作用。个体在青年时期形成的政治认知,将对其产生深远的影响。正如美国政治心理学学者 Fred I. Greensteim 指出,政治认知是介入政治行为者与政治反映之间的"预存倾向"(荣复康,2002),这种"预存倾向"形成于青年时期,并成为人们往后政治实践和行为中的储备知识和行动基础。因此,研究青年的政治认知,必须首先考察青年的政治社会化,任何个体的政治认知都是在政治社会化的过程中习得的。

政治社会化是在特定的载体中进行的。青年政治社会化的场所有很多,包括学校、家庭、同辈群体、工作单位等。为了考察上海市青年的政治认知,我们对政治认知渠道这一问题进行了调查,这些渠道从一定程度上表明了他们政治社会化的场所对其政治认知的影响。调查显示,家庭教育、学校教育和朋友交往是上海市青少年政治认知最重要的三种渠道,它们占在校青少年的比重分别为 38.2%、25.5% 和 18.8%;占在职青年的比重分别为 47.2%、25.1% 和 13.4%。这三种渠道在青少年认知渠道中占主导地位,不管是在校青少年还是在职青年,其总和均超过了 85%。

与此同时,其他的诸如团组织活动、单位政治学习和所在社区的教育等则所占的比重很低(不足 15%)。由此可见,家庭、学校和朋辈群体是上海市青少年政治社会化的最重要场所。这一结果与惠冰和张英魁(2005)的研究不太相同,他们认为青年的政治社会化的主要从场所是家庭、社会团体和大众传媒。

表 4-1 上海市青少年的政治认识渠道 (%)

	您觉得对您影响最大的是		您最愿意接触的是	
	在校青少年	在职青年	在校青少年	在职青年
家庭教育	38.2	47.5	6.9	3.2
学校教育	35.5	25.1	15.5	15.7
朋友交往	18.8	13.4	51.9	52.4
其　他	3.0	2.6	4.4	9.5
团组织的活动	2.1	0.0	9.3	4.8
单位政治学习	1.5	7.3	5.1	9.8
所在社区的教育	0.9	0.8	3.1	3.5
选举等政治活动	0.0	3.3	3.8	1.1
合　计	100.0	100.0	100.0	100.0

调查显示，虽然家庭教育、学校教育和朋友交往是上海市青年最重要的政治认知渠道，但是当被问及“您最愿意接触的是”哪些渠道时，上海市青年选择最多的是朋友交往和学校教育。其比重在在校青少年中分别为 51.9%和 15.5%；在在职青年中分别为 52.4%和 15.7%。对比两组数据可以发现：① 对青少年政治认知影响最大的是家庭教育，而他们最愿意接触的则是朋友交往；② 家庭、学校和朋友(即同辈群体)是上海市青少年最主要的社会化场所，其他的诸如单位、社区、组织等则对他们的政治认知的形成影响不大；③ 学校教育在两个问题的选项上都处于第二位。

通过这些数据，我们可以发现上海市青少年政治社会化的几个特点。

首先，同辈群体对于青少年政治社会化的效果最好，因为绝大多数青少年(50%以上)都愿意通过这一渠道获得政治认知。但事实上家庭(40%左右)承担着最主要的政治社会化功能。因此，我们要更加关注同辈群体对于青少年政治认知的作用，研究同辈群体对于青少年政治认知的影响。

其次，与家庭、学校和同辈群体相比，单位、政治组织、社区等对于青少年政治社会化的影响很弱。而这些机构也是人们日常生活的重要场所，如何增强这些组织对于青少年政治认知的影响，是我们有待探讨的问题。

第三，学校是对青少年政治认知影响较大的场所，也是青少年比较愿意接受的政治认知渠道。这就提醒我们要重视学校对于青少年政治认知形成的引导行作用。由于政治社会化是将人们引入政治文化的过程(惠冰、张英魁，2005)，如何使学校教育在这一方面发挥主导作用，是一个值得我们关注的问题。

二、上海青少年的政治认知与理念

如上所述，政治认知涉及许多方面，包括人们对政治生活中各种人物、事件、活动及其规律等方面的认识、判断和评价等。政治理念是指青少年对政治各要素与及其相互关系、政治运作模式的深层次理解。政治理念是公民政治参与的内核，公民所持有的政治理念是指导其政治参与的标尺和准则。深入认识青少年的政治认知与理念，对于掌握青年政治思想发展趋势、保护其政治热情、增加其政治才干、引导其政治参与，具有重要的现实意义(涂序堂，2009)。在这一部分，我们将从对青少年对民主的认识、“好公民”的品格、政策制定中的公民政治地位等方面来分析上海市青少年的政治认知现状。这三个维度是构成政治认知的重要内容，能够从一定程度上反映上海市青少年的政治认知现状。

(一) 民主认知：民主是否就是“为民做主”

民主是现代国家的基本特征，在社会主义国家，民主的实质是不断实现人民群众当家做主(俞可平,1988)。不管是直接民主还是间接民主,其核心都是参与和投票,即人民参与政治生活并自己做出决定。由此可见,将民主这一概念理解成为"为民做主"是错误的。在我们的调查中,发现大部分青年都认同这一理解。53%以上的青年都认可民主就是"为民做主",只有25%左右的青年不同意这一理解,还有20%左右的青年则说不清什么是民主。

根据对民主的理解,可以认为选择"同意"和"说不清"的青年对民主这一政治概念存在误解或者不理解。调查显示,选择这两个选项的青年约占总数的70%以上,只有不到30%的上海市青年能够正确地理解这一政治概念。这表明,无论是在职青年或在校青少年,他们对于民主概念的理解并不充分。正确认识和充分理解一些基本的民主政治概念,是公民行使政治参与权利的必要前提。在这一方面,我们还有待加强宣传和教育,使青年能够对基本的政治概念有一个必要的认知。

表4-2 您是否同意民主就是"为民做主" (%)

	在校青少年			在职青年		
	同意	不同意	说不清	同意	不同意	说不清
民主就是"为民做主"	53.0	26.2	20.8	59.4	21.3	19.3

(二)公民理念:何谓"好公民"

对于"好公民"这一理念的认识,也能够有效地反映人们的政治理念。因为"好公民"不仅仅是遵纪守法、拥护执政党的公民,一个"好公民"应当能对违法事件和社会不公现象进行抗议和批判,而不是表现为沉默或服从。是否具有这种抗议或监督的意愿和批判意识,是衡量"好公民"的重要指标。

调查显示,在校青少年和在职青年在对于"好公民"的认识上具有较高的异质性。约40%左右的被调查青年认可"遵纪守法"和"拥护中国共产党"是"好公民"的品质。约15%不到的被调查青年认为"服从政府"是"好公民"的品质。而只有6%和2%左右的被调查青年认为"敢于监督政府是否滥用权力"和"能够反对政府的不合理政策"是"好公民"的品质。这些数据表明,大多数青年认为守法和拥护执政党和政府是"好公民"的主要品质,而只有极少数青年认为监督政府和提出反对和抗议是"好公民"应有的品质。

通过对"好公民"品质这一问题的调查,我们可以发现:

(1)上海市青年的政治理念偏向于顺从和守法,作为一个公民,他们中的大部分能够做到遵纪守法、用于执政党和政府等基本守则。

(2) 上海市青年普遍缺乏监督和提出反对意见的政治理念，例如，只有极少数被调查者认可“好公民”应当监督政府的权力滥用和反对不合理政策。

(3) 上海市在职青年和在校青少年的政治理念具有高度的一致性，参加工作并未对其政治理念产生较大的影响。

表 4-3　上海青少年对于“好公民”品质的认识　　(%)

	在校青少年	在职青年
遵纪守法	39.5	41.2
拥护中国共产党	36.3	38.4
服从政府	14.9	12.3
敢于监督政府是否滥用权力	6.6	5.2
能够反对政府的不合理政策	1.9	1.5
其　他	0.9	1.3
合　计	100.0	100.0

(三) 政治生活中的公民地位认知

关于公民在国家政治生活中的地位，我们以政策制定与决策管理为例，选择了相关的三个问题来反映青年的政治观点，分别为对国家干部职责的认识、对政府政策的态度和对政府献计献策的态度。在第一个问题上，当被问及是否同意“为老百姓当好家是国家干部的责任”时，大部分青年(75%以上)都认为国家干部应当为老百姓当好家。而当被问到是否同意“方针政策的制定是政府的事，与我无关”时，一半以上(约66%)的青年不同意这一观点。对于“为政府献计献策是每个公民的权利与责任”，有70%以上的青年表示赞同。见表4-4。

表 4-4　决策与政策制定过程中的“政府—公民”的地位　　(%)

	在校青少年			在职青年		
	同意	不同意	说不清	同意	不同意	说不清
为老百姓当好家是国家干部的责任	75.3	13.2	11.5	80.7	10.7	8.6
方针政策的制定是政府的事，与我无关	17.0	66.3	16.7	18.4	67.7	13.9
为政府献计献策是每个公民的权利与责任	71.3	8.2	20.5	77.9	6.8	15.3

上述数据说明，青少年对公民与政府在政策制定与决策中的关系认知呈现较为复杂的状态。绝大部分青年人开始意识到公民在国家政治生活中的地位与权利。对于国家的方针政策，并不认为与个人无关，而认为与个人密切相关。这表现在：大部分青年反对“政策制定是政府的事，与公民无关”的观点；大部分青年都愿意为政府献计献策，并将此看做是公民的权利与责任。

进一步的分析表明，尽管许多青少年意识到了公民政治参与的权利，却并不一定将公民置于国家政治生活的主体地位。在许多人的意识中，公民的政治参与只是配角式的参与，甚至是形式上的参与，占主导地位的仍然是政府工作人员。绝大部分人认同“为老百姓当好家是国家干部的责任”，这一方面反映了青年对政府工作人员履行为人民服务职责的期待；另一方面也反映了他们对国家干部的依赖，说明他们有意无意地将政治管理看做是国家干部“为民当家作主”的过程。与此相印证的是，小部分青年在政治态度方面表现较为消极，有17%的在校青少年和18.4%的在职青年认为政府政策与其无关，并有近7%左右的青年不同意为政府献计献策是公民的责任和权利。这部分青年完全否定了公民在公共政策制定中的地位；另有10%～20%的青年在以上各项的判断上选择“说不清”，说明他们对公民在政治生活中的主体地位的认识尚不到位。

三、青少年政治认知的影响因素分析

在对上海市青年的政治认知现状有了一个总体了解之后，我们有必要问，不同性别、不同年龄和受到不同教育程度的青年的政治认知是相同的吗？他们之间是否存在差异？要回答这些问题，我们必须对影响青少年政治认知的因素进行分析。在此，我们将以“民主”这一政治概念的认识为例，从性别、年龄和受教育程度三个方面，来分析影响青少年政治认知的因素。对于这些因素的分析，有助于我们揭示哪些因素对青少年的政治认知产生影响。

（一）性别与民主认知

通过将青年是否同意民主就是“为民做主”这一问题按照性别进行区分，我们可以发现，不同性别的青年对于这一问题具有不同的理解。首先，不管是在校青少年还是在职青年，男性回答“不同意”的比重均高于女性。其中，在职女性青年回答“不同意”的比重比在职男性青年回答“不同意”的比重要低12.7%，而相应的在校女性青年比在校男性青年低4.3%。其次，女性回答“不清楚”的比重要高于男性，特别是在职女性青年。

这些数据表明，男性对民主概念的正确理解比重要高于女性，女性对于这一概念不理解的比重要高于男性。在校女青年对于民主概念的正确理解的比重要高于在职女青年，她们对于这一概念不理解的比重也低于在职女青年。通过这一比较，我们可以从一个侧面揭示，性别对于青年的政治认知具有影响。其中，青年男性的政治认知要优于女性，并且，在校女青年的政治认知要优于在职女青年，而在校男青年与在职男青年之间的政治认知状况并不存在非常显著的差异。

表 4-5 性别与是否同意民主就是“为民做主”的关系 (%)

	性 别	同 意	不同意	说不清
在校青少年	男	31.4	33.2	35.4
	女	31.6	28.9	39.5
在职青年	男	37.6	33.0	29.4
	女	37.5	20.3	42.2

（二）年龄与民主认知

如果我们将青年是否同意民主就是“为民做主”这一问题按照年龄进行区分，则可以发现，不同年龄段的青年对民主概念的理解存在差异。为了便于统计，我们将年龄划分为20岁以下和20岁以上两个年龄段。比较下表的数据可以发现，20岁以上的青年回答“不同意”的比重要高于20岁以下青年回答“不同意”的比重(在校青少年与在职青年分别高出11.9%和10.2%)。20岁以下青年回答“说不清”的比重要高于20岁以上青年回答“说不清”的比重(在校青少年与在职青年分别高出7.9%和30.7%)，见表4-6。

表 4-6 年龄与是否同意民主就是“为民做主”的关系 (%)

	年 龄	同 意	不同意	说不清
在校青少年	20岁以下	32.1	28.2	39.7
	20岁以上	28.1	40.1	31.8
在职青年	20岁以下	33.3	16.7	50.0
	20岁以上	37.4	26.9	35.7

由此可见，年龄大的青年对于民主概念的理解要优于年龄小的青年，年龄小的青年对于民主概念不理解的比重要高于年龄大的青年的比重。这一比较在一定程度上反映了年龄对于青年政治认知具有影响，年龄越大，政治认知的状况就越好。一个人的政治认知会随着年龄的增长和阅历的增加而改变，青年的政治认知随着他们的年龄增长而逐渐改善。

（三）受教育程度与民主认知

我们将被调查者对是否同意民主就是“为民做主”这一问题的回答按照受教育程度进行分类。通过比较可以发现，我们很难说教育程度越高，对民主概念的理解就越正确，因为数据显示，在校青少年中，初中以下的被调查者回答“不同意”的比重要远远高于高中、中专/职校的青年。即便如此，我们仍然可以发现一条明显的分界线，大专、本科及以上的被调查者回答“不同意”的比重要高于初中及以下、高中和中专/职校的被调查者。这表明，受过高等教育的青年对于民主概念的理解要优于未受过高等教育的青年。

因此，即便我们无法得出教育程度与政治认知之间存在正相关关系。我们依然可以通过上海市青年对于是否同意民主就是“为民做主”这一问题的回答，从一个侧面解释青年政治认知与受教育程度之间的关系。研究表明，受教育程度对于青年的政治认知具有显著影响。受过高等教育（指大专及以上）的青年的政治认知要明显优于未受过高等教育的青年，见表4－7。

表4－7　受教育程度与是否同意民主就是“为民做主”的关系　（%）

	受教育程度	同　意	不同意	说不清
在校青少年	初中及以下	27.8	31.9	40.3
	高　　中	42.0	21.4	36.6
	中专/职校	35.6	20.6	43.8
	大　　专	27.3	41.0	31.7
	本科及以上	29.5	40.3	30.2
在职青年	初中及以下	45.0	10.0	45.0
	高　　中	21.7	26.1	52.2
	中专/职校	53.2	23.4	23.4
	大　　专	39.8	27.3	32.9
	本科及以上	35.3	27.4	37.3

上述研究表明，性别、年龄和受教育程度对于上海市青年的政治认知具有一定的影响，他们之间存在着相关关系。具体来说，男性青年的政治认知优于女性青年，而在女性青年中，在校女青年的政治认知要优于在职女青年；年龄大的青年的政治认知优于年龄小的青年，年龄越大，政治认知就越充分；受过高等教育的青年的政治认知优于未受过高等教育青年的政治认知。诚然，对于影响青少年政治认知因素的研究不应当仅仅局限于以上三个因素，在以后的研究

中，我们还应当考虑诸如职业、收入和政治面貌等更多的因素。

第二节　政治信仰与态度

改革开放以来，中国社会经历了急剧的社会转型，这一转型一方面促进了经济的快速发展，但另一方面也拉大了贫富差距和出现了社会排斥现象，从而使人们的价值观和信仰发生了转变。与此同时，全球化浪潮的不断深化和现代传媒的进步，也使各种原来人们接触不到的新观念和西方的价值观进入人们的视野。这些因素对青年的思想认识和信仰产生了一定的冲击。正如2010年中央党校省部班调研组的调查指出，当代青年的价值取向与理想追求更加多元多样，使执政党面对的思想挑战颇为严峻。

如何在这一背景中来评估上海市青年的政治信仰，把握当代上海市青年的政治信仰和态度，对于未来的政治发展具有重要的战略意义。在这一节中，我们将从上海市青年的政治信仰状况、对党和政府的态度，以及对我国政治发展的态度三方面来阐述当代上海青年的政治信仰与态度。在此基础上，我们进而对当代上海青年的政治信仰和态度进行评估，从而为未来的政策发展和战略选择提供现实基础。

一、政治信仰

政治信仰是对各种意识形态的认同，青年时期是公民政治信仰形成的重要时期，它会对以后的政治行为和态度产生深远的影响。探讨上海市青年的政治信仰问题，首先要对他们的政治信仰状况有一定的了解和把握。在这一问题上，我们对上海市青年的政治信仰进行了问卷调查。调查显示，无论是在校青少年还是在职青年，他们的政治信仰排名第一的是民主、自由和平等，约占总体的60％左右。在其他的政治信仰上，两个群体之间并不相同。在职青年中有24.5％信仰共产主义，而在校青少年只有9.3％。

调查数据揭示了当代上海青年的政治信仰状况，具体如下：

1．民主、自由与平等成为信仰的主流

西方政治思潮中的民主、自由和平等已经占据了当代上海青年政治信仰的绝对主导地位。这一数据应当引起我们的重视，因为虽然民主、自由和平等是现代文明国家的必要因素，但如何引导青年正确认识和理解这一源自西方的政治理念，对于我国的政治发展具有重要影响。段钢(2006)指出，对某些价值观的误解会导致青年政治参与意识分散，难以形成统一的政治参与力量，从而干扰政治的稳定和发展。事实也证明，错误地理解和利用这种理念，会对国家的政治发展产生消极作用。正如2003年至2005年东欧国家爆发的“颜色革命”，受西方思想影响较深的青年在其中发挥了重要作用。

2. 传统政治信仰正在发生深刻变化

数据显示，传统的政治信仰正在发生深刻的变化。例如，信仰共产主义的人数在总体中所占的比重不高，只有10%左右的在校青少年和25%左右的在职青年选择了信仰共产主义，远远低于信仰民主、自由和平等的67.7%和59.9%。其中，在校青少年与在职青年之间对于共产主义的信仰存在明显的差异。相对于在职青年，在校青少年更少地选择信仰共产主义。这表明，新一代青年与年龄较长的一代青年之间的政治信仰正在出现分化，年轻的一代更少地选择传统的政治信仰。

3. 部分青年政治信仰缺失

调查表明，一小部分青年缺乏政治信仰。调查数据显示，有不到5%左右的青年认为他们不需要信仰。这种状况与后现代主义思潮的发展有一定的关系，后现代社会的“碎片化”特征和其对现代社会的批评影响了青年的政治信仰，使青年对各种政治信仰持批判和怀疑态度。此外，还有约10%左右的青年说不清自己信仰什么，但他们仍然认为人应该有信仰。这两类群体的共同特征都是缺乏政治信仰，但他们对于政治信仰的态度明显不同，前者排斥任何政治信仰，而后者则认可人应该有信仰，见表4-8。

表4-8 上海市青年的政治信仰 (%)

	在校青少年	在职青年
民主、自由、平等	67.7	59.9
现在说不清信仰什么，但我觉得人应该有信仰	13.5	9.7
共产主义	9.3	24.5
我不需要信仰	4.4	3.3
宗教	3.4	0.9
其他	1.6	1.8
合计	100.0	100.0

在本章第一节中笔者已经指出，对上海青年政治社会化影响最大的场所是学校和家庭。针对上海市青年的政治信仰状况，我们不禁要问，学校和家庭对他们的政治信仰产生了哪些影响？在此，选择学校思政教育课的作用这一变量

来探讨上述问题。调查显示，49.6%的在校青少年和47.3%的在职青年认为学校的思想政治教育课对于他们政治信仰的形成作用不太大或没有影响，50%以上的在校青少年认为学校的思想政治教育课程教学形式枯燥，教学内容与现实脱节较大。并且，有近30%的在校青少年对教师在政治方面的教育表示不太信服或不相信。

这些数据表明，虽然学校是上海青年政治社会化的重要场所，对他们的政治认知和信仰形成具有深刻影响，但其效果并不理想。近50%的学生认为学校的思想政治教育课程缺乏吸引力，近30%的学生不信服教师的政治教育。这种状况表明学校的思想政治教育无法对青年的政治信仰形成关键影响。在当代社会，价值多元化和外来思潮的涌入使学校政治教育面临巨大冲击，电视、电影和网络也对青年的政治信仰产生了新的影响。因此，反思和调整当前学校政治教育方式和内容，是发挥学校对青年政治信仰形成关键作用的必要趋势。

二、对执政党和政府的态度

青年的政治信仰，会通过他们对党和政府的态度表现出来。胡锦涛同志指出，青年是国家的未来，是推动社会前进的最活跃力量。而公民对政党和政府的态度，也是在青年时期形成的(陈婧，2007)。因此，研究青年对党和政府的态度，对于国家未来的政治发展具有重要的战略意义。在本研究中，我们将通过上海市青年对中国共产党的态度、对政府的信任程度，以及对政府和官员违法事件的态度三个方面来考察上海市青年对党和政府的态度。这一调查有助于我们了解当地上海青年的政治态度，为未来的政策措施选择提供依据。

(一) 对党的态度

本次调查表明，大部分上海青年(57%以上)选择了对中国共产党有一些好感或发自内心的热爱。其中，在职青年选择这两项的比重要比在校青年高出约12%。这表明在总体上，青年对于中国共产党的态度是积极的，能够拥护执政党。与在校青少年相比，有更多的在职青年拥护中国共产党。这可能是因为在职青年比在校青少年较少地受到了其他价值观的影响，并且单位对于他们的政治态度产生了积极影响。值得注意的是，有不少青年对于执政党的态度持无所谓态度，其所占的比重在在校青少年和在职青年中分别为35.6%和29%。还有近7%左右的青年对中国共产党表示反感。

这些数据表明，上海市青年对中国共产党的态度是多元的。中国共产党在青年中仍然具有坚实的基础，将近一半以上青年对中国共产党持积极态度。但是，我们也应当看到，仍然有近30%左右青年对中国共产党的态度保持沉默，这部分群体所占的比重并不低。他们对中国共产党的态度发展取向，会左右整个青年群体的政党态度。此外，少数青年（不到8%）对中国共产党持有反感情绪。这跟当前国家干部中出现的贪污腐败和犯罪率上升密切相关，要减少这部分青年的敌对情绪，必须树立执政党良好的执政形象，见表4-9。

表4-9 上海青年对中国共产党的态度 （%）

	在校青少年	在职青年
有一些好感	36.8	34.6
发自内心的热爱	20.5	34.6
无所谓	35.6	29.0
反 感	7.1	7.8
合 计	100.0	100.0

青少年对党的热爱与好感，很大程度上来自中国共产党在历史上与现实中对中国发展所发挥的中流砥柱作用。2008年团市委组织的上海青年发展调查表明，当被问及对“只有在中国共产党的领导下才能实现中华民族伟大复兴”的态度时，持很同意的上海青年为27.1%，同意的为41.7%，持认同态度的占到了68.8%，持不认同态度的仅仅占到6.4%。

然而，另一方面，我们也需要认识到，当前贪污腐化事件的频发与民主政治推进中的困难影响了相当一部分青年人对党的情感。正因为如此，有三成左右的被调查者对共产党的态度是“无所谓”，还有少数人明确表示“反感”。入党动机更能直接体现对党的实际态度倾向。在当今大学生中，入党已经成为非常普遍的现象，这是中国共产党凝聚力的体现。但是2008年团市委组织的上海青年发展调查表明，青年的入党动机呈现出多元分化的状态。对他人入党动机的利己倾向选择比例（选择“为个人发展获得便利”、“较多地为了个人利益”、“获得更高的社会地位”者）高达46.3%，对自己入党动机的利己倾向选择比例将近三成。不管是他人动机评价还是自我动机评价，明确表示是由于“对理想信念的追求”的青年仅占1/6左右，还有10%左右的人表示“难以一概而论，较多的为了理想信念。”上述现状说明青少年对党的态度呈现理性化的特征。

（二）对政府的态度

对于第二个问题，数据所反映的情况与第一个问题具有一致之处。大部分上海青年（65%左右）对政府持的信任程度为很信任或比较信任。有29.2%在校青少年和26.4%的在职青年对政府的信任程度为不太信任或很不信任，见表

4-10。调查显示，在总体上，中国政府能够获得大部分上海青年的信任，但也有不少青年对政府缺乏信任，他们所占的比重并不低。这同样也与政府部门中出现的公款吃喝、公车私用、瞒报事故等现象相关。因此在未来的发展中，如何改善政府形象，是获得更多青年对政府信任的必要前提。

表 4-10　上海青年对政府的信任程度　　(%)

	在校青少年	在职青年
很信任	14.2	14.0
比较信任	56.6	59.6
不太信任	22.8	23.5
很不信任	6.4	2.9
合　计	100.0	100.0

（三）对政府或官员侵害公共利益的态度

以上两个问题反映了青年对于政党和政府的态度，这种态度会影响他们的政治行为。政治行为是政治态度的反映。因此，第三个问题我们将考察上海市青年对于政府或官员的违法和侵害公共利益行为会采取怎样的行动。通过调查数据，我们可以归纳出上海青年对于这些行为的三个特点。

首先，在校青少年和在职青年对于政府或官员的违法和侵害公共利益行为采取的行动是不同的。在校青少年选择最高的三项依次为向纪检委、检察院反映、向人大代表反映和管了也没用，不去管；而在职青年选择最高的三项则依次为向新闻媒体反映，没想过和向纪检委、检察院反映。

其次，大部分上海青年对于政府或官员的违法和侵害公共利益行为，会采取向各个部门反映和在网上发帖等形式积极行动，其占在校青少年和在职青年总体的比重分别为65.8%和61.5%。这表明在总体上，青年的政治行为是积极的，他们能够监督政府和官员的行为，并通过各种方式对于他们的违法行为提出自己的意见。但其余的不少青年对这些行为则表现出消极态度，他们会因为管理了也没有用、怕报复压制等原因而保持沉默，或者根本没想过要采取什么行动。

通过以上三个方面的讨论，我们可以对上海青年对政党和政府的态度进行两点评估。① 研究发现无论是对中国共产党还是政府，上海青年对于他们的态度和信任程度在总体上是积极的，他们中的大部分也能积极主动地对政府和官员的违法违纪行为表达自己的意见；② 仍然有超过 1/4 以上的上海青年对中国共产党和政府持沉默和不信任态度，也有约 35%左右的上海青年对政府和官员的违法违纪行为保持沉默。由此可见，当前的首要任务是要引导这部分持沉默态度的群体，使他们不至于采取更为消极的政治行为。与此同时，政府和官员的形象和执政透明度也有待加强，这样才能获得青年的信任。

三、对我国未来政治发展的态度

青年的政治信仰，也会通过对国家未来政治发展的态度表现出来。涂序堂(2009)通过三年的调查研究发现，多数青年大学生关心国家大事和社会热点问题。而荣复康(2002)的研究则指出，青年大学生的政治认知不太成熟，他们渴望政治改革，但对西方政治存有幻想。虽然这两项研究的对象是青年大学生，但也在一定程度上表明了关注青年对我国未来政治发展态度的重要性。青年是各群体中受教育程度最高的一类群体，他们关注国家大事和政治发展。了解青年对我国未来政治发展的态度，是把握各社会群体总体政治态度的重要内容之一。

本研究力图通过调查上海青年对我国民主政治发展的态度、对民主与经济发展之间关系的理解，以及对我国人大选举制度的态度等问题，来揭示上海市青年对我国未来政治发展的态度。改革开放以来，中国在经济制度的改革上取得了巨大成就。在政治体制改革中，也在基层民主建设、多党合作和政治协商等方面获得了积极的效益。但相对于经济改革，政治改革体现出了一定的滞后性。在这一背景下，我们有必要分析青年对未来政治改革的态度。

(一) 对未来民主政治的发展信心及其影响因素

调查数据显示，60%以上的青年对我国未来民主政治发展很有信心或比较有信心。其中，在校青少年的信心比在职青年高大约6%。只有极少数的青年对此表示没有信心，约占总体的5%左右。但是，值得我们关注的是，有26.8%的在校青少年和34.5%的在职青年对我国未来民主政治发展不太有信心。总体而言，在校青少年比在职青年的态度更为积极，见表4-11。

表4-11　对我国未来民主政治发展的信心　　(%)

	在校青少年	在职青年
很有信心	13.4	12.1
比较有信心	53.8	49.3
不太有信心	26.8	34.5
没有信心	6.0	4.2
合　计	100.0	100.0

未来的民主政治发展并非空中楼阁，而是以当前的政治体制与政治生活现状为基础的。我国已经在法律上确定了民主政治的一整套体系，其中政治选举是实现民主参与的直接途径，我们以五年一次的人民代表选举制度为例来分析上海市青少年对政治选举制度的态度。数据显示，认为这一选举制度形式主义味道较浓的青年最多，分别占在校青少年和在职青年的39.4%和62.1%。而仅有29.7%的在校青少年和21.8%的在职青年认为它是公民权的体现。与在校青少年相比，在职青年对这一选举制度表现出更高的批判性，见表4-12。

表4-12　如何看待五年一次的人民代表选举制度　　(%)

	在校青少年	在职青年
形式主义的味道较浓	39.4	62.1
没有参加过，不知道	30.4	16.1
是公民权利的体现	29.7	21.8
其　他	0.5	0.0
合　计	100.0	100.0

交互分析表明，对未来民主政治发展的信心，与青少年对当前民主生活的评价直接相关。在职青年中，认为人大代表选举“形式主义味道较浓”者，仅5.5%的人对我国民主政治的未来发展“很有信心”，36.7%的人表示“比较有信心”，选择“不太有信心”的比例最高，达52.0%，另有5.8%的人“没有信心”。认为人大代表选举是“公民权利的体现”者，37.9%的人对我国民主政治的未来发展“很有信心”，57.1%的人表示“比较有信心”，两者合计已达95.0%，选择“不太有信心”与“没有信心”者分别仅占3.6%与1.4%。这是个非常鲜明的对比。说明形式主义的政治生活将严重影响青少年对未来民主政治的发展信心。

（二）对民主发展的地位与理想形式的判断与预期

在了解了上海市青年对我国未来民主政治发展的基本态度之后，我们也要进而分析他们对民主和法治、民主和经济以及西方式民主的看法，考察在青少年心目中民主的地位与应然发展方向。基于这一目的，我们提出了三个命题，分别是“只有民主和法治才能实现长治久安”、“经济发展了，哪怕民主滞后一些也能接受”，以及“只有实行西方的政党竞选才能实现真正的民主”，让被调查者回答他们的倾向。调查结果显示，对于前两个问题，绝大多数被调查者都认为民主和法治、经济发展具有同等重要性，不能以经济发展来替代民主。但对于第三个问题，回答呈现出多样性，见表4-13。

表 4－13　对于下列说法，您的基本倾向如何　　(%)

	在校青少年/在职青年		
	赞　同	不赞同	说不清
只有民主和法治才能实现长治久安	74.7/88.8	9.3/3.5	16/7.7
经济发展了，哪怕民主滞后一些也能接受	16.1/14.7	64.9/71.6	19/13.7
只有实行西方的政党竞选才能实现真正的民主	23.4/31.9	46.0/38.9	30.6/29.3

从表 4－13 中可以看到，绝大多数的青年(74%以上)都赞同只有民主和法治才能实现长治久安，这表明民主和法治发展是上海市青年认为未来政治发展的重要内容。对于经济和民主之间的关系，大部分青年(64%以上)也认为不能以经济发展来牺牲民主发展，但也有近 15%的被调查者赞同民主发展可以滞后于经济发展。这可能是由于中国处于东亚地区，在东亚，韩国、日本等民主政治较为发达的国家，也是在经济起飞之后才慢慢实现了民主。这一现实情况影响了部分青年对民主和经济发展之间关系的理解。当然，经济发展与民主之间的关系，还是一个有待于深入探讨的问题。

对于是否“只有实行西方的政党竞选才能实现真正的民主”这一问题，回答“不赞同”选项的青年在两类青年群体中都是最多的。这表明，对于西方式的民主，上海青年并未出现一边倒的趋势，他们对我国未来的政治发展持谨慎态度。但是我们也应该看到，回答不赞同的青年比重未达到 50%，仍然有一部分青年受到了西方民主价值观的影响，有 23.4%的在校青少年和 31.9%的在职青年赞同这一命题。不可否认，政党竞选和西式民主具有其合理的成分，但青年对于这些概念的理解并不充分，例如，有近 30%的青年说不清是否只有实行西方的政党竞选才能实现真正的民主。因此，应当引导青年在借鉴西方国家优秀文化的同时，抵制其中的不合理成分(郑永廷，2003)。

对我国未来政治发展的态度，本质上是对中国特色社会主义的认同问题。青年对未来政治发展的态度，是一个关系中国特色社会主义未来发展和前途的重大课题。以上研究表明，在总体上，上海市青年对我国未来的政治发展持积极和谨慎态度，大部分青年对未来的民主政治发展怀有信心。他们中的绝大多数对于民主和法治、民主和经济之间的关系能够作出正确的判断。虽然西方的政党竞选对青年的政治信仰产生了一定的影响，但只有少部分青年认可这种选举制度适用于中国，大部分青年对其持怀疑态度。即便如此，反观我国的情况，大部分青年(尤其是在职青年)对我国现行的选举制度持批判态度。

第三节　政 治 参 与

政治参与，是指公民或公民团体通过一定的方式直接或间接地影响政府活动的行为(罗迪，2007)。青年政治参与，则是指青年作为政治参与的主体，基于对国家的政治、社会生活现状的了解和认识，通过各种具体行为参与国家的政治生活(袁金辉，2005)。青年具有较高的政治参与热情，这种热情是把双刃剑，如果能够加以良性引导，就能够为促进政治稳定服务，如果这种热情无序地爆发，则会造成政治失序甚至动荡。因此，研究青年的政治参与，对于社会稳定和政治发展具有重要意义。

在我国，对于青年政治参与的研究已有十多年，但到目前为止，还没有专门研究青年政治参与的专著出版(高红波，2010)。这一状况表明我们需要有更多这方面的研究来增加我们对青年政治参与的理解和知识。本节内容将讨论上海青年政治参与的意愿、政治参与的渠道和效果以及政治参与的影响因素。本研究将通过对具体的政治参与意向与参与行为的调查，来反映上海市青年的政治参与现状，为评估当前存在的问题和不足提供依据。

一、上海青少年的政治参与意愿

在西方学者看来，公民拥有政治参与的意愿是保障当代民主政体健康运作的重要前提，而公民的政治参与意愿也是西方政治学家和社会学家所关注的焦点问题之一。我国正在进行社会主义政治文明建设，同样也要对公民的政治参与意愿给予一定的关注。因为政治文明建设不仅仅是国家和政府的事务，也与所有公民密切相关。政治文明建设进程的达成需要公民和政府通力合作。在所有公民中，青年所占总人数的比重高，而且他们的知识掌握较为丰富。他们的政治参与意愿，是未来国家政治发展的风向标。

与此同时，政治参与意愿的形成也是一个不断发展的过程。青年时期是公民政治参与的起步阶段，在这一阶段，青年通过各种途径学习和实践政治参与，养成自我的政治参与意识。而这一时期中所形成的政治参与意愿会对其以后的发展产生深远的影响，因此，研究和把握当代青年的政治参与意愿并评估其所存在的问题，对于未来政治的发展具有重要意义。

公民的政治参与权利包括知情权、表达权、参与权、监督权等。与之相对应，公民的政治参与意愿也可以分为知情意愿、表达意愿、参与意愿与监督意愿。公民在上述四个方面的政治参与意愿，与公民政治权利的实现程度密切相关。本研究将运用具体的调查数据与个案访谈，从上述四个方面讨论公民政治参与的意愿。

（一）公民知情意愿

政治意义上的知情权是指公民知悉、获取政府政治活动与公共管理信息的自由与权利。公民最为基本的政治权利是知情权。知情权实现的客观条件是要建立公民公布政治与公共管理信息的常规机制，知情权实现的主观条件是公民自身对政治问题有兴趣、愿意去关心。本次调查中，我们就上述问题对青少年进行了深度访谈。绝大部分青少年表示自己关心政治，关心的方式主要是关注新闻，包括政治新闻与评论、国家大事、国际局势等。但是访谈也表明，在更为详细而现实的政治信息方面，并非所有的青少年对政治都有关注的意愿与热情。例如近年来我国大力推进的政务公开，是保障公民政治权利的制度化安排。所谓政务公开，是指立法机关、行政机关、司法机关、政党和其他政治性组织为推进社会主义民主政治发展，实现公民政治权利，而将做出的决策过程、执行过程及其后果公之于众的过程（姬国海，2002）。政务公开在各级机关广泛开展，成为我国政治民主进程中具有重要意义的一项工作。调查表明，有57.3%的在校青少年和64.1%的在职青年很关注和比较关注政府的“政务公开”。这表明半数以上的青年拥有践行政治知情权意愿。但也有不少青年不太关注或完全不关注政府的“政务公开”，这样的被调查者约有四成左右，见表4-14。

表4-14　您对政府的“政务公开”关注吗　（%）

	在校青少年	在职青年
很关注	15.7	23.7
比较关注	41.6	40.4
不太关注	36.7	30.9
完全不关注	6.0	5.0
合　计	100.0	100.0

访谈表明，即使在表示关注政务公开的青年中，真正有兴趣浏览政府政务公开网页的青年比例并不是很高，到各类公共服务机关办事时，主动关注这些部门的政府公开宣传栏的青年也很少。青年的政治知情权范围基本上限定于新闻媒体所公布的内容，而更为重要的知情权是对政府及其他公共服务机关具体运作信息的关注。对于这些具体而现实的信息，青少年的关注度

低，知情少。青少年一方面对政治具有一定的热情；另一方面在现实而具体的知情权方面，却并未很好地珍视自己的权利。究其缘由，除了部分青少年自身对政治持有冷漠态度之外，知情权实现机制的形式主义弊病是不可忽略的原因。

（二）公民表达意愿

从广义上来讲，表达权是表达的自由，主要是指言论自由表达权，是公民依照法律表达自己对于国家公共生活看法的权利。从狭义上来讲，表达权可以指在政府的公共决策中公民意见的表达。表达权是公民非常重要的政治权利，公共决策中的表达权更是公民在政治生活中的核心权利之一。在本次调查中，我们统计了青年对人大立法发表建议的意愿与具体行动。数据显示，当被问及“人大在立法时，会征求公民对法律草案的意见，您是否有意愿反映意见”时，只有不到30％的在校青少年和不到37％的在职青年回答“没有意愿”。大部分青年对人大立法草案有意愿反映自己的意见，见表4－15。

表4－15　人大在立法时，是否有意愿反映对法律草案的意见　（％）

	在校青少年	在职青年
没有意愿	29.1	36.5
有意愿但是没有反映过	64.0	56.1
有意愿并且反映过	6.9	7.5
合　　计	100.0	100.0

上述数据表明，上海市青年具有较高的政治表达意愿。与此形成鲜明对照的是，在高表达意愿的背景下，真正付诸行动的人数比例非常低。在职青年中，仅有7.5％的人在人大立法时反映过他们对法律草案的意见，在校青年中，该比例为6.9％。两类青年群体中均有60％左右的青年“有意愿但是没有反映过”。这部分青年具有参与政治、表达自身观点的意愿，但没有最终进行政治参与。其中原因可能是由于青年自身缺乏反映意见的能力，但更有可能是由于青年缺乏反映意见的渠道。因此，在未来的发展中，我们应当关注青年政治表达意愿实现的途径，将潜在的政治表达意愿引导为现实的政治参与，使青年能够为国家未来的发展献计献策。

（三）公民参与意愿

从理论上讲，绝大部分青少年都认同参与权是公民政治权利的重要内容。

但是在具体的政治生活中青少年的参与意愿又如何？对于青少年而言，工作与学习是他们生活的重要内容，与工作学习相比，政治参与的重要性是否退而居其次？本次调查设计了一个语句："与工作学习相比，政治参与就不那么重要了。"对此约六成的被调查者表示反对，其余有两成左右的青少年表示同意，两成左右的青少年表示"说不清"。这说明对于这40%左右的青少年来说，政治参与的重要性并不是很高，见表4-16。

表4-16　上海青年对政治参与重要性的认知　　(%)

	在校青少年			在职青年		
	同　意	不同意	说不清	同　意	不同意	说不清
与工作学习相比，政治参与就不那么重要了	17.7	60.6	21.7	20.7	59.7	19.6

笔者曾经参与组织过青年的人大代表选举，与选举程序的严密性形成对照的是，大学生对选举本身缺乏热情，整个参与过程呈现出沉默而被动的氛围，偶有恶作剧的小事件发生。如果没有外部力量制约，一部分大学生会放弃他们的人大代表投票权。

在上述数据的基础上，结合个案访谈资料分析可知，青少年的政治参与意愿具有如下特点：青年身上同时体现了对政治参与的向往与排斥。对于理想的政治参与，青少年抱有很大的热情；然而对于现实的政治参与，青少年往往是被动服从，或反感与逃避。

(四) 公民监督意愿

根据我国宪法规定，公民依法享有监督公共管理机关及其工作人员的权利。监督权是公民的又一项重要政治权利。对政府部门及公务员的监督意愿是青年政治参与意愿的重要表现形式。

前文所论及的政务公开不仅是公民知情权的实现机制，也是公民监督权实现的前提条件。约四成左右的调查对象对政务公开"不太关注"或"完全不关注"，在一定程度上说明这部分青年缺乏政治监督的意愿。公民监督权利的另一种形式，是对违法犯罪或侵害公共利益的政府部门或官员的检举与告发。调查表明，26.0%的在校青少年与21.2%的在职青年认为对于上述现象所持的态度是"不去管"，其原因包括"管了也没有用"、"事不关己不去管"、"怕压制报复"等。其余七成以上的被调查者都选择以各种形式进行反映，见表4-17。

表4-17　如果发现政府或官员的做法违反了法律或侵害了公共利益,您会如何行动　(%)

	在校青少年	在职青年
向纪检委、检察院反映	23.1	14.4
向人大代表反映	19.0	7.9
管了也没用,不去管	18.9	13.2
在网上发帖	11.4	13.0
向新闻媒体反映	10.6	20.6
没想过	6.6	16.2
事不关己,不去管	4.7	6.2
怕报复压制,不管	2.4	1.8
向上级政府或领导反映	1.7	5.6
其　他	1.6	1.2
合　计	100.0	100.0

上述数据说明,青少年对政府与官员的行为还是有较强的监督意愿。但是在现实政治生活中,通过人大、纪检委等正式监督管理机制向上反映政府及官员不良行为的比例并不高。许多青少年宁可选择网上发帖、向新闻媒体反映等方式反映不良政治现象。公众对政府的行为进行监督,是民主政治发展的重要推动力量。在青年政治监督意愿较为强烈的情况下,如何完善公民监督管理机制,是一个需要解决的现实问题。

二、政治参与的渠道与实践

政治参与渠道是进行政治参与的基本条件,它是政治文明运行和发展的交通枢纽。不断开发并拓宽青年政治参与渠道,对于提高青年政治参与积极性、活跃青年政治思维、繁荣国家政治文明有着重要作用(高红波,2010)。具体来说,青年政治参与的渠道有多种,包括学校、社区、网络、民间组织等。参与学校管理和发展、在社区和人大代表选举中进行投票是传统的政治参与途径。在当代社会,也有不少青年选择通过新兴媒体(如互联网)来进行政治参与。因此,我们要对各种参与渠道进行研究,并评估其效应。

(一) 青少年的政治参与途径

在青少年看来,当前他们参政议政的主要途径是什么?调查表明,对于参政议政的途径,除了少数被调查者(2.5%)认为“根本没途径”,以及约8%左右的被调查者选择"不知道"之外，其余的被调查者都选择了各种参政议政的途径。在各种途径中，上海市在校青少年和在职青年选择最多的三项完全一致，依次为"参加合法的社会团体和青年组织"、"选举成为人大代表"和"进入党政机关工作"。选择这三项的比重均超过了总体的65%以上。由此可见，上海市青年选择政治参与途径的意愿高度集中。

除了上述三项之外，也有约15%左右青年的政治参与途径意愿倾向于选择网络空间和新闻媒体。其中，在校青少年比在职青年更多地倾向于通过网络空间自主表达意见，而在职青年比在校青少年更多地倾向于通过新闻媒体发表意见。选择给领导人或政府部门写信提建议的方式作为参政议政主要途径的青年并不多，分别占在校青少年和在职青年的6%和4.9%。这些数据表明，当代上海青年的参政议政意愿更多地倾向于制度化的现实途径（如参加组织团体、参与选举和进入党政机关工作），也有一小部分青少年选择虚拟的网络和新闻媒介，只有为数不多的被调查者仍然会采取传统的给领导人或政府部门写信提建议的方式，见表4-18。

表4-18　您认为当前青少年参政议政的主要途径是什么　（%）

	在校青少年	在职青年
参加合法的社会团体和青年组织	41.0	27.3
选举成为人大代表	14.9	20.9
进入党政机关工作	12.1	18.5
通过网络空间自主表达意见	11.0	7.7
不知道	8.5	7.5
给领导人或政府部门写信提建议	6.0	4.9
通过新闻媒体发表意见	3.0	10.3
根本没途径	2.5	2.5
其他途径	1.1	0.4
合　计	100.0	100.0

（二）学校生活中的政治参与

孙中山先生认为，所谓政治，即管理众人之事。因此，在青少年的成长历程中，参与学校公共事务的管理也是一种政治，而这种参与对于其迈入社会后狭义上的政治参与具有重要意义。

在上海市青年中，通过学校这一渠道实现公共参与的情况并不理想。根据调查，仅有35%左右的在校青少年曾经对学校的管理与发展提出过自己的意见或建议，大部分青年没有通过这一渠道进行政治参与。这一状况与学校对学生意见的重视程度密切相关，数据显示，超过53%的被调查者觉得学生关于学校管理与发展的意见，很少会或根本不会得到学校的重视。仅有不到27%的在校青少年和不到18%的在职青年认为学校会重视学生关于学校管理与发展的意见。

表4-19　您对学校的管理与发展提出过自己的意见或建议吗　（%）

	在校青少年
提出过	35.1
没　有	64.9
合　计	100.0

表4-20　学生关于学校管理与发展的意见，会得到学校的重视吗　（%）

	在校青少年	在职青年
经常会得到重视	26.1	17.8
很少会	40.6	48.4
根本不会	13.2	16.4
不知道	20.1	17.5
合　计	100.0	100.0

以上数据表明，由于超过一半以上的青年认为学校对学生提出的关于管理和发展的意见不会或很少会被重视，因此，青年对通过学校这一渠道来进行意见表达持怀疑态度，一半以上的上海市青年不会通过学校来进行整治参与。而那些通过学校进行意见表达的青年，其效果也并不理想。这种状况应当得到我们的重视，因为学校是青年重要的生活和学习场所，如果不能通过这一渠道进行有效的政治参与，将会对青年政治参与的积极性造成打击。

（三）人大选举中的政治参与

在政治选举这一渠道中，上海市青年的政治参与状况欠佳。调查数据显示，当被问及“您是否在人民代表选举中投过票”时，只有13.6%的在校青少年和57.2%的在职青年做出肯定回答。由于在校青少年参与人民代表选举的次数较少，并且其中一部分不满选举年龄，参选比例低并不能说明问题，但在在职青年中，仍然有很大一部分没有通过政治选举投票这一渠道进行政治参与，这一情况值得我们重视，见表4-21。

表 4-21　您是否在人民代表选举中投过票　(%)

	在校青少年	在职青年
有	13.6	57.2
没有	86.4	42.8
合计	100.0	100.0

在曾经有过人民代表选举投票经历的青年中，其对于选票的处理方式呈现出多样性。在各选项中，选择最多的是"根据个人的判断"来投票，分别占在校青少年和在职青年总数的 54.1%和 44.1%。然而，在校青少年比在职青年在处理投票上表现出更大的随意性，回答在投票时"随便写一下"的在校青少年的比重要比在职青年多约 5%。在职青年的投票行为更多地受到了外界的影响，回答"按照上面的意思"进行投票的在职青年的比重要比在校青少年多 10%左右，见表 4-22。

表 4-22　您是如何处理自己手头的选票的　(%)

	在校青少年	在职青年
个人的判断	54.1	44.1
随便写了一下	21.2	17.3
按照上面的意思	19.9	31.3
参照媒体舆论	3.4	6.5
其　他	1.4	0.7
合　计	100.0	100.0

(四) 社区公共生活中的政治参与

上海市青年通过社区渠道进行政治参与的状况也有待改善。社区是公民生活的最主要场所，通过社区中的居委会、社区团支部和业主委员会等组织介入社区公共事务，是公民实现政治参与最便捷的途径。调查数据显示，约 60%的上海青年参与过社区公共事务，这表明他们关注自己生活的社区。但在这些青年中，只有不到 10%的青年表示会经常参加社区组织的公共事务，而 50%左右的青年则选择有时参加或偶尔参加社区组织的公共事务。此外，还有很大一部分(40%左右)的青年没有参加过社区公共事务，见表 4-21。

通过这些数据我们可以得出，上海市青年关注社区的发展，他们中的大部分参与过社区公共事务。但是，他们对于通过社区渠道来进行政治参与的投入

表 4-23　对社区公共事务的参与度　(%)

	在校青少年	在职青年
经常参加	9.8	7.9
有时参加	21.4	18.7
偶尔参加	32.5	28.5
没有参加	36.4	44.9
合　　计	100.0	100.0

并不十分理想，只有少数青年会经常参加社区公共事务，有很大一部分青年从未参加过此类公共事务。社区是构成社会的基本单位，也是实现基层政治参与的最主要渠道。如何引导青年通过这一渠道进行政治参与，对于培养青年的政治态度和认知具有重要作用。

（五）网络空间的政治参与

值得注意的是，21 世纪网络的普及使青年能够通过网络这一途径来实现最为快捷的政治参与。罗迪(2007)指出，作为占网络用户 88.2%的青年，他们熟练的网络技术为参与政治提供了有效途径。青年利用网络获取政治信息，利用 BBS 公共论坛表达意愿，通过政府信箱参与政治对话，利用网络发起现实的政治运动等网络政治行为，开始对我国政治稳定产生深刻影响。毫无疑问，由于青年是中国最有朝气、拥有较多知识的群体，他们是当前我国网络政治参与的主体。

然而，根据我们的调查，虽然已有的研究表明青年的网络政治参与以及开始对我国的政治产生深刻影响，但上海市青年在网络政治参与方面并不显著。在所有被调查者中，只有不到 20%的青年在网络上针对政治话题发表过言论。而约 25%左右的上网青年表示没有关注过政治话题。大部分青年(50%以上)会在网络上关注政治话题，但并不发表意见。这些数据表明，在上海市青年中，一半以上青年能够通过网络了解政治信息，但只有不到 1/5 青年会在网上针对政治话题发表言论。因而，大部分上海青年将网络视为了解政治信息的渠道，而非进行直接政治参与的渠道，见表 4-24。

表 4-24　是否在网上浏览或讨论政治话题　(%)

	在校青少年	在职青年
没发过意见，但是看过别人的帖子	51.4	58.9
上网，但是没有关注这种话题	25.6	22.3

（续表）

	在校青少年	在职青年
发过言论，讨论过	19.7	14.9
没上过网	3.3	3.9
合　计	100.0	100.0

即便如此，这并不意味着我们可以忽视青年的网络政治参与。根据前文的数据，媒介是上海青年采取政治行为的途径之一，有一部分青年会选择通过在网上发帖或向新闻媒体反映来反对政府或官员的违法和侵害公共利益行为。这表明，通过第三方来表达自己的政治意见正在成为上海青年政治表达的主要方式，互联网的迅速发展为这种表达方式提供了现实基础。因此，必须关注和重视青年在网络中所表达的政治意见。由于青年网络政治参与具有自发性、突发性、直接性、松散性、隐匿性等特征，我国各级政府必须积极应对，正确引导，促进网络政治参与的制度化和规范化建设（高红波，2010）。同时，我们也要把青年网络政治参与的研究纳入构建和谐社会的视野，探求青年网络政治参与和政治稳定的关系，这对我国和谐社会的建设具有重要意义（罗迪，2007）。

通过以上研究我们发现，上海市青年在学校、政治选举和社区等传统的政治参与渠道中的政治参与率并不高，还存在很大的提升空间。对于新兴的网络政治参与渠道，上海市青年表现出较高的热情，但其参与率也并不高。这些情况表明，我们应当在总体上提升上海市青年的政治参与率。在以后的发展中，我们不仅要拓展传统的政治参与渠道，也要建设新兴的政治参与渠道。只有这样，才能在总体上提升青年的政治参与率。

当然，在青年政治参与意愿的培育过程中，我们也要认识到制度化政治参与的重要性。只有制度化的青年政治参与，才能锻炼青年的政治能力，有助于促进我国决策的科学化和政策运行的合理化。无序的、非制度化的青年政治参与则会形成不良的政治参与效应，造成社会动荡和冲突。因此，高红波（2010）指出，要尽量克服青年政治参与的非程序化和非制度化，否则其产生的负效能和负效应必然会影响我国政治与社会的稳定和发展。要在尊重利益原则的前提下，通过改革推进制度化、程序化，建立结构性的政治参与运行机制和程序，形成高质量的青年群体政治参与结构，使青年政治参与正效应可持续化。

三、青少年政治参与的影响因素分析

要评估上海市青年的政治参与，我们首先要考察其对政治参与能力的认知。以往的研究表明，公民参政议政的能力与文化水平并不存在正相关性，文化水平低的公民也能够行使民主权利（张卫民，2000）。因此，青年对这一问题的认知是他们进行政治参与的前提。调查显示，当被问及是否同意“参政议政需要较高的知识能力，因此只能让具有较高知识能力的人参加”时，65%以上被调查者都不同意这一表述。仅有不到15%的被调查者认同上述观点。这一数据表明，大部分上海市青年认为政治参与是每个公民的权利，反对仅仅因为知识能力问题就将人们排除在政治参与之外，见表4-25。

表4-25　是否同意“参政议政需要较高知识能力，只能让具有较高知识能力的人参加”　（%）

	在校青少年	在职青年
同　意	12.8	14.5
不同意	65.5	68.1
说不清	21.7	17.4
合　计	100.0	100.0

政治参与不仅需要青年有正确的政治认知前提等内部条件，也需要有一定的外部条件来确保政治参与的可行性。从对上海市青年政治参与的内外部条件的调查中，可以发现有三个重要特征。一是不论是在校青少年还是在职青年，他们中的大部分人都认为当前上海市青年政治参与最欠缺的是内部条件，即参与热情；二是参与能力；三是参与的观念和意识。这三项内容所占的比重超过了总体的3/4。其中，在校青少年选择参与热情和参与能力的比重要高于在职青年，而在职青年选择参与的观念和意识的比重要大大高于在校青少年。

上海青年政治参与最欠缺的是什么？在单项选择的前提下，相对于内部条件而言，政治参与的外部条件选择比例相对较低。例如，仅有不到10%的青年认为最欠缺的是相关部门的支持和鼓励，约5%左右的青年认为最欠缺的是畅通的参与渠道，约2%左右的青年认为最欠缺的是规范和制度保障以及鼓励青年积极参与的良好舆论氛围，极个别的青年（不足0.3%）认为相关青年组织在充分发挥作用方面存在欠缺。在内部条件中，上海市青年认为最欠缺的是参与热情；而在外部条件中，被认为最欠缺的是相关部门的支持和鼓励。

因此，针对当前上海市青年政治参与的内外部条件，我们应当重视青年的政治参与热情、参与能力、参与观念和意识等内部条件的培育。内部条件是青年政治参与的主要推动力，如果不能引导青年发自内心地主动积极参与政治活动，那么再完善的外部条件也无法吸引青年的关注和参与。与此同时，也不能忽视对于青年政治参与外部条件的建设和改善，特别是要增强相关部门对于青年政治参与的支持和鼓励。在一定程度上，政治参与的外部条件能够促进内部条件的发自，反之亦然。因而，政治参与的内部条件与外部条件之间是一体两翼的关系，两者不能偏废。

表 4-26　关于上海青年政治参与的内外部条件，您认为当前最欠缺的是什么　（%）

	在校青少年	在职青年
参与热情	47.6	35.3
参与能力	17.3	14.2
参与的观念和意识	12.7	27.4
相关部门的支持和鼓励	9.4	9.7
畅通的参与渠道	3.9	5.7
不知道	3.8	1.8
规范的制度保障	2.0	2.4
鼓励青年积极参与的良好舆论氛围	1.7	2.8
其　他	1.5	0.6
相关青年组织充分发挥作用	0.2	0.1
合　计	100.0	100.0

在当代中国社会，外部条件对于青年政治参与的影响力正在弱化。高红波(2010)的研究表明，当代青年的政治参与已经由以往以政治动员为前提的政治运动方式转向以政治动员与自主选择相结合的制度性参与方式。而吴鲁平(1995)也通过调查指出，当代青年的政治取向更加务实，他们对改革的评价和满意度在下降，其政治参与出现内在动力不足或严重不足的情形。尤其是在当前的社会背景中，青年人面临着严峻的就业、升学和工作等多方面的压力，这使他们即使有政治参与的意愿，也无暇投入政治参与的过程，从而进一步削弱了他们的政治参与兴趣和动力。

美国社会学家赖特·米尔斯(2005)曾指出，当代社会中的人们普遍表现出一种冷漠的态度，他们对于政治缺乏热情。英国社会学者安吉拉·麦拉罗也指出，英国青年对于诸如投票选举、政党活动等政治活动反应冷漠(中国青少年研究中心,1999)。由此可见,当代青年的政治冷漠具有一定的普遍性,青年与国家政治之间存在着某种程度的疏离。然而,大多数研究者认为,青年对政治的冷漠和不参与态度,不仅不利于国家未来的发展,也会危害政治的健康运行。因此,必须重视青年对政治的疏离感,培育他们的政治参与精神,而这一切均离不开相关制度法规与政策措施的完善。

第五章　上海青少年公民素养的形成

青少年公民素养的形成是个体在特定的社会结构背景下，在各种社会群体与社会组织中，通过与他人的观念交流与社会互动，形成基本的道德素养、法律素养与政治素养的过程。这一过程是漫长而复杂的。其中既包含了教育机构所进行的有目的、有意识的引导与教化，更有日常社会互动中的耳濡目染与潜移默化。既有教育者对教育目标与教育方式的理解与阐释，也有青少年自身的独立思考与自主选择。既有标准的确立、意愿的形成，更有行动的践行。从某种意义上来说，公民素养的形成最终体现为个体行为习惯的养成。关于青少年公民素养养成的相关理论较为丰富，在本章中，笔者将在理论分析的基础上，提出青少年公民素养形成的一种分析视角，从行动主体的客观地位、主观阐释出发，围绕不同行动者之间的互动，分析现实生活中不同场域的公民素养培育状况。

第一节　青少年公民素养形成的理论模式

一、公民素养形成的相关理论

关于公民素养形成的理论来自多个学科，对公民素养的阐释需要跨学科的视角。在社会学中，公民素养的形成是社会化的重要内容，从帕森斯的结构功能主义的宏大理论架构，到具体而动态的生命历程理论，都可以为青少年公民素养的形成提供理论依据。在教育学与心理学中，科尔伯格的道德发展阶段理论等都具有重要影响。此外，系统论、场论等也可以为公民素养的形成提供解释。根据本课题的思路，笔者在此主要对结构功能主义、生命历程理论与道德发展阶段论的观点进行归纳与分析。

（一）结构功能主义理论

结构功能主义大师帕森斯认为，人格系统通过“价值内化”与文化系统形成双向联系，并通过社会化机制、社会控制机制整合到社会系统之中。社会化机制是将文化模式(价值观、信仰、语言和其他符合)内化到人格系统,进而制约其需求结构。通过这个过程,使行动者愿意把动机的能量施加于角色中(因而愿意信守规范),并给予角色必需的互动技能和其他技能。社会控制机制涉及地位—角色在社会系统中被组织起来以减少紧张和越轨的方式,包括许多特定的控制机制:制度化、人际处罚与友好、仪式活动、安全阀结构、系统的强制力及其运用等(乔纳森·特纳,2001)。

根据结构功能主义理论,可以分析得出,青少年公民素养的形成是个体社会化的过程,这一过程也伴随着社会控制。个体社会化的基本方式是价值观念的内化。因此,一方面,在青少年公民素养的形成过程中,伦理道德与价值理念的内化具有极其重要的意义。理想的价值观内化需要社会文化中具有系统的、权威的价值规范体系。另一方面,社会控制机制对于青少年公民素养的形成也发挥了自身的功能。对于青少年公民素养的形成来说,制度化基础上的强制性社会控制大多情况下只是发挥警戒作用,更值得关注的是社会生活中非强制性的社会控制,包括人际处罚与友好、仪式活动等。例如青少年的行动违背了社会伦理规范要求时,他的人际关系有可能受损,他可能被朋友拒绝;相反,如果青少年的行动顺应了公民价值规范的要求,他就可能获得他人的好感,建立友好的人际关系。这就是社会生活中的非正式社会控制。此外,惩戒性或表彰性的仪式化活动,对于青少年公民素养的形成也具有一定的作用。

(二) 生命历程理论

生命历程(life course)理论是国外社会学界于20世纪六七十年代兴起的一项跨学科的研究,其研究的对象主要涉及生命过程中的一些事件和角色(地位),以及其先后顺序和转换过程。在这类研究中,个人的生命历程被看做是更大的社会力量和社会结构的产物(孙抱弘,2006)。为了阐明变动的环境是怎样影响人们的生活和发展轨迹的,研究者归纳了以下四个在生命历程研究范式中最核心的原理:

1. 一定时空中的生活(lives in time and place)

在经受巨大变迁的社会中,对于出生在不同年代的人来说,呈现在他们面前的社会景观是不一样的,因而个体所拥有的社会机会和个体所受到的社会限制也是不一样的。人在哪一年出生和人属于哪一个同龄群体基本上将人与某种历史力量联系起来,它是进行生命历程范式分析的重要组成部分。“一定时空中的生活”原理告诉我们,就一般状况而言,青少年公民素养受特定的社会历史力量的制约,受同龄群体的影响。

2. 个人能动性(human agency)

人总是在一定社会建制之中有计划、有选择地推进自己的生命历程,人在社会中所作出的选择除了受到情景定义的影响之外,还要受到个人的经历和个人性格特征的影响。个体差异和环境之间的互动产生出个体的行为表现,所以人的能动作用和自我选择过程对于理解生命历程具有重要的意义。这一原理说明,青少年公民素养的形成与他们的个人经历与自主选择有密切关系。

3. 相互联系的生活(linked lives)

人总是生活在由亲戚和朋友所构成的社会关系之中,个人正是通过一定的社会关系才被整合入一定的群体。社会关系还是传递各种社会感情的媒介。生命与生命之间是相关的,生命历程与生命历程之间是相互联系的,每一代人注定了要受到在别人的生命历程中所发生的生活事件的巨大影响(李强、邓建伟、晓筝,1999)。青少年公民素养也必定受到他的社会关系中其他社会成员的影响。

4. 生命的时间安排(the timing of lives)

生命的时间安排,是指一个社会对个体生命历程中特定角色和时间所发生的时间和后果的期望。一个社会一般会有一个"标准时间表",指明主要生活事件和社会角色发生的适当时间。生命的时间安排描述的是个体的生命历程与整个社会期待之间的相互关系。如果个体关于生命历程的时间安排符合社会的期待,就会比较顺利,反之则可能带来麻烦(郑杭生,2009)。生命的时间安排原理说明对于本课题的意义在于,某些青少年由于没有在特定的时间段完成社会所期待的任务,就可能陷入不协调,并影响其公民素养的践行与社会责任的担当。例如近年来出现的青年"啃老一族",从学校毕业后没有如期踏上工作岗位,或者根本不找工作不仅自身生活没有保障,也难以完成对家庭的回报,也不想承担社会责任。

(三) 科尔伯格的道德发展阶段论

科尔伯格是美国儿童发展心理学家。他在大量研究的基础上,采用发展类型学方法和亚阶段方法,以及理想类型方法,提出了儿童品德发展的三个水平六个阶段理论(郭本禹,1999)。三个水平是指前习俗水平、习俗水平、后习俗水平。六个阶段是指每个水平中又可划分为两个不同的阶段(科尔伯格,2004;全国社工教材编写组,2010)。

1. 前习俗水平

处于这一水平的儿童一般在9岁以下,其道德观念的特点是纯外在的。他们为了免受惩罚或获得奖励而顺从权威任务规定的行为准则。根据行为的直接后果和自身的利害关系判断好坏是非。这一水平又包括两个阶段：

(1) 惩罚与服从定向阶段。在这一阶段儿童根据行为的后果来判断行为是好是坏，他们服从权威或规则只是为了避免惩罚，认为受赞扬的行为就是好的，受惩罚的行为就是坏的。

(2) 相对功利取向阶段。这一阶段的儿童道德价值来自对自己需要的满足。他们不再把规则看成是绝对的、固定不变的，评定行为的好坏主要看是否符合自己的利益。科尔伯格认为，大多数 9 岁以下的儿童和许多犯罪的青少年在道德认知上都处于前习俗水平。

2. 习俗水平

处于这一水平的儿童一般是 9～15 岁，能够着眼于社会的希望和要求，并以社会成员的角度思考道德问题，已经开始意识到个体的行为必须符合社会的准则，能够了解社会规范，并遵守和执行社会规范。规则已经被内化，按照规则行动被认为是正确的。习俗水平也包括两个阶段：

(1) 寻求认可定向阶段，也称为“好孩子”定向阶段。处在该阶段的儿童，个体的道德价值以人际关系的和谐为导向，顺从传统的要求，谋求大家的赞赏和认可。

(2) 遵守法规和秩序定向阶段。处于该阶段的儿童，其道德价值以服从权威为导向，他们服从社会规范，遵守公共秩序。尊重法律权威，以法制观念判断是非，知法懂法。认为准则和法律是维护社会秩序的。因此，应当遵循权威和有关规范去行动。科尔伯格认为，大多数青少年和成人的道德水平处于习俗水平。

3. 后习俗水平

又称原则水平。达到这一道德水平的人一般为 15 岁以上的人，其道德判断已经超出世俗的法律与权威的标准，而是有了更普遍的认识。想到的是人类的正义和个人的尊严，并已将此内化为自己内部的道德命令。后习俗水平也包括两个阶段：

(1) 社会契约定向阶段。处于这一阶段的人认为法律和规范是大家商定的，是社会契约。他们看重法律的效力，认为法律可以帮助人维持公正。但同时认为契约和法律的规定并不是绝对的，可以应大多数人的要求而改变。

(2) 普遍性伦理准则阶段。这是进行道德判断的最高阶段。表现为能以公正、平等、尊严这些最一般的原则为标准进行思考。在根据自己选择的原则进行某些活动时，认为只要动机是好的，行为就是正确的。在这个阶段上，他们认为人类的普遍的道义高于一切。

在科尔伯格看来,个体道德判断从低级阶段向高级阶段即从阶段一向阶段六的发展过程,实际上就是不断从他律道德向自律道德的发展过程,或者说是道德他律的逐渐减少的过程和道德自律的逐渐增加过程。道德教育的根本目的是促进儿童的道德发展,使他们达到最高的原则或自律水平(郭本禹,1999)。

上述理论对于我们理解青少年公民素养分别有不同的启发。结构功能主义理论较为抽象,从社会化与社会控制的角度对人格的形成进行阐释,并上升到系统层面。生命历程理论体现了纵向研究的特色;将宏观的社会文化背景、时代特征与微观的年龄段、社会关系相联系,兼顾了社会背景与个体的能动性。科尔伯格的道德发展阶段论则从个体道德心理发展角度,将焦点集中于道德发展的不同阶段及其特征。在上述理论的基础上,笔者提出了本研究的分析框架。

二、一个分析框架

以上三种理论,或者通过制度化的社会结构分析,阐释个体社会化的途径;或者从动态的生命历程角度,分析个体社会化的进程,抑或从道德发展的不同阶段极其特征,分析个体道德发展的不同特征。本研究则在上述理论的基础上,尝试在静态的社会结构与动态的社会互动之间建立联系,提出一个基于社会行动理论的分析视角,来阐释青少年公民素养的培育过程。

社会行动是社会学的重要研究对象,也是社会学极为重要的分析视角。经典社会学大师马克斯·韦伯的社会行动研究具有重要的影响力。韦伯认为,社会学是一门理解社会行动的科学。他对社会行动的定义包含两个基本要素:一是行动者赋予行动以主观意义,二是社会行动是指向他人的。在韦伯看来,社会行动的根本特征就在于其主观意向性,并将行动的意向性作为理解社会行动的关键环节,并将社会行动分为四种类型:目标合理的行动、价值合理的行动、富有感情或激情的行动,以及传统的行动。前两者为"合理化的行动"。

帕森斯在传统理论的基础上提出了他的行动唯意志理论。他认为,社会行动的基本单元是单位行动,单位行动的要素包括行动者、价值规范、情境条件、手段与目标。社会行动就是行动者在一定的价值规范与情境条件下,采用一系列手段实现自己的目标的过程。在分析了社会行动以后,帕森斯从行动单位转向社会系统。行动者的主体性与主观能动性并没有真正得到体现,社会学上由来已久的宏观研究与微观分析之间的鸿沟也并未逾越。

20 世纪七八十年代以来的社会学理论综合化的潮流中,另几位社会学大师在社会行动理论研究方面取得了进一步的进展。新功能主义者亚历山大提出,人格系统、社会系统、文化系统等并非是作为行动本身的要素，而只是作为行动的环境因素进入行动过程中。作为具体行动的外部环境，它们为行动提供了真实的行动目标、手段、社区支持、规则、意义框架和心理条件等。行动与外部环境是相互制约、相互构造的(杨善华，1999)。亚历山大在社会行动中引入“理解”与“谋划”的概念，从而使得社会结构与个体意识、动机之间建立起内在的联系。这种界定吸收了符号互动论、本土方法论、社会交换论等微观社会行动理论模式，融合了理性与非理性的行动预设，也充分体现了生命历程理论所强调的“人的能动作用和自我选择过程”的意义，形成了综合性的社会行动模式。这是既有一定抽象性，又可以用于实证研究的行动理论。对于公民素养的培育提供了可借鉴的分析视角。

公民素养的形成是养成习惯的过程。上海社科院杨雄教授认为，养成是“悟养而获得自觉与自为”。德育就是养成习惯(杨雄，2006)。公民素养的形成是行动者对规范的理解、策略性应对，并最终表现为行动的过程。这一过程，是行动者在一定的环境制约下，发挥主观能动性的过程。教育者是行动者，他们对社会规范有自己的理解与解释，在教育过程中也有自己的行动策略。受教育者也是一个行动者，他们有时候是积极主动地探究社会规范的意义，并形成自己的见解；有时候却被施教者置于被动的地位，却仍然以自身的理解与被动情境下的应对策略，使自己成为现实意义上的行动者。公民素养的形成过程就是一定的外部环境制约下，在各种社会关系背景下，不同行动者之间相互影响、相互制约的过程。本研究运用这种社会行动与互动视角下的公民素养解释框架，对上海市青少年公民素养的形成进行动态分析，从而达成对现实的真实而深入的理解。

具体而言，本研究在已有的理论基础上形成如下分析思路与主要观点：

(1) 青少年公民素养的形成过程是社会化的过程。帕森斯从抽象的角度将社会化理解为文化模式内化到人格系统的过程，而本研究综合微观互动层面的社会学观点，强调青少年公民素养的形成过程是不同行动者在一定的外部因素影响下的互动过程。

(2) 青少年公民素养的形成离不开特定的外部社会环境。但是社会环境对个人而言并非是完全“外在”的因素。生命历程理论认为，人在社会中所作出的选择除了受到情景定义的影响之外，还要受到个人经历和个人性格特征的影响。科尔伯格的道德发展阶段论则直接将年龄与道德发展水平相对应。本研究则进一步提出：不管是个人经历还是性格心理特征的影响，都说明外部环境中所传达的信息并不一定是个体所接受与形成的观点，只有通过个体对外部信息的主观解读，社会的价值理念才能对个体真正发挥作用。外部社会环境中的条件与信息，与个体对外部信息的理解与解释能力，共同决定了青少年公民素养所处的水平。

(3) 公民素养的形成过程是不同行动者的互动过程，是人们以有目的、有意识的社会行动相互影响的过程。社会互动分析的基础是社会行动分析。社会行动分析的起点是行动者分析。这里的行动者不仅包括教育者，也包括被教育者。教育者与被教育者都是互动过程中具有主观能动性的行动者。教育者对所要进行的教育内容有自己的理解，有自己的行动与举措，而受教育的青少年，对于教育内容也有自己的看法与应对策略。他们不是被动的教育对象，而是现实意义上的行动者。作为行动者，他们的行动取向可能是与教育者所期待的相一致，也可能是相违背的。究竟会形成怎样的结果，与行动主体的客观特征与主观理解有密切关联。

(4) 青少年公民素养是在一系列场域中形成的，包括家庭、学校、社区、工作单位、民间组织等。不同的场域有不同的社会环境因素，这既包括经济社会因素，又包括组织或群体层面的价值理念。在不同的场域中，青少年与其他行动者的地位、关系是不同的，因而所体现的行动特征也不同。青少年公民素养的形成过程，就是在这不同的场域中青少年及其他主体采取社会行动并发生社会互动的过程。

(5) 在上述社会行动分析中，环境与社会地位制约下的行动者的理解与行动策略是重要的分析内容。本研究认为，当代上海青少年面临着共同的时代背景与社会大事件，因此青少年公民素养也可以形成某些共同特征。与此同时，在共同的大环境之下，行动者有自己的微观环境与各自的社会地位、社会特征，在这些客观的外部因素之下，对价值理念又有各自的理解与解释，因此青少年公民素养形成了某些差异性结果。本研究将分析这些共同特征与差异性结果是如何形成的。

第二节　青少年公民素养形成的社会行动

青少年公民素养的形成过程包含了一系列社会行动。社会行动是行动者在特定的社会环境制约之下，根据自己对价值理念的理解与自主性的策略而采取的行动。社会行动既体现了外部社会结构性条件的影响，又反映了行动者的主观意识与能动性。行动者的应对方式，既与他们在互动情景中所处的关系与地位有关，又与他们自身基于价值与利益的思考有关。换言之，在亚历山大所提出的著名的“秩序”与“行动”理论预设方面，笔者采取综合性的视角。“秩序”方面，在融入结构性因素的情况下强调行动者的主观能动性；在行动预设方面，兼顾行动的理性与非理性的特征。在这里，理性指的是行动者是趋利避害的、讲求效率的，根据身外的力量来判断情况并采取对策；而非理性并非指的是“不理性”，而是指行动者是受道德规范、情感欲望制约的，是在价值观内化的基础上为内在力量所驱使的。

一、环境条件

当前上海青少年公民素养的培育既有普遍性的外部环境条件，又有每一个场域的具体情境条件。前者对后者产生了直接或间接的影响。这两种环境条件共同构成了青少年公民培育的结构性因素。

（一）普遍性的社会环境

普遍性的社会环境包括经济、政治、文化等方面。经济层面最为显著的背景就是市场经济的发展。这一变革所带来的影响是如此深远，不仅提高了人们的物质生活水平，改变了人们的职业生存状态，还促成了社会阶层的分化与组合，引发了社会价值理念的更新。上海市的经济发展程度位于全国前列，物质生活的满足使得人们对精神生活的要求进一步提升，对人生意义的追寻更为强烈与急迫。从积极的层面来讲，这就有可能促使人们走向广阔的社会空间，通过公共参与来彰显人生价值。市场经济也赋予个体以自由、独立的特征。在上海市，由于大量国内外企业的存在，年轻人更换工作的频率远远高于内地城市，个体与企业的关系成为纯粹的劳动关系，个体生活相对于组织的自由度上升到从未有过的高度。从正面角度而言，这促成了自由精神与主体性意识的发展，促进了自发性公益参与的繁荣。政治层面，民主政治的推进为广大人民群众参与政治生活创造了种种条件。上海的政治民主与全国大部分地区相比发展程度较高。不管是基层居委会选举，还是人大代表与选民见面；不管听证会，还是政务公开，都举办得较为正规。国家机关与事业单位的内部民主也得到进一步发扬。尽管民主政治的发展在现阶段还存在不足之处，然而民主参与的理论导向已经深入人心。在文化方面，上海是个开放性的国际大都市，新兴的国际思潮对上海影响迅速。例如在其他城市的奢华消费还相当有市场的时候，上海已经兴起了“环保”、“赶碳”的新理念。志愿精神也比许多城市更为浓厚。与此同时，传统文化也仍然在发挥作用，并形成了一定的地方文化。在家庭生活中，孝顺父母的传统道德仍然获得年轻人的高度认可，妇女地位的提升比任何一个地方都更为显著。随着民间组织的发展，一些社团在致力于传统文化的复兴，再现汉唐风韵、培育古文修养。这是个拥有传统底蕴而又彰显现代精神的大都市。

（二）具体场域的情境条件

青少年公民素养的形成不仅受普遍性的社会环境的影响，还受各个场域中具体情景条件的制约。这些场域包括家庭、学校、社区、工作单位、民间团体、政治组织等。本书在下一节中将从动态互动的角度详细讨论这些不同场域的青少年公民素养培育。在此仅从抽象层面讨论不同场域的情境条件。家庭是个体社会化最初的、也是最基本的场所，对于公民素养的形成而言，也具有极其重要的意义。在家庭中，个人学会基本的人生态度，形成基本的道德素养。家庭的经济社会特征与关系结构成为制约家庭成员互动的重要条件。学校是以集体的形式接受正规教育的场所，个体不仅学习文化知识，也学习处理人际关系、参与集体活动、服从权威，学校所倡导的文化理念与所执行的课程教育方式与体系是青少年公民素养形成的具体条件。社区是个人日常生活的主要空间。在都市社会中，社区社会资本衰落，邻里关系疏离，以政府为倡导者的“社区建设”成为社区场域中青少年公民素养培育的大背景。在工作单位，规章制度与职场关系结构成为影响公民素养形成的又一个因素。作为一个发展中国家，政府在现代化的进程中发挥了极其重要的作用，对公民素养的引导方面也是如此，党团组织成为青少年公民素养建构的强有力的力量。此外，大众传媒、社会舆论成为影响青少年公民素养形成的不可忽略的背景因素。随着信息化的发展，网络空间的力量已经越来越突出。这些外部的信息与观念，通过行动者的选择性的理解，成为他们自己所持有的观念，并在社会互动中呈现出来，现代意义的公民素养就在各种情境下的社会行动中锻造与成型。

二、行动者分析

行动者是社会行动分析的出发点。在不同的社会互动中，行动者的地位是不一样的。互动各方的不同社会地位直接影响了社会互动的结果。在公民素养是在社会互动中形成的，因此青少年与教育者的地位特征，对于公民素养的教育结果具有极其重要的意义。

教育者的权威地位与受教育者的主体地位是青少年公民素养形成过程中的两个重要因素，这两者对于不同年龄阶段的青少年所具有的意义存在差异。对于未成年人而言，教育者的权威性地位尤其重要，青少年自身的主体性地位也应当得到重视。对于在职青年而言，自身的主体性特征更为显著。调查研究发现，在现阶段，教育者的权威地位与青少年的主体性意识具有如下特征：

1. 教育者的权威地位受到一定挑战

未成年人处于基础社会化阶段，他们的生理和心理还不够成熟，缺乏独立思考和判断的能力。这就需要社会提供稳定和统一的社会规范和价值标准，提供令人敬佩和信服的社会权威形象。家长与教师在青少年公民素养的形成中都扮演了教育者的角色。然而，在价值文化多元化的今天，家长与教师的权威性地位与传统社会相比已经大为下降。

在针对青少年父母的问卷调查中，关于对孩子进行道德价值观教育的权威性评价，27.9%的父母认为家长更有权威，41.4%的父母认为教师更有权威，30.8%的父母认为家长、教师都没有权威，见表5-1。这一组数据直接说明了，不管是家长还是教师，作为教育者的权威地位都受到一定程度的挑战。

表5-1　谁对孩子的道德价值观教育更有权威　　(%)

	百　分　比
家长更有权威	27.9
教师更有权威	41.4
家长教师都没有权威	30.8
合　　计	100.0

调查也表明，青少年对父母的道德价值观有自己的看法。在校青少年中，21%的人认为父母观点一般是对的，71.1%的人认为父母观点有的是对的，有的已经过时。7.2%的人认为父母观点太老旧。我们也就公民素养培育问题对在校青少年的父母开展了调查。统计显示，9.0%的父母反映孩子“经常”说他们道德价值观过时，34.9%的父母反映孩子“较多地”说他们价值观念过时，45.2%的父母反映孩子偶尔会认为他们的价值观念过时，只有10.6%的父母说孩子从来没有认为他们的观念过时。上述数据说明，相当多的父母在青少年面前已经或多或少失去了道德与价值观教育的权威性。这就使得在社会化早期阶段，道德他律的作用大大降低。这个时代的青少年比任何一个时代都更早地需要发展道德自律。

父母的权威性受到挑战，不是少数家庭的情况，而是许多家庭面临的普遍情形。究其原因，并不能简单地归为不良家庭教育方式的结果，而是体现了转型社会的特征与时代发展的烙印。首先，现代社会是价值观念迅速变迁的社会，年长者与年轻者所接受的价值理念存在很大差异，年轻人对新事物、新观念具有天然的兴趣，更能跟上新兴的时代潮流。而新潮流可能与旧观念存在很大差异，一些青少年由此判断父母有的观念已经过时。受教育者对教育者所持观点的否定，是教育者权威动摇的根本原因。其次，随着社会现代化的发展，人与人的地位趋于平等。青少年自我意识增强，个性意识增强。儒家伦理强调的子女对父母的无条件顺从在当代社会已经不能为人们广泛接受。在上述情况下，父母使用权威性的说教并不一定能够达到教育效果，父母需要尊重青少年的个性，采用平等交流、共同协商的方式与青少年沟通。

2. 青少年的主体地位有所发展

笔者认为，在公民素养的培育过程中，青少年自身也是有目的、有意识的行动者。他们作为受教育对象，并非简单地接受外部环境与教育者传递给他们的理念，而是对这些观念有自己的认识与理解，并根据情境与利益采取接受或不接受的选择。在青少年公民素养培育中，需要充分关注青少年的主体性地位，不应该将他们看做是被动的服从者。

调查表明，在家庭生活中，孩子自身的观点与想法已经开始得到重视。“您赞成在家庭生活中，父母倾听未成年孩子的想法或建议吗?”对于上述问题，54.4%的在校青少年表示“很赞成”，36.8%的在校青少年表示比较赞成。两者相加达到91.2%。表示“不太赞成”与“很不赞成”的比例分别只有7.0%与1.8%。在校青少年的家长的态度与此非常接近。40.1%的人对于父母听取孩子想法的态度表示“很赞成”，52.4%的人表示“比较赞成”，两者相加达到92.4%。

上述数据说明，在家庭的私人生活领域，青少年的主体性地位已经得到了较大发展。相关研究表明，很多青少年不仅能够有自己的看法，而且还能够影响父母的思想观念，对老一代人形成文化反哺，形成“逆向社会化”。然而在学校、公共生活等领域，青少年的主体地位发展程度相对偏低。这表现在，在学校教育中，思想政治课程还存在灌输的现象，很多青少年只是为了应付考试而去接受一些观念。青少年自身想法并没有充分的表达机会。在公共参与中，学校组织与安排的力量非常强，这在发挥动员作用的时候也忽略了部分青少年的自主选择意识，不利于青少年公共参与主体意识的发展。

在职青年已经处于发展社会化阶段，他们对道德规范与价值标准逐步形成了自己的认知，主体性特征更强。但是即使是在这个群体中，很多人也并未真正意识到自己在国家政治生活与社会公共参与的主体性地位。公民素养培育中青少年的主体性地位在私人领域获得了较大发展，而在公共领域发展程度还较为低下。其背后的原因，有自身的思想观念原因，也有社会的结构性因素。

三、公民素养形成过程中的社会行动特征

公民素养的形成是青少年与外界互动的过程。社会互动是社会中的人与

人、群体与群体之间通过信息传递而发生的社会行动。公民素养的社会行动有两种类型：第一种类型是日常生活中的无意识状态下发起的互动。在现代社会，信息技术与传媒的发展对于社会互动而言具有变革性的意义。越来越多的社会互动已经不是发生在面对面的场合。凭借计算机网络平台，社会互动具有了超越时空的特性，并可能在无数个体之间迅速发起超大规模的互动。上述互动中常常伴随着伦理道德、价值观念的交流。第二种类型是在家庭、学校等现实生活场域，由教育者有目的发起的社会互动。这类社会互动仍然保持了面对面互动的特征。笔者在此重点讨论第二种类型的社会行动。

1. 公民素养培育中教育者的社会行动特征

韦伯将社会行动分为四种类型：目标合理的行动、价值合理的行动、富有感情或激情的行动，以及传统的行动。前两者为“合理化的行动”。在传统社会中，后两种行动占主导地位，而在资本主义社会，前两种行动占主导地位。当越来越多的人趋向于理性选择时，整个社会包括经济、政治和文化也都会走向合理化（郑杭生，2009）。上述特征，在当代中国社会也体现得越来越突出。有意识的公民素养培育的行动也属于韦伯的“合理化行动”。

帕森斯在前人观点基础上对社会行动进行了新的类型化建构。他提出了一套表达系统变量属性的概念，即模式变量。他把那些建立在二分法基础上的行动模式区分为工具性行为与表意性行为。帕森斯的社会行动理论的意义被庞大的结构功能主义理论所湮没。亚历山大发展了功能主义的社会行动理论。他认为，社会行动有两个基本维度：一是理解（interpretation）；二是谋划（strategization），前者包括两种不同的过程：一是用既有的框架来解释每一种新的印象，就是典型化；二是用新的方式来理解行动，即“创新”（乔纳森·特纳，2001）。后者可以是指对行动策略的选择与采纳，或“有策略的算计”。解释与谋划，是任何行动过程在任何时间点上都包含的两个不可分割的方面。

从韦伯的目标合理的行动、价值合理的行动，到亚历山大的理解与谋划，我们可以发现两者之间的脉络。通过上述概念建构，跨越了传统上社会学理论的理性预设与非理性预设的鸿沟。理性与非理性的社会行动特征得到综合。这样的综合性特征，与现实生活中的社会互动的真实状况是相吻合的。理论建构与现实解释之间的对应性更为紧密。

与其他类型的社会行动一样，教育者在公民素养培育方面的社会行动包含了社会学意义上的理性与非理性两方面的特征。行动的非理性因素意味着社会规范与价值观对行动者的影响。从理论上讲，国家与社会的公民素养教育标准与文件规定是学校教育者理解公民素养培育宗旨的基本依据，在实际执行中，教育者对国家的价值理念教育标准不一定全盘照搬，而是可能根据社会现实与个人偏好进行灵活处理。融合生命历程理论的观点，教育者对当下社会价值观念的理解与他们所经历的时代的特征与个体生活实践有密切关联。正是在理解的基础上，教育者以正式或非正式的方式组织了教学内容，并对不同的价值理念有不同的侧重点。教育者的行为也具有自己的“策略”。在理解的同时，他们开始采取行动来最大限度地达成目标。这一目标是他们在理解的基础上所形成的目标，与国家和社会所赋予的目标可能吻合，也可能或多或少存在差异。他们所采取的策略是基于利益考量的。当教育者认为某些方面的公民素养教育并不重要，又必须对外界有所交代时，他们可能会将其搞成形式主义的教育。如果教育者认为某些方面的教育很重要，他们就会采用自己的方式来实行。这种导向一般情况下与国家与社会的要求相一致，也有可能与社会的一般标准相违背。

2. 公民素养培育中受教育者的社会行动特征

与教育者相似，青少年作为受教育者的社会行动也具有“理解”与“谋划”两方面的特征。他们会结合在日常社会交往与大众传媒中的信息，对教育者所传达的信息进行思考，形成自己的理解。当社会传达的信息与他们原有的信息发生冲突时，他们可能会在理解的基础上行动，根据情境条件，认为需要服从权威与社会规范，也可能认为不一定要服从。这就是受教育者的“策划”。

不同年龄的受教育者，他们的能动性体现程度是不同的。根据科尔伯格的道德发展阶段论，9～15 岁的少年儿童更多的是处于寻求认可与遵守法规和秩序阶段，15 岁以上的青少年更多的发展出自己的评价标准。我们的调查表明，样本中 15 岁以下青少年选择“父母观点一般是对的”比例为 23.4%，而 15～23 岁为 19.8%。虽然 15 岁以下青少年对父母认同的比例略高，但这种差异是极其微弱的。上述数据反映的更重要的事实是，八成左右的青少年并不同意“父母观点一般是对的”，他们会用自己的脑子来思考问题、判断对错。寻求认可阶段的前提是对社会权威观点的服从，对权威人物的认同。遵守社会规范与公共秩序的前提，是公共规范的公正性与人们遵循行为的普遍性。大力倡导却没有被遵守的社会规范不是真正的社会规范。在社会剧烈变迁的背景下，文化观念的统一性变得模糊，教育者的权威地位遭到挑战，青少年更多地凭借自己的思考来分析社会规范。与 20 世纪科尔伯格时代的青年相比，21 世纪的教育者要使青少年进入“习俗阶段”，所面临的挑战更为巨大。事实上，一些青少年并未真正进入“习俗阶段”，就具有了“后习俗阶段”的叛逆。而青少年的思维方式尚未成熟，对权威与规范的质疑大部分情况下并不能使他们真正进入伦理道德要求更高的“后习俗阶段”，反而有可能让他们倒退到“前习俗水平”，以自身的利益满足来衡量社会行为的好坏。

笔者认为,“前习俗水平”阶段的青少年趋利避害的动机可能并不单纯。倘若青少年因不接受教育者的理念而受到惩罚或压力时,他们也可能压抑内心的真实想法,表面上接受,而实际上不遵照执行。这是较为隐蔽的趋利避害策略。

在当代社会,违反社会规范的行为是如此普遍,说明更多的成年人在道德发展阶段上发生倒退,回到原本应该是孩童所处的“前习俗时期”。这些社会行为本身又成为青少年公民素养形成的不利社会背景。社会规范的高调宣传与现实中的大量不道德行为形成鲜明对比,公民素养培育的组织活动中也存在形式主义的做法,这可能让青少年对公民素养的践行形成“走形式”的理解,采取阳奉阴违的策略,以新的形式主义的社会行动来复制新的不规范行为。这种可能性值得我们警醒。

第三节　青少年公民素养形成的过程与成效

青少年公民素养的形成途径主要有三种方式:一种是在日常生活中,通过与外界的交流、他人的互动,在潜移默化中形成自身的公民品格,其重点是家庭生活中的公民素养养成;二是在教育机构中,根据国家导向下的教育政策,通过师生的互动,接受系统的、有目的的公民素养培育,其主要渠道是正规的学校教育。三是在新近发展的公共生活中,通过丰富多彩的实践活动,公民意识得以提升,公民能力得以发展。其重要平台是民间组织的发展。本节将通过家庭、学校、民间组织等场域中的社会行动,分析公民素养形成的动态过程。我们要探讨的问题是:在现实的公民素养培育中,家长、学校以及其他组织机构,是如何对青少年公民素养发生影响的?在外部的文化与政策的制约下,他们对公民素养的理解与诠释如何?这些理解与诠释又怎样影响了青少年公民素养的培育方向?他们对公民素养培育的行动策略如何?这些行动策略又怎样决定了青少年公民素养发展的具体途径?

一、家庭与公民素养的养成

家庭是孩子的第一所学校,父母是孩子的第一任教师和学习的榜样。家庭的生活化教育具有潜移默化的特性,对个体的公民素养的培育具有得天独厚的优势,因为生活即教育,教育的根系于生活。《公民道德建设实施纲要》指出,家庭是人们接受公民道德教育最早的地方。良好的家庭教育是培育青少年公民素养、促使青少年健康成长的重要一环。

（一）理解与诠释：父母对公民素养教育的认识

当代多元化的社会风气和生活方式对青少年有着较大的影响，许多家长越来越意识到家庭教育对孩子身心发展的重要意义，他们往往能以身作则，重视孩子的品德教育、心理健康教育和对孩子渗透政治意识教育、法律意识教育，为孩子树立优秀的榜样，积极养成孩子良好的学习习惯，开发孩子的学习兴趣，培养孩子的社会交往能力，鼓励孩子参加社会公益活动，帮助孩子树立远大的科学理想等。然而对于公民素养内涵与公民素养教育，一些家长还存在认知不清、重视不够等问题。

在“您最关注孩子哪些方面的成长与发展”一项调查中，排在前三位的分别是身体健康、个人品质和学习成绩，见表5－2，这与我们过去几年的调查结果有着明显的不同：学习成绩由原来的第二位下降到第三位，这个变化是值得思考的。改革开放以来，随着国人对教育日益重视，在中国“官本位”和“学而优则仕”文化浸润中的家长们，把强烈的成才欲、成功欲寄托在子女的教育上。在应试教育方式背景之下，在赤裸裸的生存规则面前，尽管现在许多家长的知识水平、文化素质普遍得到了提高，但在观念认识层面上，对成才的标准、对教育的本质还是把握不够，许多家长不是教育子女成人，而是一味地苛求子女成龙、成凤，导致了学习至上的家庭教育价值观。马克思讲人的本质属性是丰富的，而“学习至上”显然剥夺了人的丰富本性，将成才标准单一化，这是违背人性和教育发展规律的。前些年的马××杀人事件、清华学子刘××硫酸泼熊事件以及层出不穷、触目惊心的学生跳楼事件等，引起全社会对教育的反思，尤其是最近的药××杀人事件更是让很多家长认识到“望子成龙”心态可能产生的消极甚至是恐怖的后果，进而对成人与成才关系、成才标准多样性等问题进行了重新思考，对“贵生、正直、宽容、平等、人道”等关系到孩子身心健康发展的基本问题给予了充分重视。这个转变对于青少年公民素养教育来说是个可喜的进步。

表5－2　您最关注孩子哪些方面的成长与发展　（%）

	第一关注	第二关注	第三关注	未选择
学习成绩	11.8	18.1	20.2	49.7
身体健康	56.8	23.6	7.9	11.8
个人品行	13.6	30.7	22.3	33.3
公德意识	4.2	11.3	11.3	73.0
政治参与	1.0	2.1	1.3	95.5

然而，在调查中我们发现，家长对公民内涵、公民素养教育等问题的认识还不够清楚，往往将其与思想政治教育等同起来。在“您认为哪些属于一个好公民的品质”一项调查中，在多项选择的前提下，有 84.3%的家长选择“遵纪守法”，50.8%的家长选择“拥护中国共产党”，43.7%的家长选择“服从政府”，而选择“敢于监督政府是否滥用权力”和“反对政府不合理政策”的比例很低，见表 5-3。一般来看，遵纪守法的是好公民，但有个前提，那就是法律必须是全体人民意志的体现，而且要执法公平，这样的遵纪守法，实质是遵循自己的意愿，体现了公民的权利，而“公民”一词最本质的东西就是从权利出发来理解个人与国家的关系，所以从这个角度来看，服从政府也不是“公民”的内在本质，那只是“顺民”的体现。

表 5-3　青少年家长对“好公民”品质的看法　（%）

	百　分　比
遵纪守法	84.3
拥护中国共产党的领导	50.8
服从政府	43.7
敢于监督政府是否滥用权力	8.9
能够反对政府的不合理政策	16.8

之所以出现这样的调查结果，可能有两方面的原因：一是我国封建社会持续时间长，现代化进程启动晚，民主社会发育不很成熟，与民主社会相适应的公民意识往往受到与封建专制遗留下来的顺民意识的遮蔽，从而导致我国公民素养教育的时间短、起点低，基础薄弱；二是上海市政府在发展经济、改善民生、完善保障等方面取得显著成效，赢得百姓的赞扬和信任。

（二）行动与策略：父母对公民素养的构建

随着时代发展和社会进步，当代家庭公民素养教育也与时俱进，取得了一定的成绩，主要表现在以下几个方面：

1. 言传身教，注重父母表率作用

父母的一言一行为孩子提供了思想言行规范性要求的物化模式，它不仅影响孩子的行为，而且对其思想认识和情感也会产生极强的影响。以身作则之所以可贵，在于“言有物而行有恒”，言行一致，给人以很强的示范作用。父母在家庭中的权威地位、在孩子心目中的榜样形象，是孩子的主要影响源。当今许多家长能够积极提高自身的思想政治素养和道德素养，严格规范自己的言行，注意言传身教，把社会道德准则、法律规范、做人的道理以及父母良好的人格品德传给孩子。在日常生活中，鼓励孩子关心他人，关注社会公益活动，有计划、有目的地给孩子创造锻炼的机会，用心创设良好的家庭文化环境和素养教育环境。

在调查中发现，父母在日常生活中，会主动帮助他人的占91.1%，选择不会的仅占4.9%，见表5-4。父母在日常生活中自发的助人行为，对子女利他动机的形成发挥着潜移默化的影响。

表5-4　父母会主动帮助他人的状况　(%)

	百分比
不会	4.9
有时会	49.5
经常会	41.6
不知道	4.0

不仅如此，大多数父母还直接对孩子参加公益活动表示支持。在被调查的在校青少年父母中，选择非常支持和比较支持的占比83.6%，选择不太支持和很不支持的仅占1%，见表5-5，而青少年热心公益活动并实际参加的占比90.2%。从中我们可以看出，上行下效、先施后学、以身垂范，是良好管理的必然要求，也是家庭公民素养教育基本途径。父母如果反对官僚，孩子自然崇尚平等；父母如果崇尚自由，孩子自然反对专制；父母如果品格高尚，孩子自然追求德行；父母如果热心公益活动，孩子自然也会乐于助人。父母的言传身教和表率作用，对于提高青少年的公民素养不可或缺。

表5-5　父母对孩子参加公益活动的态度　(%)

	百分比
非常支持	36.5
比较支持	47.1
无所谓	15.3
不太支持	0.5
很不支持	0.5

2. 创造民主平等的家庭氛围

随着社会的发展和家长素质修养的提高，许多家长非常注重营造民主平等的家庭氛围，建设学习型家庭。家庭冲突采用民主协商方式解决，平等交流不同的价值观念。家庭成员可以共同探讨学习方案，一起分享学习成果，共享心灵对话，成员互动，亲情相容，积极进取，父母与孩子共同成长。根据玛格丽特·米德的分类，当代社会所处的是一个后喻文化的时代，知识更新的速度不断加快，父母和子女之间有了相互学习相互合作的可能性。父母用以上压下的命令口吻对待子女的教育方式已经越来越少见了，事实证明家长式的专断作风只会让子女产生逆反心态，得不偿失，起不到良好的教育效果。那么，在现实家庭生活中，当父母与孩子的观点发生冲突时，父母会采取什么行动呢？结果又如何？

表 5-6　与孩子观念冲突时父母的选择　　(%)

	百　分　比
听孩子讲他的道理	75.6
教育孩子改变观点	22.8
其　　他	0.8

在调查中发现，当孩子与父母观念冲突时，有 75.6%的父母选择“听孩子讲他的道理”，见表 5－6，而观念冲突的结果，选择“共同讨论，达成共识”的占 68.3%，见表 5－7。表中所反映的对观念冲突的处理方式，说明上海青少年家庭生活中代际平等关系已经成为主流。这种平等民主的家庭氛围，克服了传统家庭教育轻视孩子主体性的弊端，有利于培养孩子主体意识和品格，孩子在心理上获得了安全感、舒适感、稳定感，在宽松温馨的环境中，孩子的身心得以健康成长。同时，父母与子女就诸多疑问和困惑进行自由探讨和平等协商，最后引导子女作出正确的判断，也有利于促进孩子平等民主的思想意识的提升和个性的养成，让孩子的个体生命力得到张扬与发展。

表 5-7　父母与子女观念冲突的结果　　(%)

	百　分　比
听父母的	13.5
共同讨论，达成共识	68.3
各抒已见，互不干涉	15.9
认同孩子的观点	2.3

3. 创造自由宽松的家庭氛围

孩子需要的是家长的倾听，而不是太多的命令，需要的是家长的关怀和指点，而不是太多的限制，父母应给孩子选择的权利，为孩子提供选择的机会，适当地让孩子自己来承担选择的后果，相信孩子有对事物进行正确判断和选择的能力，相信孩子有把握自我的能力，这种信任，会产生巨大的教育效果。随着心理学和教育学的巨大发展，越来越多的家长认识到，孩子需要心灵的自由和心理的宽松，孩子心理上的安全感、稳定感、舒适感，是其身心成长的必要条件。唯有自由宽松的家庭氛围，才有利于培养孩子主体性的意识和品格，充分发挥孩子的想象力和创造力，而奴性意识和依附性人格，必然危及孩子的美好前程和未来。

在关于"父母倾听孩子想法建议"的调查中，持"很赞成"和"比较赞成"的合计占91.2%，而持"不太赞成"和"很不赞成"的仅占8.8%，见表5－8，由前文调查数据可知，父母对孩子学习成绩的重视仅列第三位，排在身体健康和个人品行之后。这些事实表明，越来越多的父母开始重视为孩子创设一个温馨、宽松、自由的空间，而不是像传统家庭教育那样，为了实现子女成龙成凤的宏伟目标，而将子女的生活空间和人生规划安排得密不透风。

表5－8　父母对倾听孩子想法建议的态度　　(%)

	百分比
很赞成	54.4
比较赞成	36.8
不太赞成	7.0
很不赞成	1.8

(三) 家庭在公民素养形成中的成效

自由、民主、平等、公平等都是公民素养的题中之义，当今家庭公民素养教育取得的最大成效，在于彰显了上述公民素养的核心理念。

(1) 自由是最根本的人道，而人道的核心主旨在于"使人成为人"，也就是"使人成为可能成为的最有价值的人"(罗国杰，1993)，也就是达到人的自我实现。人的自我实现，本质上是人的创造性潜能的充分发挥。只有充分发挥人的创造性潜能，才能实现马斯洛所说的人的最高需要——自我实现，也只有充分发挥人的创造性潜能，才能让社会创造物质财富和精神财富的源泉充分涌流，从而实现社会的繁荣与昌盛。没有创造力的社会，只能是一潭死水。

所谓的创造性，是一种独创性，是独一无二、绝无仅有的，如果是与别人相同，那只能称作学习或模仿，所以创造性与人的个性成正相关，个性越强烈，创造性越强，反之则越弱。综观历史上大文豪、大物理学家、大艺术家、大哲学家等等，几乎都是个性强烈之人。莫泊桑、伽利略、贝多芬、尼采、黑格尔、叔本华等人都是终身未娶，尼采、牛顿、马基雅维利、纳什等人都是精神分裂者。强烈个性的养成，在于自由的氛围。西方有人说，上帝没有给人类以灵牙利齿和巨大力量，但给了人类自由，有了自由，你不是龙但可以选择成为龙，你不是凤但可以成为凤。如果没有自由，我们培育的人则是“理想的模型”，千篇一律，千人一面，毫无个性，那样的社会，怎会有生机和活力，怎会有进步和繁荣？正如只由一个音符组成的乐章，怎么可能成为最美的音乐？

实现自由的根本途径在于民主。因为无论是家庭制度，还是政治制度、法律制度、道德规范，如果都是民主协商的结果，那么尊重这些制度，无疑就是遵循自己的意愿，而自由无非就是顺从自己，按照自己的意志去做。

我们所说的家庭公民素养教育的成效，不在于它培育出多少高考状元，培育出多少成功人士，而在于它宽松自由的家庭氛围，为孩子将来的发展提供了无限的可能性。

(2) 平等是最根本的公平，而公平的核心主旨在于“等利害交换”，也就是亚里士多德所说：“公平是具有均等、相等、平等、比例性质的那种回报或交换行为。”(亚里士多德全集，1992)人类社会之所以从产生到现在能够生存和发展，离不开“等利害交换”原则的支撑，正因为“以眼还眼以牙还牙”这种等害交换的存在，才让人类不敢肆意相互伤害，因为你损害他人与社会多少，就等于损害自己多少，要想自己不受损，就不能损害他人与社会；等利交换最有利于增进他人与社会利益，因为你为他人与社会增进多少利益，就等于为自己增进多少利益，要想增进自己利益，就必须增进他人与社会利益。

权利与义务的交换与分配无疑是最重要的等利交换，因为如果只有权利的享受，而没有义务的付出，或者只有义务的付出，而没有权利的享受，社会必然陷于“善有恶报，恶有善报”的恶性循环，进而导致社会的崩溃。那么权利与义务的交换与分配，应该遵循什么原则呢？显然是平等原则，一是人生而作为社会的一分子，对维持社会生存作出重要贡献，作为“股东”而平等分享权利，也就是文艺复兴时期所说的“天赋人权”；二是按照个人能力、意愿而对社会发展所作出的不同贡献，按照比例进行索取，即亚里士多德所说的“比例平等”。

从上述我们可以看，自由与民主是维持现代社会生存与发展的重要原则，自由精神与平等意识是现代公民素养培育中的重要内容。而这些意识却首先在家庭这一私人生活领域中得到了一定程度的彰显。青少年的权利得到尊重，个性得以发展。这一代青少年的上述特征，将对公共生活领域的公民素养与公民行为发生不可忽略的影响。

二、学校与公民素养的培育

加强公民教育，增强公民意识，提高公民素养，是建设民主法治社会的必然要求，是增进民族素质的重要途径，其中学校教育是非常关键的一环。从行动者的视角来看，国家教育行政部门的文件精神是学校对公民素养培育的意义与方式进行诠释的基础，学校公民素养教育的课程设计是教育系统进行公民素养培育的总体行动策略，而具体的公民教育创新性举措，则是各学校在理解与诠释基础上的发挥主观能动性的具体行动策略。

（一）我国学校公民素养教育的历史发展与文件精神：理解与诠释的基础

近百年来，我国学校公民素养教育经历了一个曲折反复的发展过程。关于公民、公民教育、公民素养等问题，梁启超、蔡元培等人在民国初年就有比较详细的论述。新中国成立后，公民教育被当作资产阶级的教育思想受到批判，公民课被取消。此后的学校教育在相关的思想品德课、政治理论课、历史和地理课中也没有公民教育的地位。中共中央在 1985 年颁布了《关于改革学校思想品德和政治理论课程教学的通知》，决定在初中开设公民课，并组织编写了公民教育教学大纲和教材，但由于种种原因，公民教育计划未能实施。20 世纪 90 年代以来，随着社会主义市场经济的不断发展，民主法治建设的不断完善，公民教育的重要性日渐显现出来。1995 年，国家教委颁布《中学德育大纲》，规定“中学德育的根本任务是把全体学生培养成为热爱社会主义祖国的具有社会公德、文明行为习惯的、遵纪守法的公民。”虽然已提出培养“公民”的目标，但是考察我国在这一阶段基础教育的教育目标、课程设置和教学内容，比如“思想品德”、“思想政治”、“法律常识”、“思想政治理论课”等课程，以及其他意在培养学生道德品质、政治法律素质、树立正确三观的实践性活动课程，都没有把公民教育和培养适应现代社会合格的公民作为目标而明确的加以阐述。2001 年，中共中央颁布《公民道德建设实施纲要》，指出学校是进行系统道德教育的重要阵地，要求各级学校要以“爱国守法、明礼诚信、团结友善、勤俭自强、敬业奉献”等基本道德规范来教育学生，以培养“四有”社会主义公民。2004 年 2 月中共中央又颁布了《关于进一步加强和改进未成年人思想道德建设的若干意见》的文件（即 8 号文件），要求针对未成年人身心成长的特点，坚持以人为本，教育和引导未成年人树立中国特色社会主义的理想信念和正确的世界观、人生观、价值观，树立高尚的思想品德和良好的道德情操，培育有理想、有道德、有文化、有纪律的，德、智、体、美全面发展的中国特色的社会主义事业建设者和接班人。同年，中共中央国务院《关于进一步加强和改进大学生思想政治教育的意见》(简称16号文件)下发,这是新时期加强和改进大学生思想政治教育的纲领性文献,提出了加强和改进大学生思想政治教育的指导思想、工作原则和具体要求。

这些中央文件的出台标志着随着我国经济、政治体制的转型,国家对公民教育问题开始重视。党的十七大报告进一步指出,“要加强公民意识教育,树立社会主义民主法治、自由平等、公平正义理念。”这是中央首次明文将公民与民主、法治、自由、平等、公平、正义等概念以如此直接的方式联系起来,应该说是我国公民素养教育发展史上的突破。在具体原则与方法上,16号文件指出大学生思想政治教育应当以大学生全面发展为目标,坚持以人为本,贴近实际、贴近生活、贴近学生,努力提高思想政治教育的针对性、实效性和吸引力、感染力。并提出加强和改进大学生思想政治教育的六原则是:教书与育人相结合、教育与自我教育相结合、政治理论教育与社会实践相结合、解决思想问题与解决实际问题相结合、教育与管理相结合、继承优良传统与改进创新相结合。要充分发挥课堂教学在大学生思想政治教育中的主导作用。在上述文件精神的指导下,关于公民、公民教育、公民意识教育、公民素养等研究和繁荣发展,取得了大量的成果。

(二)学校公民素养教育的课程设计:公民素养培育的总体行动策略

学校是实施公民素养教育的重要场所。但是由于国情的特殊性,我国并没有独立、系统的公民素养教育方面的课程,目前学校的公民素养教育还主要包含于思想政治教育之中。从本质上来说,公民素养教育和思想政治教育是不同的,前者是普遍性教育,以培养民主社会的合格公民为目标,强调权利;而后者是先进性教育,以培养社会主义“四有”新人为目标,强调义务。但是二者所含范围在很多方面是一致的,我国学校思想政治教育包括:道德品质教育、马克思主义理论教育、爱国主义教育、国情教育、民主与法制教育、心理健康教育、劳动教育、人生观教育等,涉及政治、法律、道德等各个方面,公民素养教育也主要包括这三部分,所以探究学校教育中公民素养的培育措施,还是要从探究学校思想政治教育入手。

目前我国学校思想政治教育包括义务教育(小学和初中)、高中、大学三个阶段,每个阶段都不同程度上包含了公民素养教育内容。

义务教育阶段的三个课程标准内容设计简要归纳为:

品德与生活:生活主题——健康—安全,积极—愉快,负责任—有爱心,动手动脑—有创意。注重:在活动中学习,基本习惯养成。

品德与社会:同心圆扩大——自我,家庭,学校,社区/家乡,国家,世界。注重学科整合，以人文社会科学为基础，开展主题学习；注重：品德养成和在社会生活中道德认知和道德判断能力的发展。

思想品德：4个主题+3个同心圆——即：心理健康，道德、法律、国情+自我成长，我与他人和集体，我与国家和社会。注重：初中阶段学生生理和心理发展的特殊性，价值观引导。

小学阶段侧重思想品德教育，基本属于道德教育，实现提高学生的道德认识和道德判断能力、培养文明道德行为习惯的目的，使小学生做一名文明礼貌、遵纪守法的小公民。初中阶段倾向于心理品质、法律常识、社会发展常识的思想教育，在一定程度上增强了学生的法律与政治意识。

高中阶段的德育教材以"思想政治"命名，可见其核心是思想政治教育。在教育部制订的普通高中《思想政治课程标准》中，明确了该课程的性质是对中学生系统进行公民品德教育和马克思主义常识教育的必修课程，"以邓小平建设有中国特色社会主义理论为中心内容，简明扼要地讲授马克思主义经济学、哲学和政治学的基本观点，以及我国社会主义现代化建设常识；帮助学生初步形成观察社会、分析问题、选择人生道路的科学世界观、人生观和价值观，逐步提高参加社会实践的能力；使其成为具有良好政治、思想、道德素质的公民。它对帮助学生确立正确的政治方向，树立科学的世界观、人生观、价值观，形成良好的道德品质起着重要的导向作用。"改革后的高中《思想政治课》内容分为必修课程和选修课程，必修课程分为：经济生活、政治生活、文化生活、生活与哲学。选修课分为：科学社会主义常识、经济学常识、国家和国际组织常识、科学思维常识、生活中的法律常识、公民道德与伦理常识。必修课程要求学生在高一高二两年修完，选修课程则由学生根据自己的兴趣爱好自由选择。需要注意的是，在课程标准中并未规定学生个体选择选修课的基本要求，即没有规定最低要求。

我国高校思想政治教育也是经历过多次改革，最近一次是2005年在《中共中央宣传部教育部关于进一步加强和改进高等学校思想政治理论课的意见》中，明确了高校思想政治理论课的指导思想："坚持以马克思列宁主义、毛泽东思想、邓小平理论和'三个代表'重要思想为指导，深入贯彻党的十六大精神，贯彻党的教育方针，解放思想、实事求是、与时俱进，立足于帮助大学生树立正确的世界观、人生观、价值观，深入开展马克思主义立场、观点、方法教育，开展党的基本理论、基本路线、基本纲领和基本经验教育，开展科学发展观教育，开展中国革命、建设和改革开放的历史教育，开展基本国情和形势与政策教育，不断增强高等学校思想政治理论课教育教学的针对性、实效性和说服力、感染力。"

从指导思想中可以看出高校思想政治教育的核心是意识形态的教育，即中国化的马克思主义教育。在具体课程设置上，以本科内容为例，则是：4门必修课，分别为马克思主义基本原理、毛泽东思想、邓小平理论和“三个代表”重要思想概论、中国近现代史纲要、思想道德修养与法律基础。同时开设“形势与政策”课。另外还开设“当代世界经济与政治”等选修课。

（三）上海市开展学校公民素养教育的导向与实践：富有创新性的具体行动策略

文件精神成为上海的青少年工作者对公民素养教育进行理解与诠释的价值源泉，思想政治的课程设计成为青少年公民素养教育的策略依据。在上述政策导向与制度设置之下，上海市的学校在开展青少年公民素养教育方面，进行了种种努力，开展了一些具有创新意义的工作。

2010年，中共上海市教育工作委员会、上海市教委联合发布题为《坚持“六个注重”，创新大学生思想政治教育工作》的报告，说明上海加强和改进大学生思想政治教育工作总体情况。根据其总结，自中央16号文件颁布以来，上海突出思想政治理论课教育和经常性思想政治教育工作“两个关键环节”，抓好辅导员和思想政治理论课教师“两支骨干队伍”，坚持注重研究引领、注重课堂质量、注重教师主导、注重贴近需求、注重拓展阵地、注重凝聚合力等“六个注重”，加强科学谋划，深化德育内涵，创新工作方法，拓展育人阵地。在所推出的一系列措施中，包括大力推进德育系列课题研究；推动思想政治教育课程教改；推进辅导员队伍与思想政治理论课教师队伍建设；构建心理健康教育与咨询中心建设体系；建设“上海大学生在线”等网站，精心组织大学生网上主题教育活动，唱响时代主旋律；充分发挥校园文化的育人功能，从2005年起，重点实施“民族精神教育工程”，在全市高校建立一批“上海大学生艺术实践基地”，大力推进“高雅艺术进校园”活动。积极倡导“自我教育、自我管理、自我服务、自我约束”的“四自”精神，把大学生生活园区建设成集“思想教育、行为指导、生活服务、文化建设”等功能为一体的思想政治教育阵地。在社会实践活动上，将社会实践活动纳入教育教学总体规划，列为学生的“必修课”，建设专门的组织和指导机构，开发了一批学生受益多、社会影响大的社会实践项目。鼓励学生自觉参与大学生志愿者活动，推进大学生迎世博志愿者工作与思想政治教育的有机结合。

在上述政策措施的指引下，上海市各个高校大力推动大学生思想政治教育工作，并推出了一些具有创新意义的做法。较为集中的是上海各高校在“世博会”的大背景下，通过志愿者服务、社会实践等途径，大力开展思想政治教育，增强大学生的社会责任感与公民主体意识，贯穿“城市，让生活更美好”的世博会主题，突出高校思想政治教育的时代性。在平时，根据市教委的指导性意见，通过思想政治科研立项、“两课”教改与精品课程建设校园文化建设、暑期社会实践、学生社团、党员示范队伍的建设、网络平台介入等方式，从理论与实践两个层面对大学生开展思想政治教育。

在上海的中小学中，除了课程建设以外，在实践层面也推出了一些措施。例如上海的中小学生暑期都有“实践卡”，一般由各区教育局青少年学生暑期工作办公室发放，倡导学生科学、合理安排暑假生活，过一个“安全、健康、实践、快乐、有益”的暑假。其中除了“不去网吧、电子游戏机房、自觉拒绝毒品”等自我约束性要求，也有“主动承担部分家务劳动”等劳动意识的培育，更值得关注的是，实践卡的重要功能是倡导学生积极参加主题特色活动，自觉参与社区志愿者和公益活动。暑期一到，数十万的中小学生就拿着他们的实践卡到社区居委会报到，由居委会联合高校或其他社区组织开展种种暑期活动。这些活动，在有的社区中进行得有声有色，在有的社区中开展得较为平淡；在“世博会”等特殊时期投入人力大，在平时相对冷清，但是总体而言还是有利于加强青少年在社区中的交往，有利于促进学生的社区归属感与社会责任意识，有利于锻炼学生的公共参与能力。

（四）学校在公民素养教育培育中的成效

从整体上看，我国思想政治教育课程教材内容的安排，比较适合学生从个体到社会成员的转变，从学校到社会的经历，适合于学生的身心发展特点和社会化要求，在一定程度上促进了学生公民素养的培育。在教师与学生的互动关系上看，也取得了不错的效果。

我国目前的思想政治教育课程体系的涵盖内容较多，各个板块的内容均较为全面，从法律的基本素养，到哲学的基本理念，文化中的历史，公民道德教育等，还有我国的国情教育和政治结构等，都有相当程度的涉及，也均在基础教育各个阶段出现，而思想政治理论方面则全面深入的出现在大学阶段。这种覆盖广泛的安排模式，使课程内容在总体比例上是合适的，这摆脱了以前我国思想政治教育被广泛批评的严重的泛政治化倾向。

在我国思想政治教育内容的纵向安排上，遵循了尊重学生身心发展规律、适合学生认知水平的基本原则。小学阶段的学习，更多地强调的是“道德教育回归生活”，以品德和行为习惯养成为重心，关注学生的年龄特征，重点解决德育的针对性、实效性和主动性的问题，解决多年来存在的成人化倾向的问题。而到了初中，则开始引入法律、心理健康、国情教育等，以思想品德命名，最突出的特点是它思想性。到了高中，主要转变到对社会经济、政治、文化、哲学的学习，以思想政治命名，到了大学阶段，则完全成为思想政治理论学习，即马克思列宁主义、毛泽东思想、邓小平理论、“三个代表”重要思想概论和道德与法律等的学习，即完全深化到对社会深层次的政治领域内容的学习。从整体安排来看，我国思想政治教育课程教材的内容体现了从道德到法律和政治、从生活到社会与国家的规律，取得较好的成效。

在教学实践过程中，学生对思想政治教育课程教师的教学内容、方式、方法等方面，与过去相比有了很大的变化。在以往，思想政治课程给人们的影响通常是枯燥乏味，生硬说教。而目前对于学校思想政治教育课程的评价，虽然有52.8%的在校青少年认为“教学形式枯燥，教学内容与现实脱节较大”，却也有42.7%的在校青少年表示“理论联系实际，生动活泼”。又如在关于“学生对教师在政治、道德方面教育的信服度”调查中，回答“很信服”的占16.5%，“比较信服”的占55%，合计占比超过70%；对于“学校的思想政治教育课对您的道德观、政治观形成的作用”问题，回答“很大”的占14.3%，“比较大”的占36.1%，“一般”的占40.7%，而“没有影响”的只占8.9%，见表5-9。

表5-9 学校的思想政治教育课对学生道德观、政治观形成的作用 (%)

学校思政课的作用	百 分 比
很 大	14.3
比较大	36.1
不太大	40.7
没有影响	8.9

上述数据表明，我国思想政治教育课程的不断改革与创新还是取得了可喜的成效，一定程度上改变了人们对思想政治教育刻板、泛政治化、说教等片面性认知，较好地发挥了学校思想政治教育的功能。

三、共青团引领下的民间组织与公民素养的形成

公民素养中最具有意义的要素是自发性的公共责任意识与公共参与能力。上述素养除了在国家政治生活中能够得以发展以外，方兴未艾的民间组织为青年人上述素质的养成提供了广阔的舞台。从某种意义上说，民间组织中自发性公共参与所体现的理性意识与主体性意识是更为显著的，也更符合现代公民意识的特征。共青团引领下的青年民间组织的建设，是上海市青少年公民素养培育的一个特色。

(一)民间组织的发展与共青团的引领

进入21世纪以来,上海市民间组织获得了快速发展,这首先表现为组织数量的迅速增长。截至2009年12月底,上海市正式登记的民间组织共9 498家,与2001年相比,增加了近2倍。其中社会团体3 524家,基金会103家,民办非企业单位5 871家[①]。社区群众活动团队的数目也在持续增加。根据上海青年研究中心2010年的民间组织调查,2003年以后,每年新成立的团队数量占团队总数的6.8%至11.0%不等。网络民间组织增长更为迅速,95%的受访网络民间组织都是2000年以后发展起来的。尤其是2003年以后,其数量显著提升。在上述民间组织中,相当一部分的成员主要是青年,尤其是网络民间组织,绝大部分成员都是青年。

上海市青年民间组织在发展过程具有一个显著的特征:共青团在青年民间组织的发展中发挥了重要的作用。共青团的作用表现为三个方面:一是直接孕育与发展青年民间组织;二是为已有的青年民间组织提供沟通服务平台,同时发挥管理功能;三是组织与凝聚青年民间组织共同开展活动。第一类情形主要指在共青团的推动下,社区、学校中成立了各种类型的青少年社会团体或活动团队;第二种情形例如隶属于团市委的民办非企业机构"青年家园"。该机构是网聚数百家青年民间组织,是联系青年组织、青年群体的新型载体和平台。为青年组织提供沟通交流、政策咨询、资源联络等多方位支持,并致力于引导青年文化,倡导青年文化风尚。第三种情形更是数不胜数。共青团引导下的民间组织的发展,对上海青少年现代公民素养的形成发挥着不可忽略的作用。笔者在下文中将继续运用前文所阐释的社会行动理论,以社区大团建格局下的社区青年民间组织的发展,来阐明共青团引领下的民间组织是如何对青年公民素养的形成产生影响的。

(二)社区大团建格局下青少年公民参与能力培育路径

在团中央文件精神的指引下,上海市共青团组织近年来着力于建构团建发展新格局,逐步形成了以社区(街道)团工委为核心,区域内各级各类基层团组织为骨干,广大团员青年积极参与,社区青年组织共同推进的区域性大团建格局[②]。区域性大团建的主导力量是共青团组织,但参与的组织包括青年民间组织,参与主体是区域内广大青少年。在这一背景下,上海市一些社区出现了青少年社区参与的活跃景象。青少年以意想不到的积极性参与到社区活动中,并

---

① 资料来源:上海社会团体管理网站,http://www.shstj.gov.cn/YWSJ.aspx.

② 上海:在区域性大党建格局中扎实推进社区团建[EB/OL]共青团基层组织建设简报,http://www.ccyl.org.cn/bulletin/zzb_jcjs/200706/t20070620_32919.htm.2007-05-08.

通过团组织引领下的社区青年民间组织增强了公益责任意识，锻炼了公共活动能力。这是在实践活动中的公民素养教育，这种功效是学校教学很难达成的，也是家庭教育难以实现的。在这个过程中，公共取向的价值理念是指引，青少年的“参与”是关键，如果没有行动，上述活动对于青少年教育的作用也将流于形式。然而，一向不被年轻人关注的社区活动，为什么会获得青少年的青睐？换言之，共青团与社区青年民间组织是通过什么方式，动员青少年参与到社区公共活动中的？

共青团及其下属的民间组织对青年的“动员”，指组织在一定的文化背景下，运用特定的价值观与伦理观为理念工具，通过富有创造力的制度安排与组织建构，为社区中的青年建立沟通平台，提供活动资源，在特定的组织结构中传递动员信息，并经由成员关系网络反复互动，促使个体形成参与动机并付诸行动的过程。在这个过程中，团组织是有目的、有意识的“行动者”，青年团员也同样是具有主观意愿与能动性的“行动者”。在社会行动的视角下，青少年的公共参与意愿是如何得到激发的？公共参与能力是如何得以发展的？本研究发现，团组织在与青少年的互动中，整合了青少年对人生价值理念的“理解”，并采用了一系列组织策略，吸引青少年自觉自愿地参与到组织活动之中。

1. 行动者基于理解的价值整合与动员理念的接纳

价值理念不仅能够引领组织的发展方向，也可以成为组织对成员进行动员的工具。价值理念如何成为动员的工具？这就需要让价值理念能够为动员对象所接纳，并发挥激励作用。在当代社会学看来，社会中的个人不是简单地接受社会倡导的价值观念的灌输，而是有自己的思考与构建。“框架理论”较好地解释了这一点。“框架”原是语言学中的一个概念，也称为认知框架，是贮存在人脑中的经验和知识的认知结构。象征互动理论的戈夫曼将这一概念引入到文化社会学中，认为框架是人们或组织对事件的主观解释与思考结构（张晓东，2005）。

共青团对青年的动员中，实际上也包含了一种“框架整合”的过程，换言之，即在吸纳异质性的价值观以后，在认同的基础上实现的意义建构过程。为什么要参与组织活动？怎样的组织活动是有意义的、值得参加的？在回答这样的问题时，必然离不开特定的价值理念的认知结构或阐释方式，即所谓的“框架”。在传统的理念中，共青团组织活动的价值何在？分析《中国共产主义青年团章程》，解读共青团的“基本任务”与青年的“入团誓词”，可以发现，共产主义、党的领导、小康社会建设、民族复兴是共青团组织的价值所在。奉献社会、服从组织、政治纯洁，是对团员青年的价值要求。而当代青年对人生价值的追求，不仅要求社会价值的获得，也要求个人价值的体现；不仅在于奉献社会，也在于发展个性、自我实现。在这种状况下，居民区团组织作为一种缺乏硬约束力的组织，需要对价值理念进行怎样的重构，从而达到吸引青年的目的呢？

价值的重构并不意味着放弃传统价值，奉献社会仍然是共青团组织必须遵循与追寻的路径。只是在社会力量萌芽与壮大的背景下，采用了新的话语——倡导公益活动、志愿服务，这是“全球结社”潮流下较为“时尚”的理念，能够获得青年的认同与推崇。与此同时，党和政府也充分意识到，个人合理需求的满足是社会发展的推动力与重要标志。政府部门提倡建构“服务型政府”，共青团组织也要求以更有效的方式“服务青年”。以往纯粹强调个体奉献社会的价值理念中已经转而包含个体需求的满足。在这样的背景下，例如虹口区四川北街道颇有名气的柳林团支部提出的宗旨是：“以服务凝聚青年、以活动帮助青年、以形式吸引青年、以氛围感染青年”，其中不仅隐含了奉献、利他的思想，也突出体现了对青年的个人提升功能与利益满足功能。柳林团支部书记更好地阐释了这一点：“怎样来吸引青年？就是桥梁、舞台、社团、阵地四位一体的柳青家园模式。让他们切实感受到，柳林就是成长的乐土。搭建舞台让才艺有展现；架设桥梁，让联系更紧密；培育社团，让青年实现自我管理。”①

整合社会奉献与个体需求的价值理念，是新时期团建的价值理念拓展。对于青年团员而言，这种经过整合的价值理念更加贴近他们的要求。访谈显示，团组织与下属自组织的青年参加各类集体活动的动机，除了“公民责任感”、“热心公益事业”以外，还包括“挖掘潜能，发挥才能”、“丰富生活”、“结交朋友”等。“参加迎‘世博’一小时活动，很好啊，这是每个上海公民的责任，还用多说吗？”“为什么来参加团支部下属的青年自组织灭剩团？您看我现在还是单身——想把自己‘灭了’呗，呵呵。当然，不能那么急功近利，‘我们消灭的是寂寞’”。青年人参与柳林团支部与相关社团的体会印证了个体自我实现需要满足的同时，集体向心力的出现。说明个体价值与群体价值的相互融合、相互促进的一面。“参与灭剩团的话剧表演，与一般的日常生活很不同，进去就会觉得很快乐。在这里，能够发现真实的自我，实现内在价值，‘finding myself’。发现——咦，原来我还有这样的能力，我还能够这样做。这才是真实的我。几个月的排演下来，我们这个话剧表演队形成了一种非常特殊的氛围，很难形容，但一进去就能够感受到，超越了简单的爱好，用凝聚力一词也难以完全说明。对，很融洽，很

① 关于柳林团支部的资料来自对团支书刘云烨及其他成员的访谈，以及柳林团支部的团刊、新闻报道等，在此对虹口团区委、四川北街道团工委以及柳林团支部刘云烨等青年精英深表感谢。

有默契,成员之间形成了共同的追求。我们已经不是单独的个人,我们是一个团体。”

融合社会价值与个人价值的组织理念,已经成为青年团员看待组织参与现象的一种思维方式,一种解释框架,也成为有效动员青年参与团组织活动的理念工具。当然,这种理念若仅仅停留在理念本身,还不能发挥那么大的影响力,上述理念是得到实践验证的,是以事实为基础,以具体的制度与结构为保障的。

2. 行动者的动员策略:制度与结构的建构

理念问题是具有根本意义的问题,具有导向的功能。而制度设置与组织结构是实现动员的具体路径。以上海市虹口区四川北街道柳林团支部为例,作为行动者的团组织对青年的具体动员策略主要包括如下方面:

(1) 建立选拔吸收机制。团支部及其下属的青年自组织在发展的历程中,需要由精英选拔走向大众动员。这就需要建立青年团员选拔吸收机制。各居民区通过团干部选举,将社区中有意向、有能力的青年选拔到社区团支部中来,并通过团支部及其下属的青年民间组织的动员,吸纳更多的团员青年加入进来。尽管在居民区直接注册的青年团员极少,但是区域性大团建所倡导的团组织交叉覆盖、重复覆盖的思路解决了团员青年的来源问题。居民区团组织的定位为“非团籍注册团组织”,即该团组织的成员可以是不在本组织注册团籍的。这种开放性的吸收机制使得居民区团支部具有更大的包容度,能够将来自不同组织、不同社会背景的团员青年纳入进来。

(2) 建立宣传机制。开放性的吸收机制只是为团员青年参加居民区团支部提供了畅通的渠道,而团员青年是否有意愿加入则是另外一个问题。要吸引青年加入,首先就需要提高居民区团支部的知晓度,扩大团支部的影响力。通常采用的方式有两种:一是传统的社区海报、纸质宣传单,或团支部刊物。除了对内宣传以外,社区团支部还可以借助团组织的网络系统对外发送资料,进行信息交流与工作宣传。第二种宣传方式是凭借网络构建的宣传平台。由于青少年热衷于上网获取信息,不少社区团支部建立了自己的网页,建立博客或微博以扩大影响力。组织活动出色的团支部还能够赢得媒体的宣传报道。

(3) 建立沟通网络。宣传能够提高人们对组织的知晓程度,而要对团员青年进行动员,就需要进一步在他们之间建立沟通网络,以传递动员信息,形成参与意向。社区团支部的青年来自不同的学校、不同的单位,相互之间缺乏联系。这就需要着力建立成员间的沟通网络。所采用的方式同样有传统与现代两种。传统的方式就是人与人之间的直接的面对面沟通交流。现代沟通方式同样要借助于互联网。在网络空间,通过 QQ、MSN、微博、开心网等平台,建立“核心成员—骨干成员—团员青年”的联系网络，形成树杈状的联系结构。

上述沟通网络具有平等、迅捷、开放的特征，并能够充分发挥非正式沟通网络的人性化一面。首先，网络沟通体现了青年人所向往的平等特点。在网络空间，每个人的社会地位一定程度上被抽离，每个成员自身的态度、意见、愿望可以得到较为自由的表达。第二，网络沟通具有迅捷及时的特征，且信息交流密集，便于在组织活动时迅速发布信息，实现对团员青年的动员。第三，由于网络空间与团员吸收机制的开放性，这种结构具有“滚雪球”般的扩展优势，资源也在密集的网络中更加快捷地交流与汇集。

(4) 建立组织结构。沟通网络可以在人们之间形成信息传递渠道，但是如果没有组织，沟通就会缺乏方向，陷入随意性。在成功的社区团支部中，沟通网络是建立在一定的组织架构基础上的，这种组织结构，在虹口区柳林团支部，就是富有创意的“团组织＋自组织”的架构。

社区团支部从根本属性上来讲是政治性的青年群众团体，它虽然可以发动青年去参加种种公益活动，但是在专业性与灵活性方面不如社团。倘若某一类型的活动需要持久进行并向纵深方向发展，就需要结合社团的力量，发挥社团的优势。以柳林团支部为例，该团支部成立之后，就先后发起成立青年民间组织“图书漂流社”、“一小时公社”，与其他团支部合作成立“灭剩团”。这三类社团分别为文化类、公益类、交友类社团，组织目标明确，活动形式新颖①。每个社团都形成了自己的精英成员，骨干精英又引领其他青年，共同为活动的开展而努力。社团极大地发挥了青年的创造力，所推出的活动精彩纷呈，团支部为青年社团提供精神导向与资源支撑，也因社团的存在而活力四射。可以说，这种组织结构是团组织动员青年团员的一种颇有吸引力的组织形式。

除此之外，居委会与上级团组织等机构也为青年活动的开展提供了资源支持机制，通过组织关怀、目标设定等方式提供非物质支持，通过活动场地与部分经费的提供给予物质支持。在共青团系统的协调下，辖区内的其他单位也以各自的方式提供支持，其中一种互惠共赢的方式，就是共享人力物力资源，共同开展活动。通过以工作绩效为基础的荣誉激励、自我实现的精神激励等方式来实现对团员青年的激励。

正是通过价值理念的整合，通过上述种种机制的建构，上海的一些社区共青团组织以行动者的身份展示了自身对公民素养培育的理解与策略，实现了对青少年参与社区公共活动的动员，以课堂教学无法比拟的方式，提升青少年的

① 资料来源：虹口区四川北街道柳林团支部内部资料.

公民意识，锻炼青少年的公民能力，为青少年公民素养的培育写下了华彩乐章。

（三）共青团及其引领的民间组织对公民素养培育的成效

共青团及其引领下的民间组织在青少年公民素养的培育方面发挥着家庭与学校所不能发挥的功能。通过生动活泼的社会活动，学校中所传授的关于公民素养的理论转化为形象具体的社会实践，青少年的公民意识在实践中得以发展，公民能力在行动中得以增长。

1. 培育了青少年的民主精神与主体意识

社区共青团组织成立的第一个步骤是民主选举，青年民间组织的负责人在一些情况下也是民主推选产生。通过民主选举活动，青少年将民主理念付诸实施。有过这样的经历之后，对青少年而言，民主不再是空喊口号，也不再是纸上谈兵，而是公共活动的行动准则与行动方式。社区团支部选举的候选人是自我推荐产生，体现了青少年参与公共生活的主动性；民间组织的成立以及活动的开展更是团员青年积极主动推动的结果。在青年民间组织中，青少年成为真正的活动主体，根据自己的思路，发挥自己的才干，开展具有社会影响的活动。青少年的活动才能得到极大发挥。例如四川北街道的柳林团支部下属的青年社团的活动有声有色，开展了如“中秋熄灯赏月”、“端午祭祀公益活动”、迎“世博”文明礼仪宣传“快闪”等一系列活动。这些活动既融入时尚元素，也回味传统文化，既满足青年需求，又引领公益风尚。由青年人自主开展，生动活泼，富有创意，切合青年的兴趣，符合青年行为取向。通过上述活动的开展，青年的主体性意识得以提升。

2. 培养了公共活动的组织能力与合作能力

青年的公共参与素质不仅仅是具有参与意愿、参与热情，还需要具有公共参与能力。公共参与能力的基础包括对政策法规的认知、对国家行政部门及其职能关系的了解。在此基础上，更重要的是具备公共活动的组织能力与合作能力。公共活动的开展是一个组织过程，包括计划、组织、领导、协调、控制等多个阶段。目标的设定、资源的筹备、成员的动员、过程的控制、效果的达成等都是青年人在组织公共活动中需要思考与解决的问题。通过团组织及其下属青年民间组织的活动开展，青少年可以锻炼公共活动的组织能力。合作意识与合作能力是现代公民在公共参与中必须具备的素质。公共活动的开展还需要具备合作能力。这种合作表现为如下方面：首先，不管是社区共青团还是团所引领的青年民间组织，都需要组织内部的通力合作。这些组织的成员来源广，成员特征差异大，他们的共事更需要合作精神。其次，由于物质资源的限制，青年民间组织的活动开展经常需要与其他组织进行合作。组织间的合作，能够让青少年从实践中感受到合作互惠的重要性，从而提升合作意识与合作理念。

3. 增强青少年的社区归属感与共同体意识

社区的基本含义是一定地域上人们生活的共同体。社区归属感与社区共同体意识，是人们关注基层公共活动的重要动力源泉，而基层公共活动参与对于现代公民素养的发展具有不可估量的意义。关于这个问题，社群主义的观点对我们颇有启发。如本书第一章所归纳的，社群主义的主张建立在对共同体的理解和期待之上。公民的身份来自政治共同体，而政治共同体的形成路径，是通过伦理道德认同、文化认同达到政治认同。在现代社会，在国家水平上建立一个真正的共同体是几乎不可能的，因此，在较小的单位中寻求生活的公共形式是必要的。共同体的形成必须要有个体之间充满感情的关系网络，而且是彼此交织相互强化的关系。只有在这样的关系网络之下，才可能真正形成一个共同体，并通过一个个较小规模的共同体文化认同最终达成宏观的政治认同（宋建丽 b，2005：50）。然而在城市社区中普遍存在的现象是，邻里互不往来，人与人关系淡漠。这就消解了人们对基层公共生活关注的基础。社区团组织及其引领的青年民间组织的活动，致力于构建新的关系网络，在满足青年需求的同时，提升了社区与组织认同感，促成了新的共同体意识的发展。这种共同体意识虽然是小范围内的，却与宏观的政治认同具有内在关联。

4. 达成自我实现与社会公共利益的融合

公民是在现代国家中，拥有一国国籍，根据法律规定享有权利与承担义务的社会成员。作为一名合格的公民，他所关注的对象应当不只是自身的利益，他所期望的社会活动也不仅仅是为了个人发展。作为一名好公民，他应当具有宽广的眼界，能够关注社会问题，为社会的公共利益而努力。共青团引领下的民间组织，可以帮助青少年实现个体的自我实现需求与公共利益的融合。一方面，通过社区团支部以及青年民间组织的活动，青少年能够拓展生活空间，锻炼自身能力，展现个人才能，达到自我实现的目的。另一方面，共青团引领下的民间组织的活动是积极而富有社会意义的。事实上，青少年的主体并非是主流文化的叛逆者，很多青年都乐意成为新时期引领公益风尚的时代先锋。问题在于他们不愿意接受令人望而生畏的严肃说教，而乐于参加活泼而快乐的集体行动。团组织引领下的青年民间组织，在保持活动目标积极意义的同时，给青少年充分的自主空间，采取新颖多样的活动形式，自然吸引了青少年的青睐。通过生动有趣而又彰显公共利益的活动，青少年将自我实现的快乐与服务社会的精神结合起来，实现了人格成长与精神升华。

第六章　上海青少年公民素养发展的问题与对策

从整体角度看，上海青少年公民素养呈现出新时代青年人的特征，反映了积极进取的精神，体现了认知与反思的智慧，彰显了平等与权利的理念。然而在进一步的发展历程中，青少年公民素养还遭遇种种困难与障碍，存在种种问题与缺陷。这主要体现在如下三个方面：一是宏观的社会文化背景所形成的不利条件；二是青少年公民素养自身存在的结构性缺陷；三是当前青少年公民素养培育中存在的问题。笔者将针对上述问题，借鉴国外青少年公民素养培育的思想与方法，提出上海青少年公民素养发展的对策与建议。

第一节　羁绊与超越：文化取向之冲突与公民素养的发展

在《上海市青少年发展"十二五"规划起草纲要》（以下简称《纲要》）中，公民素养被列为十二五期间青少年优先发展领域之一，并居于首位。《纲要》凸显以青少年发展为本的理念，提出将"着力培育青少年现代文明素养的养成和提升，以增强城市凝聚力与社会和谐力，凸显现代化国际大都市中的青少年公民精神。在道德观念、法律意识和社会责任等方面推动青少年公民素养的优化和社会功能的发挥。"青少年现代公民精神的形成，是时代发展的要求，也是社会进步的象征。青少年公民素养的发展离不开特定的社会文化背景。引用帕森斯的社会化机制理论，可以认为，公民素养的形成过程，是人们将文化模式内化到人格系统中，并进而制约个体的行动与需求的过程（帕森斯，2001）。因此，青少年公民素养的培育，必须充分考虑到当代中国的文化特征。

近几十年以来，中国社会经历了广泛而深刻的经济转型与文化变迁。在全球化的背景下，在网络信息高度丰富的时代，各种文化不断交流与碰撞，形成了多样化的发展态势。在这纷繁复杂的文化体系中，不同文化取向的冲突日益显著。其中既有传统与现代文化的冲突，也有东西方文化的隔阂。

我国的传统文化源远流长、博大精深。一方面，在浩如烟海的传统文化经典中，有许多优秀的理论与理念，可以成为青少年公民素养成长的丰富资源。然而，另一方面，传统文化中又存在一些与现代公民意识相违背的因素，这些因素影响了当代社会生活，左右了当代中国人的某些社会行动。当代公民素养的理念与传统文化的负面影响发生了冲突，这种文化冲突构成了青少年公民素养培育的一个重要外部环境，并影响和制约着青少年公民素养的发展方向与水平。

公民素养与一般的个人素养具有不同的特征。一般认为，公民是一个宪政意义上的概念，是指在现代国家中，具有一国国籍，并根据法律规定，享有一定的权利与义务的社会成员。公民素养不仅是私人生活领域的修养，更体现了现代公共生活领域的规范与要求。基于公共领域拓展的内在逻辑，笔者认为，现代意义的公民素养具有公共性、普遍主义与权责统一等特征。首先，公民具有公共参与精神，能够意识到个人权利基础上的社会责任；其次，公民具有普遍主义精神，能够尊重制度对于个人的普遍约束力，反对因人而异的特殊主义；其三，公民素养不仅意味着对责任的担当，也包含了对公民权利的理解与维护。在各种权利中，特别重要的是，人们能够意识到并重视政治意义上的公民权，能够以理性的方式保持对公共权力的监督。然而，从整个社会角度而言，由于传统文化的积淀、转型期的社会失范以及制度缺失等原因，上述精神还在萌芽与发展过程中，并未形成占据显著优势的主流文化。事实上，课题组 80 多份个案访谈的结果证明，在青少年的成长过程中，以下三方面的文化冲突依然非常明显，对青少年的价值观引导形成了挑战。

一、公共取向与私人取向的冲突

公共取向是公民道德的基本特征之一。正如有的学者所言："公民道德是一种社会性美德，而非私人性美德。"这种美德要求人们"参与社会生活，在公共事务中以普遍成员的身份，通过合法方式和恰当手段，追求公众境遇的改善和社会利益的实现。"（李萍，2003）《纲要》中强调青少年社会责任的培育和强化，倡导青少年以志愿服务等形式投身于社会生活，充分体现了对公民素养之"公共性"的重视。在社会生活实践中，经政府的大力倡导与推动，公共取向正在萌芽和发展。上海市青少年近年来公益活动参与热情的提升，就是公共精神成长的最好证明。

然而，另一方面，植根于传统文化的私人道德取向依然根深蒂固，这与伦理的公共取向之间形成了矛盾和冲突。在这里，"私人取向"是指中国的传统文化强调私人的道德修养,缺乏对公共利益的关注。根据费孝通先生的观点,在传统中国社会,所有的道德观念只有在私人联系中才发生意义。孝、弟、忠、信皆是如此。即使“天下归仁”的“仁”,也被孔子解释为“克己复礼为仁”,回到了“恭宽信敏惠”这一套私人的要素(费孝通,1998)。儒家学说虽有“穷则独善其身,达则兼济天下”之境界,然而在现实生活中,能够独善其身者已经是了不起的有道德的人。可以说,在我们的文化中,缺乏平民百姓关注公共事务的传统。直至今天,“各人自扫门前雪,莫管他人瓦上霜”仍然是许多人的生活信条。另一些情况,虽然不那么绝对,也反映出对公共精神的忽视。访谈中,我们罗列出一系列道德品质,要求被访者选择最重视的品德,结果青年学生总是倾向于选择个孝敬父母、诚实守信等个人道德。热心公益等公共领域的品质,虽然没有被完全忽略,但是相对于个人修养与家庭美德而言,在人们心目中排位是靠后的。很多被调查者认为,相对于学习而言,有没有参与过公益服务是次要的。一些青年人只有在有本人受惠的前提下才愿意参加社会公益活动。

传统文化所遗留的“维系私人关系”的道德,可能导致对公共利益的忽略甚至践踏,导致公共精神的成长受阻。尽管近年来公共取向的道德观念有所发展,但是在日常生活中,我们还是会发现,闯红灯等违反公共秩序的事情仍然普遍;对环境污染等问题的依然存在集体冷漠。从深层次根源来分析,上述现象与传统的私人取向的道德体系不能不说没有联系。因此,公共精神与关注私人的道德取向之间的矛盾与冲突,是青少年公民素养的培育过程中值得关注的问题。

二、特殊主义取向与普遍主义取向的冲突

本文所指的特殊主义与普遍主义是社会学意义上的概念。这对概念由帕森斯与希尔斯提出,其中特殊主义“凭借与行为之属性的特殊关系而认定对象身上的价值的至上性”,而普遍主义则是“独立于行为者与对象在身份上的特殊关系”的。两者的区分是,支配着人们彼此取向的标准依赖还是不依赖存在于他们之间的特殊关系(Parsons and F. shils,1951)。

现代公共生活建立在一系列法规与制度的基础上,一般而言,这些制度规范并不因人而异,而是对公民具有普遍的适用性。即不管人们与制度执行者是否有特殊关系,或是否具有特殊的身份与地位,都应该得到同等的对待。只有公民具有普遍主义的行为取向,维系公共生活的制度与规则才能真正有效率。

在上海这个国际化大都市中,普遍主义的行为规范正在发展,制度的权威性得到越来越多的人的推崇。然而,中国是个热衷于攀关系、讲人情的社会,即使在上海这个大城市里也不例外。而这背后的文化渊源,依然可以追溯到费孝

通先生所阐述的“差序格局”。

费孝通认为,传统中国的社会关系结构就“好像把一块石头丢在水面上所发生的一圈圈推出去的波纹。每个人都是他社会影响所推出去的圈子的中心。被圈子的波纹所推及的就发生联系。”以己为中心,“一圈圈推出去,愈推愈远,也愈推愈薄。”这里就涉及儒家的人伦。“伦重在分别,在礼记祭统里所讲的十伦,鬼神、君臣、父子、贵贱、亲疏、爵赏、夫妇、政事、长幼、上下,都是指差等。”“伦是有差等的次序。”“在差序社会里,一切普遍的标准并不发生作用,一定要问清了,对象是谁,和自己什么关系后,才能决定拿出什么标准来。”(费孝通,1998)可以说,差序格局是特殊主义的典型表现形式。

时至今日,尽管儒家的伦理纲常对人们的约束力已经大大减弱,甚至消失殆尽,但是在社会交往中的特殊主义行动取向仍然不时显现。访谈表明,这在人情与法理的冲突中表现得尤为明显。法律是建立在普遍主义基础上的制度体系,“公民在法律面前一律平等”,是人尽皆知的常理。尽管如此,特殊主义的取向仍然非常有市场。调查表明,在一方面同意法律的平等性的情况下,另一方面,在与法律有涉时人们又倾向于想方设法寻找特殊的处理方式。例如“您觉得打官司需要托关系吗?”大多数人认为“需要”。还有不少人同意:“在人情关系面前,有时依法办事确实很难”。甚至有一些青年学生,对于“为亲戚作伪证,避免其遭受惩罚”的做法,也表示愿意。人情就这样超越了法律。上述选择结果不能简单解释为青年学生缺乏法律常识,也可以从我们社会中的特殊主义文化取向中找到缘由。在当今社会,人情之网已不仅仅局限于亲缘关系,而是有利益关系的各类人组成的关系之网;所影响的也不仅仅是法律领域,只要是涉及利益冲突或稀缺资源分配的制度都可能有人情的干扰。各种各样的关系网在现实的社会生活中盘根错节,侵蚀与扭曲着公共领域。要提高上海青少年的法律素养,需要从小加强普遍主义的教育,削弱特殊主义文化取向的影响。

三、“臣民”取向与“公民”取向的冲突

从狭义角度看,公民文化是与当代民主政治体制相适应的政治文化,包括:公民政治权利的普遍认同;公民广泛而现实的政治参与;公民对政府监督权的践行,等等。在政治生活领域,公民文化的形成基础是公民对自身政治权利的认知与政治主体意识的形成。卢梭认为,公民作为主权的分享者和参与者,拥有主权所赋予的权利、自由与平等(丁冬菊,2008)。卢梭的主权在民的观点已经得到广泛认同。政治主体地位需要通过政治参与来实现。亚里士多德所开创的共和主义范式的公民资格理论,历时两千余年,所强调的是公民在政治生

活的义务，强调公民的政治参与（郭中华，2009）。美国学者阿尔蒙德所提出的"系统性混合"的公民文化理论闻名遐迩，在阐述公民文化的混合性与平衡性的前提下，他仍然特别强调了公民文化的参与性："公民文化是一种政治文化和政治结构相互协调的参与者政治文化。"（加布里埃尔·A·阿尔蒙德，西德尼·维巴：2008）更进一步来说，公民不是一般的参与者，也是政府的监督者。公民作为一个政治概念是与国家相对应而出现的，从其理论渊源来说，公民的重要责任与权利，就是要监督政府不滥用公权、不任意侵犯公共利益与私人的合法权益。因此，公民权意识、公民参与、公民监督是公民政治文化的三个特征。

臣民取向的政治文化则是另一种情形。当然，本文所指的臣民并非是卢梭所言的公意之下法律的遵守者，而是与统治者相对应的缺乏政治权利的社会成员。臣民文化是我国传统政治文化的基本形态，它具有如下特征：君权至上的价值准则、奴颜婢膝的政治依附性人格、个人权利观念的缺失与泯灭等。自近代以来，中国的政治文化就开始从臣民文化向公民文化转型。到了21世纪的今天，帝制终结已达百年，纯粹的臣民文化已经不复存在，但是臣民文化取向之影响仍时隐时现，这集中表现为政治生活领域中强调公民的"服从"或"顺从"。在思想政治教育中，我们仍然强调公民对政府的高度服从；在基层政府的工作实践中，我们依然可以发现不少无视公民权利的具体事例。在一些政府官员眼里，似乎只有服从政府的人才是好公民。"公民不服从"不仅不被视为特定情形下的权利，在某些场合几成禁忌。凡此种种，不能不说臣民文化取向不仅依然遗留，有时候力量还很强大。

从另一方面来看，在当代中国社会，民主政治还是取得了较大的发展，从制度角度看，我国以宪法和法律的形式规定了公民的一系列政治权利，反映了对公民政治权利的高度认同。从实践层面来说，上海的民主政治发展近年来有更大的新进展，例如人大代表的选举开始有了代表与选民的见面会，说明我们的民主开始有了实质性进展，公民政治文化获得了一定发展。在青少年身上，受各种因素的影响，他们比父辈更具有权利意识，对臣民文化更加反感，对公民文化更加认同。在访谈中，许多青少年将"勇于反对政府的不合理政策"、"敢于监督政府是否滥用权力"列为"好公民"的品质之一。从公民权利的认知角度看，这似乎是一种好的趋势。但是鉴于现实中臣民文化取向之影响与公民文化取向的发展依然存在矛盾与冲突，鉴于公民文化氛围的形成还缺乏足够的政治实践的支撑，青少年的公民意识有可能演化为两种不良后果：一是政治淡漠；二是非理性的政治参与。

以上三种文化价值取向之冲突，相互影响，相互融合，共同形成了上海市青少年公民素养发展的不利环境因素。其中公共取向与私人取向的冲突，对于道德素养的培育，尤其是积极的公民道德——公益意识的发展的影响最大；特殊主义取向与普遍主义取向的冲突，对于高素质法律素养的形成与保持羁绊最多；“臣民”取向与“公民”取向的冲突，对于公民现代政治素养发展的阻碍最强。青少年是新生的群体，他们总是倾向于形成新的理念与情怀；青少年又属于初级社会化尚未全部完成的群体，他们比其他群体更容易受外部环境的影响与左右。因此，在青少年公民素养的培育中，我们需要充分重视上述文化价值取向冲突的影响。由于文化环境具有一定的持久性与稳定性，因此，如果以高标准来要求，可以预见青少年现代公民素养的形成还任重而道远。我们也需要看到，社会文化对于具体的个人来说虽然是宏大而难以左右的，但是从一般化的个人与社会的关系角度来说，却是双向互构的。正如吉登斯所言：我们的行为既在构建、塑造我们周围的社会世界，同时又在被社会世界所构建、所塑造。人类社会永远处在结构化的过程中，每时每刻都在被构成大楼“一砖一瓦”的人所重新塑造，而你和我就是其中的一分子（吉登斯，1998）。因此，以新颖而有效的活动形式动员每一个公民、每一位青少年加入到公共生活中来，不仅是打破文化桎梏的有效方式，也是培养青少年公民素养的直接途径。

第二节 缺陷与不足：上海青少年公民素养的现实问题

一、失衡与缺陷：上海青少年公民素养的结构性问题

公民素养是公民作为现代政治生活与社会生活的主体，在公共空间与私人领域中，为实现公民权利、承担公民责任而应具备的价值理念、道德品质、知识技能等。本研究显示，当前上海青少年公民素养取得了较大发展，呈现出新世纪青少年的崭新面貌。然而，在另一方面，我们也不得不承认，上海青少年公民素养还存在一些结构性的问题，具体如下：

（一）公民素养在私人与公共领域的发展不平衡

根据汉娜·阿伦特与哈贝马斯等人的观点，人们的生活领域可以分为私人领域、公共领域与公共权利领域。公民素养就是公民在上述领域中的知识、理念与能力的体现。私人领域、公共领域与公共权利领域的公民素养状况之对比，形成了现代意义上公民素养的结构性特征。公民在私人领域的素养具有基础性的意义，是公民成为一个合格的或良善的社会成员需要具备的素质；而公

民在公共领域与公共权利领域的素养则更能体现公民的本质特征。公德意识、公益意识、公民权意识，在公民素养中尤其具有意义重要。

公民素养在"私人领域—公共领域—公共权利"的结构性失衡，突出地体现在人们的理念与认知层面。对在职青年与在校青年的问卷调查中，都涉及这样一个问题"对于不同的品质，您最看重的三项是什么?"为了更准确地衡量不同类型的公民素养在人们心目中的地位，笔者对每个选项的选择结果进行赋值，被选择为"第一"的赋值 3，选为"第二"赋值 2，选为"第三"赋值 1，并进行加权处理。结果见表 6-1。

表 6-1 下列品质，您所看重的是什么 (%)

	在职青年					在校青少年				
	第一	第二	第三	加权	排序	第一	第二	第三	加权	排序
勤劳节俭	15.6	9.6	10.6	76.6	4	12.9	5.5	13.3	63	4
诚实守信	38.7	34.8	13.1	198.8	1	42.4	33.7	10.8	205.4	1
积极进取	6.6	16.9	29.1	82.7	3	5.1	9.9	21.3	56.4	5
孝敬长辈	25.3	20.2	19.4	135.7	2	30.5	32.5	18.7	175.2	2
遵守社会公德	6.6	17.4	20.2	74.8	5	8.1	15.9	24.6	80.7	3
热心公益	0.2	2.8	3.3	9.5	6	0.4	0.9	6.4	9.4	6
关心时政，积极参政	0.5	1.4	4.2	8.5	7	0.0	1.3	5.4	8	7

由该表可以看出，不管是在职青年还是在校青少年，他们最重视的品质都是"诚实守信"，其次为"孝敬长辈"。这两项的得分值远远高于其他项①。在职青年所重视的品质，占第三位的是"积极进取"，在校青少年第三重视的品质是"社会公德"，然而选择得分还不到"孝敬长辈"的一半。

"诚实守信"是个人品质，"孝敬长辈"是家庭美德，两者都属于私人生活领域的品德。在理论上被认为极其重要的"社会公德"、"社会公益"、"政治参与"，在青少年的心目中，与个人修养与家庭美德相比却并不重要，特别是"热心公益"与"关心时政、积极参政"，不管是在职青年与在校青少年，对此两项的选择比例都极低，以个位数的得分位列最后两位。

根据上述数据，可以认为，当前上海青少年公民素养发展的其中一个结构性问题，是对公共领域和私人领域的公民素养的认识出现失衡。青少年非常看

① 访谈中，将"孝敬长辈"的选项改为"孝敬父母"，则该项成为认同度最高的一项.

重私人领域的个人品质，对公共领域以及公共权力领域的素养重视程度却依然不够。此外，同样是属于公共领域的品质，作为消极公民品质的"遵守社会公德"的认可度相对较高，而作为积极公民品质的"热心公益"选择比例极低。作为公共权利领域的政治参与，受忽略的程度与"热心公益"相似。不过，这并不意味着青少年不愿意参加公益活动，或者对自身的政治权利漠不关心，公益参与的行动说明许多青少年对此还是相当有热情的，青年人参政议政的事实也表明他们并没有完全远离政治领域。该数据说明的是，将公共参与和私人领域的品德相比，青少年更重视私人的品质；将消极的遵守社会规范的品质与积极的公共参与品格相比，青少年更重视对社会规范的遵守。

青少年公民素养的结构性失衡，与传统文化中关注私人的道德取向密切相关，也与国人明哲保身、低调处事的社会心理有关，这一特征不利于公民素养的进一步发展。因为现代公民素养要求青少年有广阔的视野，不仅注意自己的个人修养，做一名好的家庭成员，还要在公共领域中成为一名好公民；不仅要做循规蹈矩的社会成员，还要运用公民在社会参与中的权利，在公共领域中承担起相应的责任。仅仅关注私人生活的公民不是现代意义上的好公民，仅仅顺从权力却不参与社会发展的公民也不是现代意义上的好公民。上述状况在青少年公民素养的培育中是需要关注的问题。

（二）青少年公民素养在意识与行动层次的发展有距离

上海青少年公民素养的另一个结构性缺陷是公民意识与公民践行之间存在距离。这在道德素养、法律素养、政治素养等方面均有所体现。

在道德素养方面，道德意识与道德行动之间的距离是存在的。调查中涉及一个非常常见的例子："在公交车上是否为'老弱病残孕'让座"。应当说，几乎每个青少年都能够意识到，给需要帮助的特殊对象让座是符合社会公德的。然而，当真正有老弱病残站在他面前时，不管是在职青年还是在校青年，均有将近一半的人承认，他们"知道应该让座，但有时候也没有让。"见表 6-2。

表 6-2　在公交车上是否为"老弱病残孕"让座　　（%）

	在职青年	在校青少年
总是让座	53.2	52.6
知道应该让座，但有时没有让	44.9	45.0
不让座	1.9	2.4
合　计	100.0	100.0

以上只是一个简单的例子。此外像随地吐痰、不爱护公物、闯红灯、自动扶梯上违反“左行右立”，青少年应当知道上述行为与公共规范相违背，但是仍然有一部分青少年承认自己存在上述行为。特别是“闯红灯”，约一半左右的青年承认自己有此行为。

以上只是轻度越轨行为。职业道德方面的调查说明，约六成的人表示对“有钱就赚”的行为表示反对或怀疑，说明这些青年认识到，在挣钱的同时需要注意行为是否符合职业伦理，却又有近七成的青年人对工作单位不符合社会规范的行为持保密或容忍的态度。上述数据说明职业道德意识与践行之间存在距离，这种反差有可能导致相对严重的越轨行为。

道德意识与道德践行之间之所以存在距离，主要原因有如下方面：首先，道德实践的本质特征是道德自律。在青少年的道德意识不够强烈，或缺乏自我约束的情况下，道德自律就可能出现问题；其次，当青少年的道德认知与现实世界的利益诱惑相冲突时，如果道德意志不坚定，青少年的道德水平可能发生倒退：即由认同规范的状态，倒退到根据自己利益来判断是非的水平。其三，在一些特殊的情况下，青少年不服从外部压力就会带来自身利益的损失，这种情况下就可能出现道德风险，青少年面临的选择，要么是付出代价维护社会道德，要么是突破道德界限维护自身利益。职场领域中的普遍性或权威性的不规范行为，对于个体所造成的压力就属于这种类型。

法律方面的认知与践行之间的差异，主要体现在两方面，一是轻微违法层面的认知与行动的距离；二是法律至上的理念与“情、权、法”纠结时行为选择的冲突。上海青少年文化程度较高，对于使用盗版软件的不正当性是能够辨别的。然而调查表明，在职青年和在校学生分别有 75.5%和 64.5%对使用盗版软件表示能够接受，在实际生活中也是很多人倾向于使用盗版软件而不是支持正版软件。偷税漏税显然属于违法行为，但统计显示，在职青年和在校学生分别有 24.3%和 13.1%表示完全能够接受，39.9%和 28.8%表示比较能够接受，倾向于赞同的比例分别有 64.2%和 41.9%。在现实中，工薪阶层除了单位在工资单上直接扣税以外，额外获得的收入很少主动去报税。法律认知与法律践行层面的差异之所以存在，有如下原因：首先，某些轻微违法行为不容易遭受惩罚，为了个人便利或个体利益，违法行为就出现了。其次，越轨行为的界定不仅包括客观事实，也包括社会的主观认定。某些轻微违法行为普遍化，降低了对行为的越轨特性的主观认同度。例如对盗版软件的普遍使用就是如此。三是出于对法律规定的不合理性之抗议。由于工薪阶层纳税规定存在起征线低等不合理因素，人们只要是有机会，就更倾向于采取不合作态度。“人情、权力、法律”之间的冲突是导致法律认知与法律践行出现差距的另一个原因。从法律认知上讲，绝大部分青少年都意识到，现代社会是法制社会，法律是协调与制约人们行为的基本原则，法律应当是至高无上的。但是六成以上的青年认为“人情大于法理”的情况“很严重”或“比较严重”。将近七成的青年表示“在人情关系面前，有时依法办事确实很难”。对于“权大于法”的现象，也有七成左右青年的判断是“很严重”或“比较严重”。并有相当一部分人倾向于主张“打官司要托关系”。“托关系”包含了人情与权力的混合。上述数据说明，在现实生活中，如果人情与权力法理出现了矛盾，青少年有可能难以坚持法律原则。

青少年在政治素养方面，认知与行动之间的断层也比较明显。然而与前两个领域的状况不同，政治素养的知行之别，其实是源于认知本身的分裂。中国社会普遍存在李强教授所言的“心理二重区域”现象。所谓心理二重区域，即人们的心理存在两个区域，一个是可以对外公开的区域，另一个是不对外公开的、保守秘密的区域。心理二重区域现象在社会生活中表现为二元话语体系、二元记录体系等(李强，2000)。青少年在面对政治方面的调查中，也会使用公开场合人们惯用的官方话语体系，倾向于回答国家所倡导的答案。并且由于官方话语体系的权威性与合法性，青少年有时候甚至并不清楚自己是否在说真心话。访谈表明，青少年在内心可能会有与官方教育很不一样的观点，然而他们也难以判断自己观念的正确与否。这就导致了一些青少年的“知行断裂”，一方面，表面上是对政治理念的积极认同；另一方面，是对政治参与的反感与冷漠。

综上所述，认知与行动的差距与断裂，是上海青少年公民素养的又一个结构性缺陷。

（三）公民素养在理性与主体性方面的发展有缺陷

笔者认为，从公民素养的内涵深度进行区分，现代社会的公民素养包括基础性要素与表现性要素。基础性要素是以理性为基础的主体性意识，上述意识是现代公民的本质特征。表现性要素是社会生活各领域的规范意识与实践能力，如遵守道德、遵纪守法、政治参与、公益奉献等。表现性要素建立在基础性要素之上，通过社会生活来充分展现基础性要素；而基础性要素贯穿于表现性要素始终，是表现性要素发展状态的先决条件之一。

上海青少年公民素养的第三个结构性缺陷，是基础性要素与表现性要素之间的发展不均衡，以规范遵循与公共参与为特征的表现性要素的发展受到重视，以理性为基础的主体性意识发展不足。

首先，是主体性意识发展不足。从理论上来讲，公民素养表现性要素的发展有利于促进基础性要素的生长。然而，现实生活中，这两者并未取得同等进展。近年来，上海青少年的公益参与获得了大发展，客观地说，公共参与的主体性意识也得到了一定程度发挥。但是与公益参与所呈现的广度与活力相比，青少年的主体性意识发展相对滞后。原因在于绝大部分公益活动都是经由学校、单位或社区而组织起来的，动员路径主要是自上而下的。民间组织虽然有一定程度的发展，然而由于登记困难、资金缺乏等原因，与国家的动员力量相比，民间组织的能力还非常有限。由青少年自身发起公益活动，或自下而上参与民间组织公益活动的情况虽然存在，但是相比较而言，所获得支持力度低，影响极其有限。公民是现代公共生活的主体，在政治领域中更是如此。然而政治素养的调查表明，公民的主体性意识依然不强，主体性地位发展滞后。尽管大部分青少年意识到政治参与的重要性，并赞同“为政府献计献策是每个公民的权利与责任。”然而对于“民主就是‘为民做主’”这样的表述，竟然有52.7%的在校青少年与59.4%的在职青年表示“同意”。对于“为老百姓当好家是国家干部的责任”，有75.5%的在校青少年与77.9%的在职青年表示认同。显然，民主的含义并非“为民做主”，而是公民共同管理国家事务。国家干部也不应当比作当家人，因为“人民群众当家作主”，国家干部只是人民的“公仆”。但是21世纪的青少年在上述问题的认知上仍然出现了很大的偏差，不能不说政治主体性意识依然存在很大不足。而意识层面的这种不足，与现实领域中人民群众主体性地位的发展滞后存在紧密关联。

其次，是理性意识发展不足。研究表明，青少年的理性意识的欠缺主要表现在如下方面：

第一，青少年的理性意识缺乏主体性意识的基础。笔者认为，当代公民的理性意识与主体性意识具有不可分割的关系。理性意识是对观念或行为是否符合要求的判断，而这里的“要求”一般而言是社会规范所界定的，对社会未能提供统一规范的细节性问题，或面对社会规范模糊不清的领域，就需要青少年自己对事情的因果关系、优劣得失进行分析。这就必然涉及主体性问题。是对谁有利？由谁负责？青少年往往能够本能地做出对自己有利的选择，然而关于“由谁负责”的问题，在一些情况下却是缺乏思考，这可能直接导致不理性的行为选择。在校青少年更是如此。

第二，青少年的理性意识欠缺一定程度上表现为对社会潮流的盲目跟从。青少年总是喜欢新鲜、时尚的事物，而时尚新潮的现象却不一定是符合伦理规范的，例如婚前同居、网恋、网络恶搞、人肉搜索等。然而青少年却有可能因为同辈群体中此类现象的流行而加入上述行动，缺乏本人对后果的理性估计。

第三，青少年理性意识的欠缺在公共领域表现为对社会不良现象的偏激行为，这些偏激行为又分为两个极端：一是不合理的参与。如网络谩骂，发泄情绪。二是退避行为,对所有政治参与均报悲观心态,认为是形式主义,自动丢弃了原本可以享受的政治权利。

青少年公民素养在理性与主体性方面的缺陷,是值得我们深思的问题。

二、制度与观念:青少年公民素养培育中存在的问题

公民素养的培育可以分为两大类型:一是有意识、有目的、有组织、有系统地进行公民素养教育;二是日常生活中公民素养潜移默化的养成。前者以学校教育为主要形式,后者以家庭教育为典型代表。笔者将从如下两个方面讨论公民素养培育中存在的问题:

(一)学校教育存在的问题

学校的公民素养教育培育在教育实践过程中还存在着许多不足:

1. 教育主体对公民素养教育缺乏清晰认识

中小学应试教育、升学考试指挥棒的负面影响从小学到初中、高中,基本上是以应试教育为中心,中考、高考指挥一切、调动一切,一张考卷定终身。考试分数作为对教师业绩、学生知识水平的重要评价,在老师、学生心目中的地位不可动摇,由此公民素养方面的教育被抛到了九霄云外。《生活中的法律常识》、《公民道德与伦理常识》等课程,在高中只是作为选修课来开设,不在高考范围之内,所以即使有学生对其感兴趣,也迫于高考压力而主动放弃,这对于那些没有选修这些课程、又未能进入高校进一步学习的大量理科学生而言,缺失了这部分内容的学习,不利于他们切实提高参与社会生活的能力。大学生在步入新的大学校园之后,由于专业的具体划分、基础学业要求和兴趣所在,只对本专业有相对认真的态度,而对本专业以外的素养教育较为冷淡。

2. 教育内容重义务,轻权利

青少年公民意识的核心是权利意识和义务意识,强调从公民权利出发来理解公民与社会、与国家的关系,而我国学校思想政治教育则偏重于公民的义务意识和责任意识教育,强调公民以履行自己的义务为先,而较少顾及其相应的权利,这就很难调动公民的主动性与积极性。公民所享有的权利与所承担的义务应该是对等的,权利与义务的对等是最重要的社会公平,而社会公平的本质无非是等利害交换。比如"以眼还眼以牙还牙"这种等害交换,貌似很残酷,但它很公平,有利于社会的稳定。同样,没有权利与义务这样的等利交换,也是社会不公正最主要的体现。过多强调作为公民对国家、社会、其他公民的义务,而忽视公民作为社会主人的权利、主体地位,不利于维护社会公平,也容易引发学生的逆反心理,或者导致学生缺乏在事前对自己合法权利的控制和使用,继而

在步入社会后，出现对政治漠不关心或者维权意识匮乏等现象。因此，我们只有更注意加强培养公民的权利意识教育，才能建成真正意义上的法治国家。

3. 教育方式重灌输，轻实践

长期以来我国思想政治教育的根本任务就是依据国家与社会既定的政策法规、道德规范与生活方式，来管理、控制、教导学生们的日常行为，将学生塑造成"理想的模型"，从而形成"统一思想、统一步调"的完美秩序。这种模式把教育的过程仅仅看成是对学生施加外部影响的过程，用科尔伯格的话来说，这是用刻板的灌输、管理、训练等方法强制儿童服从各种道德规范的"美德袋"式的"传统道德教育"。教育家杜威和陶行知先生都曾经强调学校即社会、教育即生活的命题。当学校在管理制度上没有民主精神，当课程与教学一直采取强制灌输的模式，当学生只是淹没于课本教材，当师生关系、生生关系都被等级观念所浸透的时候，学生们根本就没有成为公民的机会，再好的公民素养教育也都会流于形式，都只能是纸上谈兵。所以对公民素养教育来说，让青少年生活在一个自由、人道、民主、公正、鼓励实际参与的教育环境里比什么都重要。所以学校公民素养教育的培育应特别强调联系学生的生活实际与社会实践，通过学生自主参与丰富多彩的活动，扩展知识技能，发挥个性特长，提升生活经验，感受自尊自强，从而促进正确思想观念和良好道德品质的形成和发展。

4. 课程设置有待完善

当前学校思想政治类课程设置的问题主要表现在：高中和初中课程构建的方式不同，划分板块的方式也有较大差异，感觉突然就从以学生自身发展为主线的角度，提到了完全的、以"马克思主义立场和观点"来认识思考问题的层面，有些"突兀"；高中课程选修课尤其是与公民素养有关课程的还流于形式，在高考的重压下形同虚设；大学思想政治理论课与高中教材有许多内容存在重复，不能够进行很好的整合，也没做到采用不同的教学方式对学生进行教育；小学、初中的课程目标和内容中，有关文明礼貌、道德品质、公德规则意识、行为习惯等内容很多；到高中就只剩下"公民道德建设实施纲要"所倡导的20个字了，而且主要集中在伦理学的内容，如：经济生活伦理，科技发展伦理，环境问题伦理等，但到大学又开始讲文明礼貌，讲基本道德规范、诚信，锻炼个人品德，讲公德，网络道德等了，倒挂的感觉比较明显。

（二）家庭教育存在的问题

家庭作为个体社会化的重要场域，在青少年公民素养教育中存在如下问题：

1. 家庭的青少年公民素养教育重要性被忽略

家庭对青少年公民素养的形成具有极其深远的影响。这种影响甚至超过了我们的想象。毋庸置疑，一个人的道德修养与家庭背景有直接关联；然而甚至连公共权力领域的意识——青少年的政治观点，最重要的影响因素也是家庭教育。本次调查表明，对青少年政治观念影响最大的因素，38.2%的在校青年与47.5%的在职青年都选择了“家庭教育”，35.4%的在校青年与25.1%的在职青年选择了学校教育，还有18.8%的在校青年与13.4%的在职青年选择了“朋友交往”，其余如社区教育、政治活动等各项选择比例均非常低。家庭教育的选择比例超过了其他各项因素，高居于榜首。

另一个事实是，家庭教育对公民素养形成的重要性尚未得到充分重视。从政府政策的落实层面，侧重点主要在于学校教育、组织动员等。近年来在中小学思想政治教育中，也推出了一些与家长共同进行的公民素养教育活动，例如2009—2010年上海市中小学开展了“小手牵大手，文明迎世博”活动，让家长参与到对世博文明礼仪的认知活动中来。但是根据对父母的访谈，这些活动在家校联合方面的形式大于内容，有的仅限于让父母填写一些口号，未能发挥实质性作用。从父母的角度而言，他们对孩子公民素养的教育也未能重视起来。公民素养的核心是公德意识、公益意识与公民权意识。但是在青少年成长中，父母对孩子教育首先最为关心的是身心健康，其次为学习成绩，第三为社交与生活能力。公德意识排列其后。公益参与精神的选择比例很低。

2. 家庭的青少年公民素养教育缺乏思想支撑

在以儒家文化为主导的传统文化影响下，中国古代家庭教育非常重视教育子女道德品行的完善。在浩如烟海的古代文化典籍中，有关家庭教育的内容十分丰富。除了先秦的礼法，汉代的家法，六朝以后出现的家训、家规、家仪等，都有着对家庭教育的专门论述(孔霞、龙玲玲，2011：10)。然而，20世纪以来，激烈的社会变革导致了传统文化的断裂，传统家庭教育思想体系被抛弃，现代家庭教育思想在社会上并未得到普及，现实中的家庭教育缺乏理论思想的支撑，公民素养的家庭教育更是一个全新的领域，相关的理论论述少见，遑论对现实的影响力。

由于缺乏思想理论支撑，与公民素养相关的家庭教育必然缺乏目的性与系统性，也难以体现持续性。首先，家庭的公民素养教育缺乏正确的目标导向。不少家长根本没有意识到公民素养教育的重要性，在公民素养的认识也有偏差，关注个人品质与利益，公共意识缺乏。在当前不少领域存在社会失范现象的大背景下，一些家长自身的价值观存在问题，无视公共规则，关注一己私利，或存在拜金主义、权力至上的倾向，这种观念有意或无意中影响了他们的下一代。其次，家庭的公民素养教育缺乏持续性。当前家庭教育的重点仍然在孩子的学习教育、社会竞争能力等方面，即使家长对孩子的公民素养培育有一个相对正确的认识，一般也不可能采用措施进行持续性的培育，最多只是以自身的言行偶然给子女一定的影响。这就使得与公民素养相关的家庭教育呈现出偶然性、随机性，甚至盲目性的特征。

3. 家庭的青少年公民素养教育存在互动失效问题

传统的家庭教育是父母居高临下，独断专行，没有以平等的身份来体会孩子观察问题的感觉和视角，这是一种对孩子的不尊重，容易造成孩子从属和依附心理。现代社会中，越来越多的父母认识到，要充分尊重子女自身的意愿与权利。然而，家庭关系结构的上述变化，却可能与另一类不良代际互动相伴随，突出表现为子女对父母的逆反心理。

2011 年对上海 1 410 名青少年的调查表明，当父母在价值观念、道德规范上提出他们的看法并劝说调查对象服从时，将近一半的青少年的态度是反感，见表 6－3。

表 6－3　对父母的道德劝说的认知程度　　（%）

	在职青年	在校青少年
很反感	8.2	4.6
比较反感	40.8	37.6
不太反感	44.9	51.7
完全不反感	6.1	6.0
合　计	100.0	100.0

表示反感与不反感的青少年各占一半左右，说明在当代社会，青少年对父母的道德教育存在逆反心理是较为普遍的现象。交互分析表明，不同年龄段的在校青少年对父母的道德劝说的反感程度存在显著差异。其中 15 岁以下的少年对父母的道德劝说的反感比例为 40.0％，16～18 岁是青春期的叛逆时期，表示反感的比例上升到 50.4％。19 岁以上的青年表示反感的比例又下降到 35.4％。见表 6－4。

青少年由于自身知识经验有限，判断力不强，需要他人进行引导。青少年时期个体社会化成功的一个重要条件，是对教育者的权威的认同与服从。青少年对父母道德教育的反感态度，表明父母的权威在子女前面并未得到真正认

表 6-4 不同年龄段的在校青少年对父母道德劝说的态度 (%)

	年龄		
	15 岁以下	16～18 岁	19 岁以上
很反感	6.4	6.1	1.3
比较反感	33.6	44.3	33.1
不太反感	55.0	45.4	56.4
完全不反感	5.0	4.2	9.2
合　计	100.0	100.0	100.0

同，也表明有关公民素养教育的亲子互动未能实现良性互动状态。这种不良的互动状态背后的原因是多方面的，包括宏观层面的青少年独立性与自由意识高涨的文化背景，也源于中观层面的代沟问题，还由于微观层面的互动方式与技巧。这种不良互动状态，是家庭教育诸种问题在互动层面的体现。

第三节　经验与借鉴：国外青少年公民素养的培育

公民素养培育源自西方。早在古希腊时期，就有对具备公民资格的自由人在参与城邦事务之前的培训活动。19 世纪末，现代意义上的公民素养培育在英、法等国相继出现。1881 年法国《费里法案》废除宗教课，开设公民道德教育课，成为最早开始公民素养培育的国家。经过一个多世纪的发展，很多国家已经把公民素养作为单独科目列入青少年教育的重要内容。

公民素养的形成过程，是人们将文化模式（包括价值观、信仰等）内化到人格系统中，并进而制约个体的行动与需求的过程（乔纳森·特纳，2001）。公民素养的培育就是对这一过程的促进，从公民幼年时期着手，历时长久、结构系统。当前国外对青少年公民素养的培育，是在保持民族文化的基础性之上，强调公民素养的现代价值，并且基于上述培育理念，设计、开展培育活动。

一、培育理念

（一）突出公民素养的现代性价值

人是社会的主体，现代化社会的基本元素是人的现代性，即拥有现代化公民。“那些完善的现代制度以及伴随而来的指导大纲、管理守则，本身是一些空白躯壳。如果一个国家的人民缺乏一种能赋予这些制度以真实生命力的广泛的现代心理基础，如果执行和运用着这些现代制度的人，自身还没有从心理、思想、态度和行为方式上都经历一个向现代化的转变，失败和畸形发展的悲剧是不可避免的。再完美的现代制度和管理方式、再先进的技术工艺，也会在一群传统人的手中变成废纸一堆。”(川岛武宜，1994)

个体意识和权责观念的有无被视为现代性人格特质的标杆。一个缺乏个体意识和权责观念的民族不被视为现代化的民族。而这些现代性价值根源于现代西方政治哲学，即以自由主义和个人主义为基础，人生而自由平等，法律的设计以保护个人权利和私人财产为目的。因而西方国家公民素养培育强调对主体性的教育。主体性教育是一种对人自身再认识的过程，促进个体意识的觉醒。正如美国“独立宣言”中所说：“人类生来平等，造物主赋予了他们与生俱来的权利，即生存、自由和追求幸福的权利。自由与平等是人们的最终的生存目标。”自由主义思想演变出的西方政治体制和法律制度，实质是两方面内容：一是限权；二是保障。限制政府及立法机构的专属权力，并且保障人民的各项基本权利，特别是洛克主张的生命、自由和财产权。

法律是现代性权责观念的书面体现，当今世界文明国家都突出法律的重要性，强调国家的法制建设，并且关注青少年法制观念的培育。美国 50 个州中有 40 个州的学校要求必须进行美国宪法教学，30 多个州要求学习州宪法。政府明确要求 16～18 岁的学生要学习《独立宣言》、《联邦宪法》、《人权宣言》等内容(苏丰，2002)。个体意识和权责观念是现代民主制度的对公民的资格要求。公民是相对国家而言的，有服从国家管理的义务和享受公共服务的权利。根据宪法和法律，公民拥有选举权与被选举权、知情权、表达权、参与权、监督权等政治权利，需要对国家负责。现代社会是法制社会，人与人之间的关系依赖法律调整，公民享有法律赋予的权力，同时必须履行法律所要求的义务。基于公民所拥有权利和义务，培育公民个体意识和权责观念利于保障公民行为的有效性。

(二) 保持民族文化的基础性地位

约翰·罗尔斯所说：“社会对儿童教育的关切所在，是他们作为未来公民的角色，所以，社会关切诸如他们获得理解公共文化并参与公共文化之各种制度的能力，关切他们终身成为经济上独立和自我支撑的社会成员，关切他们发展各种政治美德，而所有这些关切都是从一种政治观点内部出发的。”(约翰·罗尔斯，2000)每个民族由于自身历史发展、人文地理不同，有着不同的民族性格，因而每个国家对自己的公民素养的要求也不同。一个符合自己国家价值要求、明悉公民的权利和义务、忠诚服务于自己国家的公民才是一个合格的“好公民”。

现代公民教育自18世纪末至今，很多国家的公民素养培育的内容、方式几经变革。由于时代的进步和技术的革新，公民素养的工具性手段不断发展，公民素养表现性要素也随之发生变化。但以理性为基础的主体性意识中民族文化的基础性地位没有改变，一个民族之所以区别于其他民族，是由于其特有的文化。确保民族文化的基础地位是一个国家公民素养培育连续性之所在。

现代性价值根植于西方传统文化之上，由于东西方文化天然的差异，亚洲文化背景下发展公民素养培育，要把握好现代性与儒文化的平衡。儒文化在道德修养上主张自内而外，主张“修身”与“齐家、治国、平天下”有着紧密的关联性和连锁效应，具有泛道德主义的文化特征，认为提高个体自身的道德修养和人格完善能够改善社会秩序，进而使整个社会进步，即“内圣”而至“外王”。东方文化传统与现代意义上公民素养的公共性，两者存在很多相悖之处。

新加坡作为儒家文化圈中的一员，公民素质培育最大特色就是开设儒家伦理课。新加坡从1965年国家独立后，一直致力于建立一套以华人为主体，儒家文化为文本，强调国家意志的公民素养教育体系（田国秀，1996）。新加坡一百多年的殖民历史，在一定程度上更易于寻求传统与现代价值融合。因而，新加坡公民素养的培育在坚持儒家道德教育为主的基础上，率先将儒家理论引入公民教育，又吸收借鉴西方公民个体教育路径，兼顾国家、社会、个人三者利益。

（三）坚持公民普适价值教育的主体地位

公民素养是指与公民资格相适应的后天素质，是公民作为现代政治生活与社会生活的主体，在公共空间与私人领域中，为实现公民权利、承担公民责任而应具备的价值理念、道德品质、知识技能。民主、政治、权利义务、个人修养等普适性价值的培育。我国公民教育一直以来难以与思想政治教育相区分，以培养无产阶级先锋队和革命接班人为目的的“精英”教育。这种思想教育模式容易形成精英行为属性的特殊主义。

西方社会普适价值教育的精华之处是引发青少年思考价值观、个人权利以及他们所负担的社会责任，培养其民主生活所需要的技能，社会普遍要求的道德准则，使其为未来的成人生活做好充分准备。国外对青少年公民素养培育，坚持普适价值教育为主，旨在培育大众成为国家需要的公民。美国崇尚个性独立、平等、自由意识，乐观进取精神被认为是人格健康的表现。美国以培养爱国、修养、诺言、恢复伦理道德、纪律的“国民精神”，以及对国家履行义务的“责任公民”作为教育目标（谢亚琴、李亚平、周可荣，2004）。英国要求“发展学生的德性和自主性，帮助他们成为一个公平社会中有责任心和关爱心的公民”（秦树理，2004）。《英国国家公民课程标准》提出，青少年只有知道如何做一名合格的英国公民,才能更好地做一名世界公民。[①] 法国公民素养教育要求培育学生掌握法国共同文化,要求公民学习法语和法国文化,获得有公民资格的知识和实践,以培养青少年的法国人精神。

(四) 尊重公民文化的多元性特征

文化生命力大小取决于它对其他文化的吸纳能力。公民素养的发展亦是如此,单一教育理念会导致素养培育缺乏活力。公民素养培育的未来发展是强调文化的多元性,不同文化之间应该相互尊重、互惠合作,培养公民处理文化冲突的能力。一个国家不仅要发展一个社会主流文化和价值取向,而且也应该体现文化的包容性,允许民族文化、亚文化等差异性文化的存在。尤其对于多民族国家而言,更应该体现对亚文化的尊重。

西方国家虽然都秉持自由主义思想,貌似有着共同的公民文化,但具体而言西方公民观又细分为三种：自由主义公民观、共和主义公民观和社群主义公民观。自由主义公民观主张人是一个不得被任何集体目的所任意牺牲的道德主体,个人权利优先于社会责任,公共利益是实现个人利益的集合。共和主义公民观强调公民责任,每个公民都有意愿服从于公共利益,个人的自由是在支持维护群体的自由基础上实现的。社群主义公民观注重公民对所属社群的认同感和归属感,把恢复公民社会责任感和个体德性最为公民教育的重要目标。全球一体化时代,这三种公民观又有一定程度的融合。

2007年英国教育与技能部发表了题为《课程检视：多样性与公民权利和义务》(*Curriculum Review*：*Diversity and Citizenship*)的白皮书。文中指出公民教育要尊重多样性教育的重要性,满足学生多样性发展的要求,尊重学生自我意愿。新加坡将儒家道德教育成功地引入到公民素养培育中,在一定程度上调和了东方文化与现代性价值的冲突,成为新加坡公民教育的特色。但是新加坡亦是多种族国家,儒家伦理课仅在华人学校里开展,这正是对其他亚文化的尊重和保护。

二、培育方式与方法

(一) 系统性的青少年公民素养学科教育

青少年公民素养的培育是一个长期连贯的过程,自幼稚园起一直贯穿整个青年时期。法国青少年公民素养的培育是根据青少年所处年龄层的不同,将课程分为不同阶段。课程内容由易到难,是一个灌输常识到引发思考的过程。幼

---

① 英国国家公民课程标准(5～16岁)[EB/OL]. http：//www.nc.uk.net,1999.

儿时期的公民素养课程主要让孩子知道社会生活基本准则、风俗习惯和社会美德。在此基础上，青少年公民素养的培育主要使其了解政治生活，逐步完善规范意识，促进主体意识的觉醒，提高实践能力，主要涉及法律和制度、选举、自由和权利、法国国际地位、1789 年法国公民人权宣言、人道主义、社会文明、民族和国家统一、公权力运作机制等(冯增俊，1993)。

美国公民素养的培育是在考虑到青少年心智发育规律，对课程内容作了精心安排。1994 年《美国教育法案》规定"所有学生都要学习《公民和政府》课程，以便他们具有负责任的公民资格"。但是素养培育所涉及的公权力是归当地州政府所有。各个州对公民素养开设课程的又各有侧重，因地而异。国家颁布了《〈公民和政府〉的国家标准》，对各个州的公民素养课程内容作了统一规定，明确各个年级公民素养课程教学内容。小学阶段主要以培养学生的认知能力为主，教授内容较为简单、感性。初中阶段开始对青少年进行事实的教育，帮助其认知社会。高中阶段通过制度、法律、政治教育，培养青少年分析社会现实的能力。同时，公民素养课程的授课时间也随着年级的增高有所增加。

英国初等教育分为小学(第一、二学段)和中学(第三、四学段)。2000 年颁布的英国中小学国家课程，规定小学、中学的教育必须含有公民教育和公民意识教育的内容。而"公民科"是在第三学段(11～14 岁)和第四学段(14～16 岁)的必修科目。① 第三学段的教育在主体性意识培养方面的学习主要包括公民的权利、义务、责任和如何理解社会的发展变化等问题；规范意识培养主要包括政府和非政府机构的作用、犯罪和法制体制等；还包括一些以研究时事问题为主的实践活动。第四学段的学习主要是在第三学段的基础上内容的深化，包括传媒素养的培育，评价、判断不同层面的现实变化和时事问题等。

新加坡小学阶段教授《好公民》新教材，该教材内容遵循传统的道德观念，目的是对小学生进行良好的生活教育和道德品质教育，协助学生认识自我、适应家庭以外的生活、养成良好的学习和生活习惯。在高年级阶段，学校向青少年传授有关政治、经济、文化、社会等方面的具体知识，使其了解自己的国家，形成全球意识和投身国家建设的意愿，从而辅助青少年树立民族意识和正确的人生观，培养良好的生活习惯，提高参与社会生活的技能(冯增俊、王学风、马建国等，1998)。

(二) 潜移默化的价值观渗透

公民素养培育源于 19 世纪末人们对传统价值观回归的呼吁的公民教育，

① National Curriculum Online：citizenship[EB/OL]. Http：//www. nc. uk. net.

旨在改变物质主义、消费主义的现实，强调公民社会责任。公民素养涵盖道德素养、法律素养、政治素养，有涉及私人领域和公共领域。单纯通过灌输式价值观教育很难达到培育青少年公民素养的目的。要启发学生思考价值观问题，进而实现从独语的反思到对话的转换，将意识与能力相分离，在传授地理、艺术、历史等其他领域知识的同时，融入主流价值观，使青少年在学习思考中将价值观内化。

在近一个世纪的时间里，英国的公民教育通过学科渗透的形式，将价值观的内容渗透在历史、地理等课程的教学中。1998年《科瑞克报告》发表，“公民科”才成为法定国家课程的基础科目（冯周卓、付泉平，2002）。2007年英国公民教育迎来了新一轮的革新，强调尊重多样性教育，而公民素养的培育再次回归到逐步熏陶、潜移默化的价值观渗透。学校考虑利用论坛、校务委员会、学生问卷或其他方式来讨论诸如身份认同、价值观以及归属感等问题[①]。法国除了开设“公民科”外，公民素养培育的价值渗透主要体现在利用其他课程和教学活动对青少年进行历史和文化的熏陶，从而达到使青少年认同国家的目的。在法国，宗教、艺术、民族意识是支撑人们生活的三大支柱，无法割裂的。

美国公民素养的培育最主要的方法是通过评价学生在公民教育前后的价值观、兴趣、经验、知识，发展公民的终身学习技能和批判性思考的能力（秦树理，2004）。“美国学校除了开设宗教学、伦理学、政治学、哲学、社会学、公民学、美国总统制、欧洲政治思想等公开的道德课程外，还十分强调把道德教育渗透到文理各科教学之中，注重发挥各学科对道德教育的‘载道作用’和‘渗透作用’。”（赵雪霞，2001）

美国公民教育通过让青少年了解现行制度和国家理想的发展路径，增进爱国观念，培育其有效参与民主社会的技能，促进形成现代价值观。而价值性教育都是渗透在技能性培育的过程中的。正如卢梭所说“一切法律之中最重要的法律不是铭刻在大理石上，也不是铭刻在铜表上，而是铭刻在公民的内心里，它形成了国家的真正宪法，它每天都在获得新的力量，当其他法律衰老或消亡的时候，它可以复活那些法律或替代那些法律，它可以保持一个民族的精神”（卢梭，2003）。美国的法制教育恰是基于此种目的，美国“法制教育的出发点和归宿，就是要说明美国法律和政治制度的合理性和权威性，而且这些制度是神圣不可侵犯的和永恒的，这就是贯穿法制教育始终的核心。”（张晓明，1992）美国

---

① Curriculum review: diversity & citizenship [EB/OL]. http://www.dfes.gov.uk/publications/, 2007-01-25.

在培育青少年法制知识的同时，将美国法律的至高无上性深深地刻入学生心里，目的是让公民在青少年时期就认可美国法制的合理性，清楚法律的权威性、不可侵犯性。

（三）实践为本的培育特色

传统的公民教育是训练公民参与社会生活、政治生活所需要的基本技能，一种由外而内的培训。而素养是一种自内而外的，具备能够主动满足外部需求的能力，这就决定了素养的培育需要个体与社会的互动。我国德行教育以理论说教和英雄模范的方式为主，虽然也在学生中开展社会调查、社会实践、社区服务活动，但活动或是流于形式或是缺乏持久性，教育意义大打折扣。与我国青少年德行教育不同，国外公民素养培育对实践更为注重。

美国青少年公民素养培育的实践活动主要是由学校与社区、社会团体、非营利性组织共同合作，对我国公民培育的发展有着极大的借鉴意义。1993 年下半年，克林顿签署了有关扶持青少年义工力量的条文《全国与社区服务法案》，鼓励青少年学生义务服务社会。该法案明确规定，对于做满 1 400 个小时的青年义工，美国政府将每年奖励其 4 725 美元的奖学金(陈立思，1999：78)。在美国，大学除了加强“美国史”和“美国社会”教育外，还积极组织学生参与社会服务，培养公民意识，树立道德观念。1986 年，美国近 200 所院校签订了《校园协议》，联合开展公民与服务教育。大学生组成“学生自愿委员会”开展实践活动：参与社区环境治理；为某个社会团体募捐；为教堂服务；访问教养机构、精神病院和保育院；参加帮助挽救吸毒者等活动。

法国青少年公民素养培育的实践内容主要有鼓励青少年研究社会时事问题，借助媒体锻炼公共媒体素养，参与学校和社区的各种公益活动，团队合作培养集体责任意识等。期望培育青少年拥有广博的知识和较强的实践能力。

公民素养的培育应注重让青少年能够亲自去体验。通过体验，促使青少年认同公共生活所需建立的规则，理解遵守规范的原因。使青少年产生主动遵守的内在动机，避免制度对其行为形成外部强制。公民只有具备素养实践的动机和能力，才能够主动地参与公共事务，促进社会公共利益。

（四）广泛覆盖的网络教育

互联网作为新兴媒体，对于公民素养培育而言是一次技术性挑战。网络公共领域是对青少年实施宣传教育的新阵地。网络便捷了人与人之间的交流，具有开放性和包容性的特点，信息量大。现时代青少年也主要依靠网络途径获取信息，因此利用网络手段开展青少年公民素质教育符合当下现实要求。

不同的文化、不同的风俗、不同的价值观、不同的意识形态都在网络中进行传播，因此利用网络宣传主流价值观和领导作用的意识形态，显得尤为重要。法国政府很早就意识到利用网络资源进行公民教育的重要性，网络对青少年学习、生活影响巨大且呈现与日俱增的态势。第一个法语国民义务教育网站是1999年法国参议院开设的一个名为"少年参议院"的网站，该网站是针对8～12岁的青少年进行公民素养的教育。网站采用游戏与教育相结合的方式，寓教于乐，使青少年在游戏中更为准确地理解国家、社会的一些原则、制度、法规和公民负有的责任与义务。

第四节 思路与举措：青少年公民素养培育的对策建议

一、青少年公民素养的培育思路

（一）发展青少年公民素养的现代特征

公民素养的内涵不断发展变化，有着鲜明的文化特征和较为深刻的时代烙印，受一个国家、一个民族所奉行的主流意识形态的影响，不同国家、不同时期，公民素养的侧重有所不同。虽然世界各国历史文化差异很大，但现代国家建设以民主与法制为主要特征，公民素养的现代发展也应与之相匹配。同时，当今世界风云变幻，全球化局势势不可挡，更有学者提出培养世界公民的论调。就我国现实情况而言，青少年公民素养培育应注重发展公民素养的现代特征，弥补现行教育对公民素养普适性价值传播的不足，这样才能更为顺应时代潮流。总的来说，公民素养同时涉及公共领域、公共权利领域和私人领域，青少年阶段公民素养培育应以价值观引导为主，公民素养的现代性在私人领域主要关注对青少年个体理性的培育，在公共领域主要是对青少年参与社会生活的主体意识教育。

1. 培育青少年的个体理性

(1) 行为理性。社会现代化的实践要求有现代价值观念和伦理精神的支撑，适合当今社会的公民素养需要符合现代公民行为的基本要求。理性精神是对公民参与社会生活最基本的行为要求，即要求人们对自己的行为要有理智的约束能力，为所做出的行为负责。公民对公共权力的有效监督也是建立在公民个体行为理性基础之上的。否则，就会造成公民权的滥用，损害正常的社会秩序。

青少年处于心智发育阶段，人生观与价值观尚未形成，容易诱发情绪化行为，对自我行为后果缺乏预见，且对行为后果尚不具备承担能力。最为典型的是青少年的极端爱国主义行为。培育青少年行为理性就是培养其对公共利益和私人利益的理性取舍的能力和是非的判断能力。行为理性是建立在对问题独立思考的基础之上，明白自己行为的原因和后果，避免人云亦云，而不是流行什么就迎合什么。行为理性的培育不仅有利于公民人格的发展，同时有利于青少年心智的成熟，有益个体成长。

(2) 权责观念。公民权责观念包括两个部分：权力和责任。权责观念是公民性之灵魂。公民对于自我权利的认知、理解及对实现其权利的方式的选择，是公民的权利意识。权利意识保障公民为满足自身生存和发展的需要而享有的权利，还在权利受到侵犯时给予救济。权利意识不是仅限于公民个人权利，还包括该公民所在的共同体。公民的责任意识是指公民对其公民身份所负担的责任的认知、理解，它既包含公共领域的责任又包括私人领域的责任。责任意识反应的是社会成员对自己所应承担的社会任务的使命感，个人行为需要为他人和社会负责。

公民的权责观念最重要的就是理解权责的统一性。有权必有责，权责必相等。权责之间有着天然的互生关系。权责观念是现代社会运行的基础。公民只有真正理解自己在社会中的权利和责任，才不至成为政治权威的附属品。权责意识外化为自觉的社会生活参与，从而负责任地影响公共权力运行方向、过程和结果。培养青少年权责意识既是帮助青少年对自身权利和责任有较为明确的认知，懂得尊重和理解他人权利，又是使其明白自觉地履行法定义务的重要性，勇于承担社会赋予公民的责任。

2. 培育青少年的社会生活主体性

(1) 主体意识。简单而言，主体意识是指公民对自我的认知，这种认知分为两个层面：一是自由人的认知；二是国家主人的认知。第一个层次是对人的认知，对独立人格的确定。公民的本质属性是独立和自由的人，能充分的表达自己的愿望和需求，在宪法和法律允许的范围内行为不受限制，可以充分行使自己的自由。人与人在平等自愿的基础上，联合起来追求更大的善。第二个层次是对公民属性的认知，认识到自己是公共事务的独立主体，同时作为公共领域管理者与被管理者而存在，形成参与公共生活的意愿。

主体意识的建立有助于青少年理解公共领域的各项活动，在理解的基础上参与公共事务。国家利益、集体目标与个人利益之间的关系不是此消彼长的，在某种程度上公私的目标是相对统一的，公共生活的很多决策是追求整体理性的结果。这有利于青少年在社会生活中不过于计较个人得失与收益，从更实际的角度出发处理遇到的社会问题，保证以社会成员的身份自觉主动地投身到国家建设中去，更有助于促进国家和民族的长足进步。

(2) 主体权利。主体权利是因为具备公共事务的主体资格而拥有的权利。公民作为具有独立意识、地位的政治存在。公民在平等自由的主体思想指导下，享受民主生活，拥有发挥主体意识的权利。在实践中，这些权利具体表现为选举权与被选举权、知情权、表达权、参与权、监督权等政治权利。强调权利有助于激励青少年公共参与的动机，提升对公共事务的兴趣。

(3) 主体义务。公民身份不是独立存在的，它依附于国家存在。个人的成长和私人利益，与国家利益、社会进步密不可分。公民与国家权利关系的一致性就要求公民在公共领域需对国家负责，承担一定义务。主体义务强调公民明确自己对国家的责任和使命，积极而负责地关心国家事务和参与社会公共生活，以本国发展为己任。主体义务具体体现在共鸣，要正确认知本国国情、维护本国主权、传承民族文化、具备民族自豪感，并且本着积极负责的态度主动参与公共事务。好公民有义务尊重和践行人类社会自古到今工人的普遍规范、现代社会以平等为基础的各种规范，并且努力学习、实践社会主义的规范和大公无私的共产主义规范。

(二) 借鉴传统道德教育模式

由于一个民族自身历史发展、人文地理不同，铸就了不同的民族性格，每个国家对自己的公民素养的要求也不同。一个民族之所以区别于其他民族，是由于其特有的文化。确保民族文化的基础地位是一个国家公民素养培育连续性之所在。因此除了普遍的公民权责和道德要求之外，我国公民素养培育必须放置在一个国家特殊的社会背景下去理解和思考，从中国所依托的特殊文化传统和现代化所必须应对的问题角度思考，才能构建出符合我国需要的公民教育体系。

1. 发扬儒家德育经验

我国自古重视道德教育，“不教，无以理民性”(《荀子》)。以儒家学说为核心的中国传统思想更是注重德育和教化，要求人们讲究公益，重视群体。儒家学说基于人性本善的假设之上，在政治领域是通过教化民众、教化国君，“克己复礼”实现自己的政治构想。几千年来，中国人自古就期待“大同”到物尽所需的共产主义，体现着对自身道德的追求。这也说明了儒家两千多年的德育经验对当今公民素养培育依然具有较大指导意义。同时，以“仁、义、礼、智、信”为根本的道德原则和道德规范，仍然可以指导现代公民道德领域行为。

(1) 自我反省。中国传统思想认为人的道德素养是教化而成，并非自然而然的结果。道德高尚之人绝不是天地生就,而是靠人自身去可以去追求,社会根据个人自身情况因势利导地教化。古代道德教化特别注重以达其心性的自我反省,认为内在修养可以影响外部现实,甚至可以实现良好的国家治理,即所谓"内圣"而"外王"。儒家德育又特别推崇自我道德修炼,通过自省的方式,提高自身道德修养,儒家圣人孔子就是每日三省吾身。儒家最基本的道德要求是"克己复礼",礼是道德规范。讲求自我的克制和反省。这种自我反省可以促进人们自我思考,提高修养的培育中自身的能动效用。

(2) 榜样示范。在国家治理中,儒家推崇"以德服人",不要"以力服人"。(《孟子·公孙丑上》)这就要求为政者有较高的道德人格和思想品德。而这种德治就是通过榜样的示范作用实现的。一言蔽之,榜样示范就是将伦理道德人格化。这种人格化的伦理道德对人们生活实践起着示范作用,对人们生活影响速度和深度是理论教育所不能比拟的,比单纯的道德宣传教育更为有效。这一途径,我国至今坚持并且成果卓著,可以运用到青少年公民素养的道德培育之中。

2. 坚定民族的文化自信

胡锦涛 2006 年在耶鲁大学演讲中谈到:一个民族文化,往往凝聚着这个民族对世界和生命的历史认知和现实感受,也往往积淀着这个民族最深层的精神追求和行为准则。对民族文化的自信有助于形成民族自信心和民族凝聚力,在面对西方价值观挑战的今天,现代尤为重要。西方国家对青少年公民素养的教育,其中一个重要部分就是对国家历史教育和对独特文化的弘扬。美国如此,法国亦是如此。我国有着悠久的历史和深厚的文化更应该注重培育青少年对中华民族文化的自信心。

(1) 中华文明史的纵向教育。读史可以使人明智,几乎每一个开展现代公民教育的国家都十分重视青少年对国家的历史的学习。历史对现实不仅具有借鉴意义,还是一个国家人民共同的记忆,使一个民族文化得以延续。此外,历史课也是爱国主义和民族精神培育的重要方式。因此,对于一个国家未来的公民进行历史教育十分必要。中国文化博大精深,其间有很多内容符合人类普遍价值,这些内容既是古老的也是现代的,既是中华民族的同样也是世界的,可以深入挖掘。这对当今以至未来世界发展仍具有重大意义。民族自信是对民族文化特质的一种肯定。只有了解自己国家的历史,才能形成民族自豪感,对国家的未来才更有信心。

(2) 与世界文明比较的横向教育。中华民族的文化具有悠久的发展历史,为人类文化的繁荣和发展作出了重要贡献,是四大文明古国之一。中国人理应对自己的文化充满自信。与世界上出现过的其他文明相比，中华文明有着强大生命力。英国历史学家汤因比说过，人类历史上悠久绵长，出现过26个文明形态，但只有中国文明长期发展而从未中断过。强大的生命力是中华文明一个重要特征，只有通过与世界其他文明的比较，才能让青少年认识到中华文明的优越。防止青少年对民族历史妄自菲薄，使他们更好地迎接西方价值观的冲击。

二、青少年公民素养的培育重点

（一）加强公共取向的青少年公民素养培育

1. 公共意识

“公共意识是指社会共同体成员对公共领域内的标准、规范等的主观认可和客观遵守，体现的是人们对社会公共领域的认知和行为的自觉性。”公共意识的形成是建立在社会共同体成员之间相互交流的基础上，公共领域与私人领域不同，只有成员之间形成公共意识，才能实现个人利益到集体利益的转变，政府与公众、国家与社会之间形成良性关系。公共意识是公共领域公民素养的内涵延伸。公共意识要求公民在支配自己的社会行为、参与社会政治生活中符合公共领域标准、规范。公共意识的形成，使人们行使个人权利时超越个人狭隘眼界和直接功利目的，追求公共利益和集体利益。根据奥尔森的观点，集体理性不一定能导出集体的事实性行动（奥尔森，1995）。公共意识促进社会成员在公共领域的自觉性的发扬，进而维护社会整体利益。

一个社会的成熟和进步，突出表现在集体理性问题上。青少年是未来的新公民，对青少年公民素养的培育最直接的目的是提高国民公民素养。培育青少年的公共意识就是实现青少年对国家、社会和现行制度的认同和自觉遵守。青少年只有在具备了公共意识的基础上，才能实现对国家、社会事务的持续关注，并使之成为一种自觉行为。

2. 公德意识

托克维尔指出：“个人主义由于只顾自己，使每个人与同胞、大众、亲朋好友疏远，从而必将导致社会公德源泉枯竭，久而久之会打击与毁灭一切美德。”（托克维尔，1988）公德意识是公共领域公民道德素养的突出体现。它主要调节公共生活中人们的利益关系，涉及社会生活的各个层面。根据马克思的观点，人的本质并不是单个人所固有的抽象物，它是一切社会关系的总和。如果公民不具备公德意识，社会只是由无数只会自我享乐、孤立、冷漠个体的叠加。无所谓公共领域的存在。一个人的个人修养再怎么好，如果缺乏公德意识，也很难称为一个品德高尚的人。一个人有责任不仅为自己本人，而且为每一个履行自己义务的人要求人权和公民权。

3. 民主意识

民主意识是公民的基本精神，公民对民主的认识和要求随着社会的发展和进步而逐步提高。国家有义务确保公民利益诉求表达的畅通和公民寻求救济的权力。一项公共政策不只是简单的同意和不同意，允许公民针对公共政策提出自己的看法，对社会问题发表自己的态度。

公民的民主意识会随着民主的进步而逐步提高。民主的广度是指参与公共事务人数的比例，民主的深度是指参与者的参与是否充分。如果一个社会既准许公民普遍参与，又鼓励公民在了解情况的基础上持续、有力、有效并参与，这种社会民主既实现了民主的广度又有民主的深度（刘鑫森，2006）。而广度、深度的保障不是完善的制度设计就能够实现的，对权利主体自身也有很高民主素质要求。培育青少年的民主意识，使其有能力行使主体权利，防止权利滥用，确保他们成为未来合格的公民。这对我国民主政治的发展意义重大。

4. 制度意识

制度标明了人们在公共领域权力的边界，法规与制度是现代公共生活得以维系的基础，人们对制度的尊重是系统正常运行的前提。而我国传统文化缺乏对制度的尊重。儒家思想充满浪漫主义色彩，它是将自己的政治构想作为治世之道来运用。与西方不同，对于权力的制约不是采取刚性的制度，而是将伦理道德用于政治。

人与人之间有亲疏远近之别，与私人道德取向相冲突、矛盾时，公共精神被漠视。古谚有云："刑不上大夫"、"法不外人情"。这就说明在中国传统文化中制度缺乏不可权变的权威性和人人适用的普适性。在伦理上可以被包容。人们总为自己钻制度空子找到冠冕的理由，青少年好奇心和叛逆心理，更倾向于破坏制度，寻求快感。为了避免公共精神在社会生活中被抛弃，青少年公民素养应注重培育制度意识，在生活中小到遵守交通秩序，大到保护国家安全都尊重制。

（二）加强青少年公民能力的培育

公民素养的培育不是纸上谈兵，单纯的理论教育是不能实现对青少年公民素养良好的培育。公民能力主要包括认识能力、分析能力、独立思考能力、辨别是非能力、权利运用能力和关心社会能力等。如果公民只具备主体性和责任意识，缺乏将权利转化为实际参与的欲望，那么社会生活依旧非常态化存在。

1. 权利行使能力

一直以来我国公民素养在德育方面主要侧重宣扬义务和对集体的服从，权利与义务在逻辑上强调先义务后权力，忽视了权利行使和主动性的培育。以义务为起点对青少年进行公民教育，使青少年认识到在现实社会生活中自己所负担的责任感，以及为了保障他人利益必须让渡的权利。这种教育使得青少年相对国家和集体在道德领域同样处于弱势地位。关于公民权利的培育大都停留在思想、理论上，内容宏大，层次较高，但缺乏转接到实践的桥梁，无法指导具体社会生活，无法影响其探索问题、解决问题。权利教育不足的公民教育，使得培育出的公民在思想上对自身权利有所认知，但在社会生活中缺乏权利实践的能力。

2. 社会参与能力

心理学认为人们有“社会交往”和“自我实现”的需求，除了私人领域事务外，还会参与公共领域活动。公民社会参与最初是为了满足自身需求和社会交往的需要，但随着个体公民性的具备，人们开始自发地关怀周围的人、事、物和环境，主动地参与周围公共事务，并且推动社团、社会发展。“建国以来总是不断地发动各种政治运动以保持和提高全国人民的政治觉悟，其目的之一就是使人们的参与动机保持在较高层次上”(陶东明、陈明明，1998)。这种社会参与意愿随着公民个人社会参与的差异而增强或者衰退。要使这种行为具备持续性而不是一次性，需要培育公民一种成长性动力的社会参与意愿。培育青少年社会参与意愿并使其具备成长性动力，简单而言就是使青少年养成热心公共事务、国家和社会发展的习惯，训练他们关心社会的意识、发展社会参与能力。

三、青少年公民素养的培育措施

(一) 公民素养培育课程的专门化

1. 公民素养培育与思想政治教育分离

公民素养是指与公民资格相适应的后天素质，是公民作为现代政治生活与社会生活的主体，在公共空间与私人领域中，为实现公民权利、承担公民责任而应具备的价值理念、道德品质、知识技能等。

我国一直以来都较为重视思想政治教育，其中包含一部分公民素养的培育，但具体规定和措施十分有限，且内容分散。虽然我国十分重视思想政治教育工作，但学校通常采取课堂讲授法，即通过口头语言系统地讲解，使学生明白事理，分辨是非曲直，提高社会认知水平，缺点是不能很好地发挥学生的积极性和主动性。除了课堂理论的灌输，思想的社会宣传、会议精神的传达也广泛被使用。以上方法，有一个突出的弊端，就是以简单说教为主，往往导致思想政治教育活动过多、泛政治化、流于形式，没有得到良好的教学效果。而蕴含其中的那部分公民素养就更难被学生所接受。

公民素养教育开展较好的国家，其公民素养课程都相对独立的，教授学生现代社会的公民所应当具有主体性意识、社会生活各领域的规范意识和实践能力。较为完善的公民素养培育都是非常重视创新、注重实践、鼓励学生个性发展。素养培育与思想政治教育的融合，会限制对公民素养实践能力的锻炼，造成青少年只懂得为什么，不懂得如何做。

公民素养培育与思想政治教育相分离，不是简单的形式上的分离，更重要的是实质上的分离。在涉及道德、法律、政治等课程中，提高对公民素养培育有实际意义的内容在科目中的分量。注重培育效果而非独立的形式。

2. 学科设计注重阶段性和系统性

我国公民素养培育体系还没有建立起来，近几年国内教育学、社会学等领域对该问题的研究越来越多。建立适合我国国情的公民素养培育体系十分重要。而重中之重是对人生观、世界观形成过程中的青少年公民素养的培育。

(1) 阶段性。公民素养教育是一种基础性教育，对不同年龄、不同层次的受教对象提出要求也不同，因材施教才能达到预期的效用。青少年公民素养学科的设计应首先考虑成长不同时期青少年的年龄特点和接受能力，根据心智条件，教育内容循序渐进地进行。小学阶段公民素养培育的主要任务是告诉青少年公民是什么、社会是什么、国家是什么，中学阶段则逐步深入教授他们社会问题的为什么缘由，而大学阶段培育学生独立思考、深入探索的能力，思考为什么背后的问题。过去有相当长的一段时间，我国公民教育内容安排上有欠科学，没有充分考虑到青少年心智能力，在小学阶段开展共产主义教育，中学阶段进行集体主义教育，大学阶段进行爱国主义教育。分阶段分层次进行公民教育，是世界公民教育的基本特点。

(2) 系统性。公民素养的系统性可以从两个方面来看，一是指专门课程设计的系统性；二是涉及公民素养内容的各学科之间搭配的合理性。公民素养不同于“两课”教学，也不同于政治学。把公民素养培育渗透到爱国主义教育、集体主义教育、社会主义教育、民主法制教育、道德修养教育之中，就湮没了素养培育的初衷。把公民素养培育等同于政治课，又缩小了公民素养的培养范围。公民课在学校中独立开设，学习内容相对集中，可以确保公民教育的完善与系统。

除了在小学、中学、大学中开设公民课，还要将公民素养培育渗透到各相关科教学中，做到专门课程教学与其他课目相结合、课程教学与课外活动相结合、理论学习与现实生活相结合。从而形成一套完整的公民素养培育体系。

（二）发挥家庭在道德教育中的基础地位

家庭对一个人素养的形成影响是最基本和最重要的。家庭教育对个人的影响是学校和其他教育机构无法取代的。同样对于公民素养而言，家庭的作用也不可小觑。它对人的思想观念的影响具有长期性，影响个人偏好的不同。并且个人进入社会后的教育内容和效果多少都会受家庭教育的影响。充分发挥家庭这种"先主式"教育的作用，对青少年公民素养培育而言同样意义重大。

1. 发展现代家庭交往模式

就个体生长而言，家庭是个人最初加入的群体，是个人与社会联系的桥梁。每个家庭都为孩子提供了一个特定的信息交流环境，并在一定程度上决定着孩子对社会信息的筛选偏好和对政治等社会事务的态度，而且家庭的结构和角色模式、民主或专断的氛围、权威表现的方式、处理问题的手段和方法都会潜移默化地对孩子产生影响。个体的社会化受家庭的影响很大，家庭在公民教育中的作用不容忽视。中国传统文化强调家庭，家庭对人格形成的影响，相对西方国家来说作用更为突出。往往同一个家庭的成员对政治权威的态度都大体相近。

塑造现代化的公民要求家庭交往模式理应具备现代性。家庭交往模式提倡以淡化家庭父权和夫权，发展民主、平等、尊重交往态度，缔造良好的家庭结构关系，理顺家庭内外事务，避免一切非理性冲动因素，培养青少年的自我主体意识和理性批判、探究能力，在家庭交往和社会互动过程中形成自己的识别能力和价值观，让青少年在自由、和谐、公正、平等的文明环境中成长。通过媒体等信息渠道对家庭成员交往模式问题进行引导。

2. 发挥父母道德表率作用

父母是孩子的第一任老师，在培养子女的公民素养过程中，父母的作用更多地体现为示范性。在家庭中，父母应该为子女做好表率，行为、道德等领域都以身作则严格要求自己，对工作充满热情，有社会责任感，诚实劳动，奉献社会。父母的示范作用对孩子公民素养形成有重大的影响，比如，父母的政治态度对子女有着明显的影响，父母所属的阶级和他们的社会地位，以及所具备的政治价值观对子女政治观念的影响特别直接。而且父母可以在家庭活动和交往的过程中，在恰当的时机与条件下，开展"一对一"的针对教育，这是任何一种教育机构不能做到的。

3. 发展基于亲缘关系的德育

家庭是以一定的婚姻关系、血缘关系或收养关系维系的，基本具有社会群体的最初的和最基本各种功能。家长在养育子女的过程中，有关日常生活、待人处事方面对子女进行言传身教,这些教育或是有意识的、自觉的行为,或是家长的榜样示范作用。家庭对孩子的教育有着耳濡目染的正面影响。

亲缘关系利于德育工作的开展,原因在于父母与子女之间在血缘上和经济上的依存关系,并依附这种关系形成的特殊情感纽带。这种情感纽带使教育者与受教育者之间存在天然的亲和力,子女很容易接受父母的教诲。使家庭成为公民素养培育最有利环境和重要力量。父母是子女的第一位教师,父母教会子女学做人的道理,把子女培养成合格的社会公民。

(三) 青少年公民素养的实践性培育

1. 扩大青少年社会生活领域

扩大青少年社会生活领域,可以帮助青少年养成自觉地关心政治、参与社会的性格和习惯,从而培养其高度的公民责任感,同时也可以帮助青少年不断地积累公共生活经验。社会生活经验缺乏是青少年对社会、政治冷漠的根源。使青少年学生不断反思自己在社会生活领域中的行为,总结经验教训,提高辨别是非的能力,为将来认真负责的行使公民权打下坚实的基础。扩大青少年社会生活领域,可以通过国家资助项目开展的方式。例如自愿服务是培养大学生公共精神的重要途径(秦树理,2007)。

此外,还可以让青少年在一定程度上参与成年人的社会生活中,早一点了解和思考现实。2007 年十七大期间,中央电视台少儿频道的两名小记者出现在新闻发布会的现场,和众多主流媒体记者一样出色完成了这一重大时事新闻的采访报道任务。适当拓宽青少年社会生活领域,可以有效提高他们对社会生活的兴趣,更利于其学会思考。同时可以避免青少年因为思想行为非理性成分较高,情绪激愤而寻找到制度外的政治参与方式,如非程序化的结社、集会、游行等参与形式。

2. 丰富公共领域的实践活动

教育心理学也指出:人的个性形成只有在必要的生活与活动条件下才能出现,要想培养学生什么能力,就让学生参加什么活动。学校是青少年接触社会最直接的场所,学校要根据实际情况因地制宜开展丰富多彩的各种实践活动,提供青少年行使权力、履行义务的机会,在活动中注意对青少年主体性的认知和培育,合理、正确地引导学生加入政治民主实践活动,锻炼未来公民政治参与的意识和能力。

(1) 校园民主参与。校园民主参与是让学生参与到学校管理和决策中来,是一种公共领域的实践活动。相对社会生活而言,学校生活较为简单,且与青少年生活息息相关,适合青少年公民素养的学习和公民能力的成长。例如学校校规校纪在制定时充分听取、尊重学生的意见；引导学生负责行使班级事务的投票权；通过定期班委改选，帮助学生理解代议制民主的意义；组织引导学生就有关社会政治议题开展集体讨论等。从周围事务入手，逐步使青少年理解权责统一的重要意义。

(2) 社团公益实践。社团是人们参与公共生活的一种方式，通过加入社团来扩大个体在公共领域的影响力，同时表达自己对公共事务的偏好。社团同样也是青少年了解公共生活的最佳直接有效的途径。

青少年可以通过社团组织这一媒介，参与到各种公益活动之中。在活动中帮助青少年学习和理解社会规则和与人相处之道。社团活动可以促进青少年关心共同利益，学会团结协作，加深对社会成员间团结互助的人际关系和无私奉献的道德风尚的理解。学校可以与社团组织合作，让青少年接受生产实习、青年志愿者活动和暑期“三下乡”活动等实践教育，在活动中理解主体意识和权责观念，将理论与实践结合起来，使价值观和良好素养内化于青少年自身，提升公民人格素养和公共关怀。

(3) 政治生活见习。从现实看来，公民社会的不断壮大已经成为一种必然。公共领域人们所要负担的责任内容越来越多，其中政治领域对权利的敏感度最高，对公民能力的要求也相对专业。青少年是我国未来的公民，其公民素养的高低直接影响未来我国公共领域秩序。在我国传统文化下人们所形成的浪漫主义政治观和实用主义行为特点，不利于公民权的理性行使。所谓政治生活见习，是指让青少年观摩公民权利在政治领域的运作，从而增强他们对自我权利的认识，使主体责任对其而言不再是一句空话。例如让青少年列席基层政治选举或者在青少年中搞一些模拟竞选活动，向青少年讲解政府工作报告和参观政府办公机构等。政治生活见习使青少年对政治的理解得到积淀，政治素养逐步提升，为其正式走入公共生活打下基础。

参考文献

[1] 奥尔森.集体行动的逻辑[M].陈郁,等,译.上海:上海人民出版社,1995.
[2] 巴伯.强势民主[M].彭斌,吴润州,译.长春:吉林人民出版社,2006.
[3] 曹红卫.大学生法律素养的培育探究[J].现代企业文化,2008(6).
[4] 陈英.节税、避税、逃税的比较研究[J].黑龙江财专学报,1998(1).
[5] 陈立思.当代世界的思想政治教育[M].北京:中国人民大学出版社,1999.
[6] 陈婧.当代青年政治社会化的影响因素分析[J].法制与社会,2007(7).
[7] 成有信.公民·公民素养·公民教育[J].北京师范大学学报(社科版),1996(5).
[8] 褚松燕.公民资格定义的解释模式分析[J].天津社会科学,2002(3).
[9] 川岛武宜,王志安,等,译.现代化与法[M].北京:中国政法大学出版社,1994.
[10] 邓正来,J·C·亚历山大.国家与市民社会[M].北京:中央编译出版社,2002.
[11] 段钢.当代中国城市青年的政治参与:特点、方式和问题[J].上海青年管理干部学院学报,2006(1).
[12] 房宁.当代中国的民主政治发展[N].人民政协报,2009-8-25.
[13] 费孝通.乡土中国 生育制度[M].北京:北京大学出版社,1998.
[14] 冯增俊.当代西方学校道德教育[M].广州:广东教育出版社,1993.
[15] 冯增俊,王学风,马建国,等.亚洲"四小龙"学校德育研究[M].福州:福建教育出版社,1999.
[16] 冯周卓,付泉平.公民权责教育:英国公民教育的新动向[J].全球教育展望,2002(4).
[17] 高红波.我国青年政治参与研究述评[J].中国青年研究,2010(1).
[18] 高峡.社会科和公民素养教育[J].全球教育展望,2002(9).
[19] 郭本禹.道德认知发展与道德教育——科尔伯格的理论与实践[M].福州:

福建教育出版社,1999.
[20] 郭台辉.古典共和主义公民身份的发轫与传承[J].武汉大学学报(哲社版),2010(1).
[21] 郭晓亮.理工科大学生法律素养的实证研究[D].北京:中国石油大学,2007.
[22] 郭忠华,何惠莹.西方公民资格的主流范式与美国特色[J].浙江学刊,2008(6).
[23] 郭忠华.公民资格的解释范式与分析走向[J].浙江学刊,2009(3).
[24] 周洁.大学生法律素养现状调查与分析[J].湖北经济学院学报(人文社科版),2010(11).
[25] 哈贝马斯.公共领域的结构转型[M].上海:学林出版社,1999.
[26] 哈罗德·J·伯尔曼.法律与宗教[M].上海:三联书店,1991.
[27] 何霜梅.试论社群主义的道德教育观[J].中国人民大学学报,2010(3).
[28] 洪明.韩国学校公民素质教育探略[J].福建师范大学学报(哲社版),2001(3).
[29] 黄巧蓉.论当代大学生现代法律意识的培植[D].武汉:华中师范大学,2004.
[30] 胡辉华.公民社会指数评述[J].中国行政管理,2005(7).
[31] 霍布斯.论公民[M].贵阳:贵州人民出版社,2003.
[32] 惠冰,张英魁.青年政治素质的养成与学校教育[J].当代青年研究,2005(1).
[33] 吉登斯.社会的构成[M].北京:三联书店,1998.
[34] 姬国海.关于我国政务公开的内涵界定[J].东北师大学报(哲社版),2002(5).
[35] 计秋枫.论中世纪西欧封建主义的政治结构[J].史学月刊,2001(4).
[36] 加布里埃尔·A·阿尔蒙德,西德尼·维巴.公民文化——五个国家的政治态度和民主制[M].北京:东方出版社,2008.
[37] 科尔伯格.道德发展心理学:道德阶段的本质与确证[M].上海:华东师范大学出版社,2004.
[38] 孔霞,龙玲玲.中国古代家庭教育思想初探[J].现代教育科学,2011(2).
[39] 赖特·米尔斯.社会学的想象力[M].上海:三联书店,2005.
[40] 李芳.当前我国高校公民素质教育研究[D].华中师范大学博士论文,2006.
[41] 李怀杰,管岭,祝小宁.论当代政治视阈下的公民素质[J].社会科学研究,

2011(1).
[42] 李萍. 论公民道德的日常性基础[J]. 江苏社会科学,2003(6).
[43] 李强,邓建伟,晓筝. 社会变迁与个人发展:生命历程研究的范式与方法[J]. 社会学研究,1999(6).
[44] 李强."心理二重区域"与中国的问卷调查[J]. 社会学研究,2000(2).
[45] 李琼瑶,范志华. 当代大学生法律素养的现状与对策[J]. 广西青年干部学院学报,2006(3).
[46] 李望华,陈萍. 宝安区青少年公民素质数据报告[J]. 广东青年干部学院学报,2008(10).
[47] 李维刚等. 浅谈企业合理避税筹划的理论与途径[J]. 商业研究,2003(13).
[48] 李兴业. 法国中小学公民素质教育现状及问题[J]. 比较教育研究,2001(6).
[49] 李友梅. 社区治理:公民社会的微观基础[J]. 社会,2007(2).
[50] 李志红. 公民思想道德素质研究[M]. 郑州大学出版社,2005.
[51] 梁运娟. 古典共和主义的继承与背离[D]. 吉林大学博士学位论文,2010.
[52] 刘保刚,郑永福. 近代中国公民权利意识演变的历史考察[J]. 史学月刊,2007(8).
[53] 刘诚. 现代社会中的国家与公民[D]. 武汉大学博士学位论文,2005.
[54] 刘擎. 反思共和主义的复兴:一个批判性的考察[J]. 学术界,2006(4).
[55] 刘训练. 共和主义的复兴[J]. 国外社会科学,2007(6).
[56] 刘训练. 当代共和主义的复兴[A]. 刘擎主编. 公共性与公民观. 北京:东方出版社,2006.
[57] 刘旺洪. 法律意识论[D]. 北京:中国人民大学,2000.
[58] 刘旺洪. 法律意识之结构分析[J]. 江苏社会科学,2001(6).
[59] 刘鑫森. 公民性-现代人的存在样态和品质吁求[J]. 社会主义研究,2006(4).
[60] 卢梭:社会契约论[M]. 杨兆武,译. 北京:商务印书馆,2003.
[61] 鲁道夫·冯·耶林. 为权利而斗争. 民商法研究. 第 2 卷[M]. 北京:法律出版社,1994.
[62] 陆烨. 世博会为上海青年带来了什么?[J]. 上海青年管理干部学院学报,2010(1).
[63] 罗迪. 青年网络政治参与与政治稳定[J]. 中国青年研究,2007(3).
[64] 罗国杰等主编. 思想道德修养与法律基础[M]. 北京:高等教育出版社,2008.

[65] 罗国杰. 人道主义思想论库[A]. 北京：华夏出版社，1993.
[66] 罗金远. 论道德自律[J]. 哲学研究，2006(4).
[67] 罗肖泉. 践行社会正义[M]. 北京：社会科学出版社，2005.
[68] 马长山. 公共领域的时代取向及其公民文化孕育功能[J]. 社会科学研究，2010(1).
[69] 马克思恩格斯. 马克思恩格斯全集[M]. 第1卷. 中共中央马恩列斯编译局编. 北京：人民出版社，1995.
[70] 苗连营. 公民法律素质研究[M]. 郑州：郑州大学出版社，2005.
[71] 潘自勉. 道德自律与道德风险[J]. 哲学动态，1992(2).
[72] 彭刚. 卢梭的共和主义公民理论[D]. 浙江大学博士学位论文，2009.
[73] 乔纳森·特纳. 社会学理论的结构[M]. 北京：华夏出版社，2001.
[74] 秦浩正，钱源伟. 上海青少年科学素养调查报告[J]. 教育发展研究，2008(24).
[75] 秦树理. 国外公民教育概览[M]. 郑州：郑州大学出版社，2004.
[76] 秦树理. 自愿服务：培养大学生公共精神的重要途径. 中州学刊，2007(5).
[77] 全国社工职业水平考试教材编写组. 社会工作综合能力论[M]. 北京：中国社会出版社，2010.
[78] 荣复康. 大学新生政治认知的调查研究[J]. 现代大学教育，2002(2).
[79] 任军锋. 共和主义：古典与现代——思想史研究第二辑[C]. 上海人民出版社，2006.
[80] 时延春. 公民政治素质研究[M]. 郑州：郑州大学出版社，2005.
[81] 宋建丽. 西方两种公民资格观的比较和反思[J]. 福建论坛. 人文社会科学版，2005(12).
[82] 宋建丽. 在自我与共同体之间[J]. 学术论坛，2005(10).
[83] 宋建丽，冯务中. 古典自由主义的公民资格观念及其正义局限[M]. 河南师范大学学报(哲社版)，2008(3).
[84] 斯金纳. 第三种自由概念[A]. 第三种自由[M]. 应奇，刘训练，编. 东方出版社，2006.
[85] 斯金纳. 共和主义的政治自由理想[A]. 应奇，刘训练，编. 公民共和主义. 北京：东方出版社，2006.
[86] 苏丰. 美国学校公民教育的评价及启示[J]. 天津电大学报，2002(12).
[87] 孙抱弘. 青少年的现代公共伦理素质分析[J]. 中国青年研究，2008(2).
[88] 孙抱弘，包蕾萍. 上海市青少年思想道德现状的调查与分析[J]. 伦理学研

究,2004.
[89] 孙抱弘.社会环境·接受图式·养成途径——关于青少年素质养成机制的跨学科思考[A].青少年养成教育论文集[C].上海市报刊发行局,2006.
[90] 孙国华.法理学教程[C].北京:中国人民大学出版社,1994.
[91] 孙育玮,等.都市法治文化与市民法律素质研究[M].北京:法律出版社,2007.
[92] 泰勒.现代性之隐忧[M].程炼,译.北京:中央编译局,2001.
[93] 陶传进.市场经济与公民社会的关系:一种批判的视角[J].社会学研究,2003(1).
[94] 陶东明,陈明明.当代中国政治参与[M].杭州:浙江大学出版社,1998.
[95] 田国秀.重视道德教育是各国教育发展的共同趋势[J].首都师范大学学报,1996(5).
[96] 涂序堂.对当代大学生政治认知的现状调查与对策思考[J].江西教育学院学报,2009(1).
[97] 托克维尔.论美国的民主[M].商务印书馆,1993.
[98] 托克维尔.论美国的民主(下卷)[M].董果良,译.北京:商务印书馆,1988.
[99] 郑召利.哈贝马斯的交往行为理论[M].上海:复旦大学出版社,2002.
[100] 王彩波,靳继东.西方近代自由主义传统[J].社会科学战线.2004(1).
[101] 王春英.和谐社会视阈中的公民素质[J].社会主义研究,2010(1).
[102] 王晖.论社会经济活动中的道德风险及其防控策略[J].山东社会科学,2009(11).
[103] 王利霞.浅谈青少年犯罪的现状及预防[J].贵阳市委党校学报,2006(6).
[104] 王名.走向公民社会[J].吉林大学社会科学学报,2009(3).
[105] 王晓虹.论道德自律、道德他律、法律他律[J].求实,2004(2).
[106] 王星源,张宜海.公民学[M].郑州大学出版社,2009.
[107] 王勇飞,张贵成.中国法理学研究综述与评价[C].北京:中国政法大学出版社,1992.
[108] 吴鲁平.城市青年政治心态与社会参与的特点[J].青年研究,1995(8).
[109] 吴玉军.共享式关系的建构与德性的提升[J].北京师范大学学报,2008(2).
[110] 西塞罗.论共和国、论法律[M].王焕生,译.北京:中国政法大学出版社,2003.
[111] 向月波,赖晓凡,李建.当代中国家庭离婚的特征分析[M].前沿,2011(4).

[112] 肖明.当代自由主义宪政的困境与伦理重建[D].复旦大学博士学位论文,2006.
[113] 肖文淦.论大学生法律素养的培育[D].北京:首都师范大学,2008(3).
[114] 谢晖.法律信仰的理念与基础[M].济南:山东人民出版社,1997.
[115] 谢亚琴,李亚平,周可荣.国外高校思想道德教育特征及启示.道德与文明,2004(2).
[116] 熊德平.社会主义市场经济与所有制关系探索[J].扬州大学学报(人文社科版),2002(2).
[117] 熊文驰.城邦共和政治与德性行动[D].复旦大学博士论文,2006.
[118] 徐勇.社会动员、自主参与与政治整合——中国基层民主政治发展60年研究[J].社会科学战线,2009(6).
[119] 亚里士多德.政治学[M].北京:商务印书馆,1997.
[120] 亚里士多德.亚里士多德全集第八卷[M].中国人民大学出版社,1992.
[121] 杨丽坤.关于思想道德概念的几点认识[J].学校党建与思想教育,2007(1).
[122] 杨善华.当代西方社会学理论[M].北京:北京大学出版社,1999.
[123] 杨叔子.民族精神:中华民族文化哲理的凝视[N].光明日报,2007-11-15(10).
[124] 杨宜音.当代中国人公民意识的测量初探[J].社会学研究,2008(2).
[125] 杨雄.第五代青年价值观特点和变化趋势[J].青年研究,1999(12).
[126] 杨雄.养成教育与青少年发展[A].青少年养成教育论文集,上海市报刊发行局,2006.
[127] 颜峰,洪兴文.论职业道德意识的培养[J].清华大学学报(哲学社会科学版),2008(4).
[128] 颜素珍,刘桂占.大学生法律素质存在的问题及原因分析[J].常熟理工学院学报(教育科学版),2007(12).
[129] 应克复.国家权力与公民权利——自由主义的基本原则[J].学海,2004(3).
[130] 俞可平.政治沟通与民主政治建设[J].社会主义研究,1988(2).
[131] 约翰·罗尔斯.政治自由主义[M].译林出版社,2000.
[132] 约翰·洛克.政府论(下篇)[M].北京:商务印书馆,1996.
[133] 袁金辉.论当代青年的政治参与[J].当代青年研究,2005(1).
[134] 张昌林.自由主义公民身份的问题[J].中国农业大学学报(社会科学版),2010(2).
[135] 张小玲,应奇.徘徊于社群主义与共和主义之间[J].浙江学刊,2006(4).

[136] 章秀英. 公民意识结构研究[J]. 心理科学,2009(3).
[137] 周国文. 公民伦理观的历史源流[M]. 北京：中央编译出版社,2008.
[138] 周圣平. 民主成长的逻辑[J]. 云南行政学院学报,2008(5).
[139] 曾坚朋. 虚拟与现实：对"网恋"现象的理论分析[J]. 中国青年研究,2002(3).
[140] 曾维菊. 大学生法律素养的现状及其培养途径[J]. 西华大学学报(哲社版),2006(5).
[141] 张卫民. 村民自治选举：农村青年最基本的政治参与[J]. 中国青年研究,2000(3).
[142] 张文显. 法的一般理论[C]. 辽宁：辽宁大学出版社,1988.
[143] 张晓东. 框架理论视野下的道德叙事[J]. 全球教育展望,2005(4).
[144] 张晓明. 美国大学的道德教育[J]. 高等教育研究,1992(1).
[145] 赵雪霞. 二战后美国学校德育的嬗变及启示[J]. 外国教育研究,2001(6).
[146] 赵震江,付子堂. 现代法理学[M]. 北京：北京大学出版社,1999.
[147] 郑杭生. 社会学概论新修(精编版)[M]. 北京：中国人民大学出版社,2009.
[148] 郑永廷. 高校思想政治教育面临的时代性课题[J]. 中国高等教育,2003(21).
[149] 郑也夫. 特殊主义与普遍主义[J]. 社会学研究,1993(4).
[150] 中国青少年研究中心. 新状态：当代城市青年报告[M]. 北京：中国青年出版社,1999.
[151] 中央党校省部班调研组. 当代青年政治认知教育：一项带有战略意义的课题——对四所高校的调研. 中国党政干部论坛,2010(5).
[152] 共青团上海市委员会. 政治文化与当代青年：2003 年上海青年发展报告[R]. 上海：上海人民出版社,2003.
[153] 共青团上海市委员会. 追求卓越的上海青年：2004 年上海青年发展报告[R]. 上海：上海人民出版社,2004.
[154]共青团上海市委员会. 和谐社会与当代青年：2005 年上海青年发展报告[R]. 上海：上海人民出版社,2005.
[155] 共青团上海市委员会. 网络文明与当代青年：2006 年上海青年发展报告[R]. 上海：上海人民出版社,2007.
[156] 共青团上海市委员会. 就业创业与当代青年：2007 年上海青年发展报告[R]. 上海：上海人民出版社,2007.

[157] 共青团上海市委员会.改革开放与当代青年：2008 年上海青年发展报告[R].上海：上海人民出版社，2008.

[158] 共青团上海市委员会.拥抱世博的上海青年：2009 年上海青年发展报告[R].上海：上海人民出版社，2010.

[159] 共青团上海市委员会.民生为本与当代青年：2010 年上海青年发展报告[R].上海：上海人民出版社，2010.

[160] Clarke. P. B. "Citizenship，London：Pluto Press"，1994.

[161] Etzioni. "The Responsive Community：A Communitarian Perspective"，American Sociological Review，Vol. 61. 1996.

[162] Parsons and F. Shils. " Toward a General Theory of Action"，Gambridge：Harvard University Press，1951.

[163] UNDP. "UNDP and Organization of Civil Society"，New York，1993.

后记 Afterword

公民概念既有悠久的历史渊源，又有鲜明的现代性特征，公民素养的相关理论更是源远流长、广博深厚。现实生活中，公民又是人们普遍拥有的社会角色，公民素养是每位公民需要发展的品格与能力。这是个涉及你、我、他的议题，与每个社会成员都存在关联。从宏观角度看，一个国家的公民素养状况与市场经济的良性运行、民主政治的进程、社会的和谐与繁荣息息相关。青少年是社会生活中的生力军，是未来社会的中坚力量，青少年的公民素养状况，预示着国家与社会的未来发展方向。在上海，公民素养教育被列为“十二五”期间上海青少年优先发展领域之一。青少年公民素养的发展受到高度重视，对上海青少年公民素养的现状进行调研，具有非常重要的现实意义。

上海青少年公民素养课题，既有深刻的理论意蕴，又有重要的实践价值。这是一份沉甸甸的课题，我们需要不断进行理论研读、深入进行调查研究才能够将其完成。从 2010 年 4 月开始，课题组成员进行了大量前期准备工作，阅读相关文献，探讨研究思路。2010 年 5 月形成了开题报告，并邀请多位专家进行指导。在对课题框架结构进行反复论证的前提下，课题组进行了问卷设计并多次修改完善。2010 年秋季展开深度个案访谈，完成个案访谈记录 18 万余字。2011 年 1 月开始进入大规模问卷调查实施阶段，此后开始书稿的撰写工作。从前期准备、开题报告、调查实施到书稿撰写，历经一年零三个月，本课题终于如期完成了。课题的完成是艰辛劳动的过程，也是不断发现与反思的过程。

本书是课题组成员共同合作的成果。各章的撰稿分工如下：

绪论由赵凌云、王丹阳撰写；第一章、第二章由赵凌云撰写；第三章由王丹阳撰写；第四章由张佳华撰写；第五章由谢伟光、赵凌云撰写；第六章由金世育、赵凌云、谢伟光撰写。最后由赵凌云对全书进行统稿。在书稿的撰写过程中，课题组成员付出了大量时间与精力，克服了种种困难，最终定稿。

本课题在完成过程中获得各方的大力支持，在本书付梓成册之际，我们对上海市各级共青团组织的关心与帮助表示感谢，对上海青年管理干部学院党政领导的大力推动与支持表示感谢，向为本课题提供学术指导的复旦大学邱柏生教授、复旦大学唐亚林教授、上海社科院青少年研究所孙抱弘研究员、华东师范大学文军教授表示感谢，向为课题的开展进行指导与协调安排的刘宏森老师表示感谢，向上海青年研究中心的黄洪基、陈宁、赵文等老师，与为课题调研做了大量工作的邓蕾、陆烨老师表示感谢，向为调研提供资料的青年精英刘云烨等人表示感谢，向进行个案访谈的上师大青年学院社工专业 101 班、102 班全体同学表示感谢，向为调查与数据录入做了大量工作的上师大青年学院思政教育专业的数十位同学表示感谢，向参与调查并表现突出的上师大青年学院社工系毕业生金宇丽、李婉珏、应秋崇，以及进行问卷整理与录入的上师大社工专业吴丽玲同学表示感谢，向为本课题的完成与本书的出版做出贡献的所有参与者深表感谢！

掩卷之际，不由感叹：在上海青少年公民素养的研究方面，诚然在这过去的一年多时间里，我们付出了艰辛努力，然而这是一条需要继续探索的路。很多地方还有待完善，很多思考还有待深入。限于精力与能力有，本书难免疏漏和诸多不足，恳请广大读者不吝赐教，提出宝贵的意见与建议，帮助我们在青少年公民素养的研究上获得更深刻的认识。